«El corazón de Mark Mittelb[...]
evangelismo retorne una vez [...]
cómo, continúa leyendo».

JOHN ORTBERG
Pastor y escritor
Menlo Park Presbyterian Church

«No podría recomendar un libro con más entusiasmo de lo que recomiendo *Cómo convertirse en una iglesia contagiosa*. Imagina una ciudad donde las iglesias están decididamente enfocadas en el alcance de sus vecindarios. Estas serían, de hecho, buenísimas noticias».

LUIS PALAU
Evangelista Internacional

«Lo que más me gusta de este libro es que Mittelberg no solo provee estrategias y ayuda práctica para las iglesias que quieren salirse de lo rutinario y convertirse en centros evangelizadores, sino que nos insta a no olvidar la necesidad absoluta de oración y la dependencia del Espíritu Santo. ¡Su amor por Dios y su compasión por los perdidos emerge en cada página!».

BECKY PIPPERT
Autora de *Out of the Saltshaker and Into the World*

«Mark Mittelberg posee un don maravilloso para presentar su experiencia, aunada a las mejores prácticas evangelísticas, juntas de una forma agradable y práctica. Este libro es un maravilloso recurso de enfoques de eficacia comprobada que ayudarán a las personas a conocer a Dios».

JUD WILHITE
Pastor principal, *Central Christian Church*, Las Vegas

«Este libro necesita leerse porque es bíblico, porque es práctico y porque sus principios guiarán a las iglesias sobre como hacer una diferencia eterna en las vidas de millones de personas perdidas y de no creyentes alrededor del mundo».

THOM S. RAINER
Presidente y Director ejecutivo de *LifeWay Christian Resources*,
autor de *Breakout Churches*

«Tienes un mapa de carreteras para las iglesias que buscan la ruta que los lleve hacia el exterior. No importa el tamaño de tu congregación, ¡este libro ilumina la salida! Lo estoy estudiando con todos mis líderes».

STEVE SJOGREN
Autor de *Conspiracy of Kindness* [Conspiración de bondad] y coautor de *Irresistible Evangelism*

«Hace más de treinta años mi difunto esposo Paul Little enseñaba a los cristianos cómo comunicar su fe. En *Cómo convertirse en una iglesia contagiosa*, Mark Mittelberg enseña a todas las iglesias cómo comunicar su fe y alcanzar a más y más personas perdidas para Cristo. ¡Este es un libro maravilloso!».

MARIE LITTLE
Autora y ex miembro del personal de InterVarsity

«*Cómo convertirse en una iglesia contagiosa* es uno de los libros sobre evangelismo más estimulantes que he leído en años. Es a la vez bíblico, inspirador, impulsor y educativo, y está destinado a convertirse en un clásico».

LYLE W. DORSETT
Profesor Billy Graham de evangelismo
en el *Beeson Divinity School*

CÓMO CONVERTIRSE EN UNA

IGLESIA
CONTAGIOSA

INCREMENTA LA TEMPERATURA EVANGELÍSTICA DE TU IGLESIA

MARK MITTELBERG
PRÓLOGO POR BILL HYBELS

La misión de Editorial Vida es ser la compañía líder en comunicación cristiana que satisfaga las necesidades de las personas, con recursos cuyo contenido glorifique a Jesucristo y promueva principios bíblicos.

CÓMO CONVERTIRSE EN UNA IGLESIA CONTAGIOSA
Edición en español publicada por
Editorial Vida – 2009
Miami, Florida

© 2009 por Mark Mittelberg

Originally published in the U.S.A. under the title:
   BECOMING A CONTAGIOUS CHURCH
   Copyright © 2001, 2007 by Mark Mittelberg
Published by permission of Zondervan, Grand Rapids, Michigan, 49530

Traducción, edición, diseño interior: *A&W Publishing Electronic Services, Inc.*
Diseño de cubierta: *Cathy Spee*

ISBN: 978-0-8297-5579-4

CATEGORÍA: Ministerio cristiano / Evangelismo

IMPRESO EN ESTADOS UNIDOS DE AMÉRICA
PRINTED IN THE UNITED STATES OF AMERICA

09 10 11 12 ❖ 6 5 4 3 2 1

CONTENIDO

A mi esposa, Heidi, a nuestra hija, Emma Jean,
y a nuestro hijo, Matthew.
Su amor, aliento, paciencia y oraciones
a lo largo de todo el proyecto
han significado más que lo que se pueda decir con palabras.

PRÓLOGO

LO HE DICHO UNA Y OTRA VEZ, pero no puedo dejar de maravillarme una vez más: no hay nada como la iglesia local cuando trabaja como debe ser. Y cuando las iglesias están comprometidas por completo en cumplir su potencial redentor, el que estaba perdido es hallado, el que estaba confundido espiritualmente encuentra la verdad y las vidas son transformadas en este mundo y por la eternidad. Dime: ¿cuál otro propósito en la tierra es digno de nuestro tiempo y esfuerzo?

Todos los líderes de las iglesias quieren experimentar lo que significa estar involucrado en una congregación evangelísticamente activa, donde cada cristiano tiende la mano a sus amigos, vecinos, colegas y miembros de sus familias perdidas espiritualmente. Sin embargo, la verdad es que el fervor por la Gran Comisión ha crecido con timidez en muchas iglesias y los pastores con frecuencia se sienten inseguros de cómo guiar el cargo hacia una nueva era de alcance efectivo.

Es aquí donde entra a escena este poderoso y práctico libro. Es el único anteproyecto comprobado para reavivar el fuego evangelístico en las iglesias donde los corazones han dejado de arder con intensidad por aquellos que están fuera de la familia de Dios.

Este libro no ha sido escrito por un académico teórico, sino por un profesional activo quien habló claro con conocimiento de primera mano acerca del evangelismo en la iglesia local. Mark Mittelberg se unió a nuestro personal hace años como nuestro primer director de evangelismo, y él encabezó el desarrollo de un plan para proveer a toda nuestra congregación de personal capacitado para el evangelismo. No solo ha entrenado a miles de personas él mismo, sino que también inventó y fortaleció un equipo de evangelismo completamente nuevo, creando un lugar de apoyo y oportunidad para aquellos con dones o pasión evangelística a través toda la congregación. Además, ha innovado muchos ministerios y actividades para captar la atención de seguidores y llevarlos a Cristo.

Este libro destila estos acontecimientos, así como lecciones aprendidas mediante la interacción con otras iglesias, hacia un proceso paso a paso y completamente bíblico que se describe mediante narraciones coloridas e ilustraciones útiles. Sinceramente, espero que cada líder de iglesia estudie con cuidado y en oración estos principios, y luego haga un llamado al valor para continuar hacia adelante en el poder del Espíritu Santo.

Después de todo, hay mucho en juego para conformarse con el status quo. Dios se preocupa por las personas perdidas, y espero que tú hagas todo lo que puedas para poner en práctica lo que has aprendido en este libro para llegar a ser una iglesia contagiosa que los alcance a ellos con el evangelio de Jesucristo que es transformador de vidas y que modifica la eternidad.

BILL HYBELS
Willow Creek Community Church

INTRODUCCIÓN

Si tienes pasión por alcanzar a las personas con el amor y la verdad de Cristo, si te gustaría desarrollar y aumentar esa pasión o si te preocupas profundamente por cumplir con la Gran Comisión y quieres ayudar a que tu iglesia o ministerio se vuelva más efectivo en ese propósito, entonces *¡este libro es para tí!*

No importa si tu iglesia es grande o pequeña, vieja o nueva, urbana o suburbana, exclusiva o de bajo poder adquisitivo, «alta iglesia» o «baja iglesia». Puede que seas un buscador amistoso o que ni siquiera te guste el término «buscador». Puede que seas tradicional, contemporáneo o un poco de ambas. Puede que estés en una denominación tradicional, evangélica, fundamentalista, denominacional, independiente, conservadora, progresiva o cualquier otra etiqueta de las cientos que existen. Tal vez pertenezcas a una iglesia que odia del todo las etiquetas.

Puede que seas un pastor, un miembro del personal, un líder voluntario, un maestro de Escuela Dominical o líder de un pequeño grupo. Tal vez eres un padre preocupado por mantener a sus hijos en la fe o un miembro de iglesia que tan solo se preocupa por la efectividad de su iglesia. Lo más importante es que tengas amor para Dios, un compromiso con las Escrituras y piedad por las personas en tu comunidad que aún no conocen a Cristo. Si ese eres tú, ¡continúa leyendo!

Este libro presenta principios bíblicos y métodos transferibles para elevar la temperatura evangelística de tu iglesia. Ofrece estrategias de capacitación a tu congregación para comunicar su fe de manera natural. Da orientación para desarrollar y utilizar a aquellos que tienen dones de evangelización latentes. También presenta ideas comprobadas para iniciar ministerios comunitarios de alto impacto y actividades que se fundamentarán en las diferentes personalidades y estilos de evangelización que Dios ha levantado en el cuerpo de la iglesia.

Sin importar en dónde comenzaste, confío que con la ayuda de Dios, puedas dar pasos importantes para que tu iglesia se convierta en una más enfocada a la comunidad y evangelísticamente fructífera. En otras palabras, *una iglesia contagiosa*.

Mi oración por ti y tu iglesia es lo que el apóstol Pablo escribió hace dos mil años en Colosenses 4:5 para los primeros seguidores de Cristo:

> *Compórtense sabiamente con los que no creen en Cristo, aprovechando al máximo cada momento oportuno.*

Juntos, comprometámonos a hacer lo que sea necesario en cada una de nuestras comunidades, usando todos los dones, creatividad y recursos humanos que Dios ha provisto, para alcanzar más y más personas para él.

Mark Mittelberg
Trabuco Canyon, California

PRIMERA PARTE

UNA MISIÓN CONTAGIOSA

LAS ORGANIZACIONES DE TODO TIPO, y las iglesias en particular, tienen una peligrosa tendencia a permanecer tan ocupadas lidiando con los programas, presiones y problemas diarios, que con el paso del tiempo, pierden el rumbo de su propósito. Antes de que se enteren, han llegado a pensar: «Declaraciones de misión, valores, visión, ¿quién tiene tiempo para preocuparse por esas cosas cuando estamos trabajando horas extra tan solo para mantenernos al corriente?». Pero a menos que distanciemos y examinemos nuestra dirección general, ¿cómo podemos saber si nuestros esfuerzos nos estaban llevando adonde en realidad queremos ir?

Una cosa es segura: sin un plan intencional, dar prioridades, toma de decisiones y liderazgo, y todo un conjunto de correcciones de curso durante el trayecto, una iglesia jamás experimentará un provechoso y prolongado evangelismo. Esto no es algo que las iglesias interioricen de forma natural o por ellas mismas. *No, ¡convertirse en una iglesia contagiosa solo ocurre a propósito!* Un plan cuidadosamente desarrollado, junto con valores secundarios y acciones a seguir, tiene que estar presente antes de que una iglesia pueda llegar a ser por completo efectiva en alcanzar a los perdidos para Cristo.

Edificar este tipo de iglesia necesitará oración, concentración y mucho trabajo fuerte, y esto no sucederá de la noche a la mañana. Pero mientras nosotros, por la gracia de Dios, logramos alcanzar un mayor número de amigos, miembros de la familia, vecinos, compañeros de clase y de trabajo, sabremos con seguridad que ¡vale la pena cada uno de nuestros esfuerzos!

CAPÍTULO UNO

TU IGLESIA ALCANZA A LOS PERDIDOS

«ESCUCHA, LE HE HECHO MIS PREGUNTAS a un pastor, a un sacerdote y a un rabí. Ninguno fue capaz de darme buenas razones para creer en Dios. De hecho, ellos me acaban de felicitar por pensar en esto tan cuidadosamente. Uno de ellos incluso me dijo ¡que le había dado a *él* algunos puntos para pensar! He gastado mucho tiempo y energía en esto, así que no pienses que me vas a convencer para que creas que tus ideas son correctas».

Tan enérgica fue la discusión entre este joven hombre de negocios judío y mi amigo pastor que incluso un diácono de la iglesia intervino para acabar con la «pelea». Pero tan pronto lo hizo, ambos protestaron. «Está bien», le aseguró mi amigo al diácono, «ambos somos muy apasionados con respecto a esto».

«No solo eso», agregó este serio buscador, «no puedo decirte cuán refrescante es encontrar finalmente un lugar como este donde las personas, parecen preocuparse por la lógica y la verdad. ¡Esto es fantástico!» Este hombre, al igual que muchos otros hoy, estaba muy interesado en descubrir lo que es real en el reino espiritual, y estaba ansioso de hablar sobre esto.

Vemos todo a nuestro alrededor. Desde historias de portada en revistas de noticias nacionales, hasta títulos en libros de mayor venta, temas de programas televisivos y películas, y hasta canciones en las listas de éxitos, las personas están hambrientas de información acerca de Dios.

El interés espiritual en nuestra cultura está en un nivel alto, pero así también el desconcierto de qué creer. Y mientras existe desconfianza en el crecimiento de religiones organizadas, muchas personas, como este hombre de negocios judío, están todavía dispuestos a volverse hacia una iglesia con la esperanza de que ellos podrían, tan solo podrían, encontrar algunas respuestas.

Pero, ¿estamos preparados para ayudarles? ¿nos estamos volviendo el tipo de personas, e iglesias, que seremos capaces de ayudarles a seguir adelante en un viaje espiritual hacia Cristo?

■ ■ ■

Evangelimo. Es uno de los más altos valores de la iglesia, y uno de los menos practicados.

Todos nosotros creemos en él. Está en nuestros boletines, en nuestros himnos y a través de nuestros credos. Está colocado en nuestras carpas y salpicado a través de nuestras declaraciones de fe. Está explicado en nuestros libros de teología, es promovido en nuestros seminarios y predicado en nuestros púlpitos. La mayoría de los líderes cristianos lo mantienen en la lista como la prioridad número uno. Existe una pequeña duda de que el evangelismo es primordial para lo que se supone debemos ser nosotros.

La ironía es que mientras muchas de nuestras iglesias y denominaciones tienen un rico patrimonio y una firme reputación por el evangelismo, en muchos casos es muy poco lo que realmente está sucediendo. Seamos sinceros: en muchos ministerios muy pocas personas están siendo alcanzadas para Cristo.

Hasta Jesús ordenó: «Por tanto, vayan y hagan discípulos de todas las naciones, bautizándolos en el nombre del Padre y del Hijo y del Espíritu Santo, enseñándoles a obedecer todo lo que les he mandado a ustedes. Y les aseguro que estaré con ustedes siempre, hasta el fin del mundo» (Mateo 28:19-20). Este mandato fue dado para todas las iglesias de todos los tiempos, incluyendo la tuya y la mía.

Puesto que todos estamos de acuerdo en que estamos supuestos a llevar a cabo la Gran Comisión, ¿por qué no hacemos mayor esfuerzo en cuanto a esto? Los estudios muestran que la mayoría de los cristianos no tienen muchas, si es que tienen alguna, amistades con personas no cristianas. La mayoría de miembros de las iglesias no pueden ya citar más las palabras de Juan 3:16 acerca del gran amor de Dios por el mundo, mucho menos pronunciar una ilustración clara del evangelio. Tan solo un catorce por ciento de pastores afirman que sus iglesias están muy involucradas en el evangelismo.[1]

Sabemos qué decir, no obstante nuestras acciones dicen más que nuestras palabras. ¿Realmente nos preocupamos por los perdidos? ¿Estamos convencidos de que todas las personas que conocemos, sin excepción, necesitan encontrar el perdón, la amistad, la vida y el liderazgo que Jesús ofrece? ¿Creemos sinceramente en el infierno y en que nuestros amigos y familiares terminarán allí si ellos no creen en Cristo antes de morir? ¿*Realmente* creemos eso? Si es así, ¿estamos dispuestos a alcanzarlos y a correr riesgos para advertirlos? Y, ¿estamos dispuestos a invertir nuestro tiempo y energía en desarrollar iglesias que los atraerán, desafiarán y enseñarán a cruzar la línea de la fe?

Jesús nos encargó convertirnos en comunicadores persuasivos de su amor y verdad. Es decir, que él nos pidió que nos volviéramos cristianos contagiosos y que edificáramos iglesias contagiosas que harán lo que sea necesario, con la guía y el poder del Espíritu Santo, para traer más y más personas a él. Si amas a Cristo, estoy seguro que tu espíritu está diciendo: «Si, es correcto. Deseo convertirme en ese tipo de cristianos y ser parte de ese tipo de iglesia. ¡Realmente quiero impactar las vidas y la eternidad de las personas!».

Fuimos hechos para cumplir con la Gran Comisión. Creo que el evangelismo es la principal razón por la que Dios nos dejó aquí en este planeta. Podemos pasar toda la eternidad adorando a Dios, aprendiendo de su Palabra, orando y edificándonos los unos a los otros. Sin embargo, es solamente aquí y ahora que podemos alcanzar a los perdidos para Cristo. ¡Debemos aprovechar la oportunidad!

LA NECESIDAD DE IGLESIAS CONTAGIOSAS

¿Qué necesitará hacer para lograr extender el impacto para el que fuimos hechos?

El evangelismo relacional juega un papel vital. Es por eso que escribí *Conviértase en un cristiano contagioso* con Bill Hybels y luego desarrollé y recientemente revisé y actualicé el curso de entrenamiento con el mismo nombre y *Contagious Campaign* con Lee Strobel y Bill Hybels.[2] Queríamos preparar a los creyentes habituales a comunicar su fe de manera natural y efectiva. Las personas vienen a Cristo de uno en uno, y por lo general a través de la influencia de uno o dos cristianos auténticos quienes han establecido relaciones genuinas con ellos. Todos los creyentes pueden y deben tener ese tipo de impacto en las personas a su alrededor.

Sin embargo, necesitamos algo más que cristianos entusiastas y preparados. También necesitamos la sinergia de las iglesias que en apariencia estén concentradas y activas evangelísticamente. Iglesias que se asocien pro activamente con sus miembros para lograr aumentar la cantidad de personas que están lejos de Dios. Iglesias que estén convencidas de que «...las puertas del reino de la muerte no prevalecerán» contra ellos (Mateo 16:18) y que actúen de esa manera. Necesitamos iglesias *contagiosas*.

Creo en la importancia de estos tipos de iglesias por dos razones. Primera, he experimentado lo difícil que es alcanzar a las personas que se encuentran fuera del contexto de una iglesia contagiosa. Segunda, he experimentado también los beneficios de tener un mayor alcance conjuntamente con una iglesia contagiosa.

LAS LIMITACIONES DEL EVANGELISMO SOLITARIO

Cuando comprometí mi vida para Cristo a la edad de diecinueve años, de inmediato Dios me dio el deseo de guiar a mis amigos hacia él. Estaba más que dispuesto a hablarles acerca de mi fe. Les di libros y grabaciones acerca del cristianismo, conduje estudios bíblicos evangelísticos, organicé actividades para un mayor alcance, y junto con algunos amigos, formé un ministerio que durante cinco años trajo a nuestro pueblo grupos musicales cristianos contemporáneos a dar conciertos como una forma de comunicación con nuestros amigos no cristianos. ¡Fue una aventura espiritual emocionante, aunque en parte fue malinterpretada en los confines rurales norteños de Dakota del Norte a fines de los setentas y principios de los ochentas!

Llegué a ser conocido entre mis amigos cristianos por lo que ellos, a manera de broma, se referían como el «carro de la evangelización». De manera rutinaria invitaba a personas espiritualmente receptivas a dar un paseo en carro de manera que pudiéramos discutir asuntos espirituales o escuchar una grabación acerca del cristianismo. Con frecuencia viajábamos largas distancias a lo largo de las carreteras secundarias de Dakota mientras escuchábamos los mensajes grabados del evangelio y comentábamos sobre lo que habíamos escuchado. Poco ortodoxo, tal vez. Y claro, gastaba mucho combustible. Pero, ¡hey!, la gasolina era barata entonces, y muchos de ellos se comprometieron a Cristo y hoy ¡aun le sirven a él!

Sin embargo, había un inconveniente. Este tipo de alcance era aislado e independiente. Para muchas de las personas que yo estaba tratando de alcanzar, yo era el único enlace en la cadena espiritual. Tuvimos algún impacto hasta tanto que unos pocos amigos con ideas similares y yo pudimos mantener nuestros esfuerzos. Pero muchas veces las personas quedan en el olvido. ¿Por qué? Porque fuimos desordenados, un grupo pobremente organizado, y no fuimos integrados con fuerza a una iglesia local que pudiera apoyar o dar continuidad a nuestros esfuerzos de alcance.

Si, todos estábamos involucrados en diferentes iglesias. Pero al mismo tiempo, la mayoría de esas iglesias estaban enfocadas hacia su interior y tenían una visión limitada o poca energía para alcanzar a los de afuera, especialmente cuando se trataba de los nuevos métodos que estábamos usando. Las iglesias no sabían qué hacer con nosotros, y nosotros no sabíamos cómo trabajar con ellos. Como resultado, no había transferencia natural de buscadores que querían proseguir al próximo nivel de búsqueda, o de nuevos creyentes que necesitaban crecer en su fe recién adquirida. Estas personas tampoco se identificaban con nuestro estilo de comunicación, no obstante, muchos tenían dificultad para identificarse con la cultura de las iglesias tradicionales. A veces, parecía más fácil guiar a las personas a Cristo que ¡mantenerlos dentro de una iglesia! Por consiguiente, mis amigos y yo nos encontrábamos de manera independiente inventando soluciones, juntando poco a poco los elementos necesarios para mantener a las personas avanzando en su caminar con Cristo. Sentíamos el dolor de intentar ser cristianos contagiosos sin la colaboración y apoyo de una iglesia contagiosa. Dios bendijo muchos de nuestros esfuerzos, sin embargo, los resultados a largo plazo fueron limitados al compararlos con lo que pudo haber sido.

EL PODER DEL EVANGELISMO BASADO EN LA IGLESIA

¡Qué diferencia años más tarde cuando mi esposa, Heidi, y yo nos fuimos a vivir al área de Chicago y llegamos a formar parte del cuerpo de creyentes que estaban aprendiendo a ser una iglesia contagiosa! Las cosas que habíamos estado tratando de hacer de forma aislada: evangelismo personal, creativas actividades de mayor alcance, discipulado, enseñanza bíblica, importante adoración y mucho más, se estaban realizando bajo el techo de una iglesia local. ¡Qué gran poder y potencial evangelístico!

Al establecer amistad con personas no cristianas, contábamos con un lugar donde traerlos a experimentar un servicio religioso con el que pudieran identificarse. Cuando los amigos hicieron preguntas espirituales, nosotros pudimos acudir a seminarios, clases, maestros, grabaciones y otras herramientas de ayuda disponibles. Cuando ellos al final hicieron un compromiso con Cristo, la iglesia tenía un curso de acción permanente para encontrar la comunidad, el crecimiento y la responsabilidad en un grupo pequeño.

Los nuevos creyentes podrían aprender a honrar y a exaltar a Dios en servicios de adoración que incluían estilos de música con los que ellos podrían identificarse y con la enseñanza que podrían comprender y poner en práctica. Ellos podrían tomar clases para descubrir sus dones espirituales y dar sus primeros pasos en el compromiso en un servicio importante. Tenían un lugar donde invertir su tiempo y recursos para ayudar a extender el reino de Dios. ¡Todo esto estaba disponible en el mismo lugar que los había ayudado a ellos a venir a la fe en Cristo!

Heidi y yo nos regocijábamos mientras observábamos cómo Dios producía fruto en nuestra iglesia. Las personas llegaban a Cristo con frecuencia. Los testimonios de cambio de vida eran comunes, los bautismos de nuevos creyentes eran numerosos y las expectativas de un impacto evangelístico se acrecentaban. Existe un «doble impacto» sinérgico cuando los cristianos contagiosos hacen evangelismo relacional en asociación con una iglesia contagiosa que da prioridad al alcance.

¿Qué pasa con tu iglesia? No importa cuál tipo, sabor, color, ubicación o edad tenga esta, hay poder y potencial en las iglesias contagiosas en todo lugar donde permanece el mensaje de Cristo y toman riesgos para alcanzar a los perdidos.

Jesús prometió: «...edificaré mi iglesia, y las puertas del reino de la muerte no prevalecerán contra ella» (Mateo 16:18). ¿Por qué una enorme mayoría de iglesias *no* están creciendo, o creciendo casi exclusivamente mediante la transferencia de cristianos desde otras iglesias? ¿Por qué muchas iglesias están perdiendo terreno y ni siquiera están alcanzando a las personas en proporción al crecimiento de la población a su alrededor? ¿Por qué algunas iglesias incluso están clausurando y cerrando sus puertas? ¿Por qué tantos cristianos están conformes cuando sus iglesias simplemente «se sostienen firmes» y mantienen su membresía y sus cifras presupuestarias? ¿Podría ser realmente eso lo que Jesús tenía en mente cuando nos dio la Gran Comisión? Definitivamente no lo creo.

Bill Hybels le dijo esto a un grupo de líderes de iglesias:

> Si fueras al aeropuerto y no hubieran aviones aterrizando ni despegando, dirías: «¡hay un problema!». Si fueras a la estación de tren y no hubieran trenes llegando ni saliendo, dirías: «¡hay un problema!».
>
> Entonces por qué es que podemos ser parte de iglesias que continúan año tras año con personas casi no religiosas que llegan a la fe en Cristo y con muy pocas personas que realmente llegan a ser parecidas a Cristo y aun así pensar que no hay problema. Amigos, si eso describe a tu iglesia: «*¡hay un problema!*».

Por esta misma naturaleza y propósito, la iglesia debe ser un lugar contagioso que extiende la fe cristiana a más y más personas de afuera. De hecho, tiene que ser una *epidemia* de personas que confían en Cristo. ¿Por qué no está ocurriendo esto?

ACLARACIÓN DE LA MISIÓN

Un problema es que muchas iglesias han sido conocidas durante tanto tiempo que han perdido de vista el motivo principal para el que fueron creadas. Al preguntar a sus miembros: «¿Qué estamos tratando de hacer?» evocaremos miradas extraviadas o perplejas que parecen decir: «No estamos tratando de *hacer* algo, ¡somos una iglesia, por el amor de Dios!».

En una posición diametralmente opuesta, algunas personas responderán con una lista detallada. «Ah, nosotros estamos aquí para cumplir el plan de Dios, tú sabes, enseñar a la gente y edificar el cuerpo de Cristo, y adorar y crecer, y también para instruir a los jóvenes acerca de Dios y ayudar a los necesitados en la comunidad, y para enviar misioneros al extranjero». Estas metas no son malas, pero son dirigidas por un monólogo interior, no por un sentido claro de misión o prioridad. Y debes de haber notado que el evangelismo generalmente queda rezagado al último lugar de la lista, si es que del todo aparece en ella.

Algunas iglesias tratan de justificar su falta de actividad en el campo del evangelismo señalando otros aspectos en los que se muestran fuertes. «Somos una iglesia *educativa*; si quieres una iglesia *evangelística*, deberías averiguar en la que está al otro lado del pueblo». Otros también dirán: «Por supuesto, nosotros creemos en el alcance, pero *nuestro* énfasis es la alabanza y la adoración».

No hay nada malo en que las iglesias se fortalezcan en diferentes aspectos. Con frecuencia es el resultado del llamado específico de Dios y los dones individuales de líderes y congregaciones. No obstante, cuando estas fortalezas se desarrollan para la *exclusión* de otros aspectos básicos de como bíblicamente se define que debe ser una iglesia, entonces hay un problema real. Es como un hombre que dice: «de acuerdo, soy negligente con mis hijos, pero oye, ¡soy un maravilloso esposo!». Cualquiera puede ver el desequilibrio. Jesús nos dio nuestra declaración de misión universal en la Gran Comisión, y cualquier iglesia que descuide algún aspecto de ella, incluido la parte de «hacer discípulos», está despreciando su mandato divino.

Las iglesias establecen su misión evangelística de diferentes maneras. La iglesia *Willow Creek* dice que está tratando de «alcanzar a personas impías y convertirlas en seguidores devotos de Cristo». La iglesia *The Crossing* en Costa Mesa, California está trabajando en «ayudar a las personas que dicen "No" a Dios para que digan "Si" a Dios en cada momento y faceta de sus vidas». La iglesia *Central Christian* en Las Vegas, Nevada, quiere «conectar lo desconectado a Cristo y crecer juntos en total devoción a él». Asistí a una conferencia en una iglesia episcopal en Jacksonville, Florida. En letreros de colores llamativos colocados por toda la oficina y las puertas de los salones de clase, así como sobre las fuentes para tomar agua, estaban las palabras: «*St. John's Cathedral*: una iglesia parroquial comprometida con el alcance de la comunidad y el liderazgo diocesano para proclamar el evangelio de Jesucristo». Escuché acerca de otra iglesia que tiene una declaración de misión que simplemente dice: «Nuestro objetivo fundamental es mantener lo fundamental, como fundamental», y luego explica lo que es «fundamental» en términos de evangelismo y discipulado.

¿Qué pasa con tu iglesia o ministerio? ¿es clara tu misión? ¿cumple con la Gran Comisión? ¿está en el corazón de sus líderes y miembros? ¿es concisa y memorable? (El experto en liderazgo Peter Drucker dice que si no puedes imprimir tu declaración de misión en la parte posterior de una camiseta, es porque ¡es demasiado larga!). ¿Es este el criterio que utilizas para tomar decisiones acerca de dónde invertirá tu ministerio su tiempo, energía y dinero?

No nos engañemos. Las iglesias nunca llegarán a ser contagiosas por accidente. Las iglesias contagiosas se dan cuando los líderes saben lo que están tratando de construir y a quiénes están tratando de alcanzar, y entonces trabajan sin cesar en cooperación con el Espíritu Santo para lograrlo.

Si tu misión no es clara y concisa, o si no es clara evangelísticamente, te exhorto a ti y a tus compañeros de liderazgo a redactar una que lo sea, y luego comenzar a comunicarla *y a vivir según ella*.

EL DESAFÍO ESPIRITUAL

Antes de continuar, enfoquémonos en un desafío oculto: nuestro verdadero enemigo espiritual, Satanás, prefiere mantenernos ocupados haciendo cualquier otra cosa en el mundo que convirtiéndonos en una iglesia contagiosa. Satanás sabe todo con respecto a nuestro llamado para alcanzar a los perdidos. Él entiende que nuestra misión está planeada para ampliar el reino de Dios y disminuir el suyo, por lo tanto él trata de mantenernos enredados en el pecado y en preocupaciones egoístas. De hecho, el aparentemente domesticado pecado del egocentrismo es, en mi opinión, la mayor arma de Satanás contra el evangelismo.

La táctica más sutil de Satanás es mantenernos absortos en cosas que no son malas, pero que son menos importantes. Asuntos triviales.

La tiranía de lo urgente. Las cosas más llamativas. Mantenimiento. Lo bueno sobre lo mejor. Lo temporal sobre lo eterno. Cualquier cosa, excepto alcanzar a los hombres, mujeres y niños perdidos para Cristo.

Solo intenta ir contra el viento al convertirse en una iglesia contagiosa y pronto descubrirás que es una batalla espiritual. Cierto, la lucha no es del todo con el maligno, hay contiendas internas y a veces conflicto con personas que no entienden la misión. Sin embargo, igualmente existe una guerra espiritual. Efesios 6:12 lo explica claramente: «Porque nuestra lucha no es contra seres humanos, sino contra poderes, contra autoridades, contra potestades que dominan este mundo de tinieblas, contra fuerzas espirituales malignas en las regiones celestiales».

Estar consciente de la presencia y los propósitos del enemigo nos da una profunda comprensión de que necesitamos buscar a Dios diariamente para tener sabiduría, orientación, fortaleza y protección. Si no oramos, si fracasamos al pelear la batalla espiritual, si no caemos de rodillas y enfrentamos al conflicto de esta manera, perderemos el poder y las bendiciones de Dios. Si queremos ser cristianos contagiosos y llegar a ser una iglesia contagiosa, la oración tiene que estar entretejida en *todo* lo que hacemos.

RAZONES PARA CONFIAR

Las buenas noticias es que ¡Dios realmente está de nuestra parte! Tome en serio versículos como estos:

> Si Dios está de nuestra parte, ¿quién puede estar en contra nuestra? (Romanos 8:31)

> Así que sométanse a Dios. Resistan al diablo, y él huirá de ustedes. (Santiago 4:7)

> La oración del justo es poderosa y eficaz. (Santiago 5:16)

> Todo lo puedo en Cristo que me fortalece. (Filipenses 4:13)

> A la verdad, no me avergüenzo del evangelio, pues es poder de Dios para la salvación de todos los que creen. (Romanos 1:16)

Dios te ayudará a enfrentar problemas, desafíos, resistencia y malentendidos que encuentras en el camino, ya sea de fuentes naturales o sobrenaturales. Oro para que él también utilice lo que se encuentra en las páginas siguientes para aumentar nuestro entusiasmo y visión por lo que él puede hacer a través de ti y de tu iglesia.

Uno de los escritos de mayor influencia de nuestros tiempos es *Mi experiencia con Dios: Libro de lectura* por Henry Blackaby y Claude King.[3] Su tema principal es que Dios siempre está trabajando, él es un Dios dinámico y activo, y nuestro trabajo es descubrir lo que está haciendo y unirnos a él en su obra. Cuando lo hacemos, *sabemos* que él nos usará, porque nosotros simplemente nos estamos inscribiendo para las cosas que ¡él ya está haciendo!

Esto nos lleva de nuevo al lugar donde comenzamos. El evangelismo es idea de Dios. Jesús dijo que su misión era «buscar y salvar lo que se había perdido» (Lucas 19:10). Por lo tanto, antes de partir, dijo a sus seguidores: «Como el Padre me envió a mí, así yo los envío a ustedes» (Juan 20:21). Él nos dejó aquí para que alcancemos a los perdidos, personas por las que él se preocupa profundamente. Dios nos asegura en su Palabra que él es paciente con aquellos que están fuera de su familia: «Porque no quiere que nadie perezca sino que todos se arrepientan» (2 Pedro 3:9). Por lo tanto, cuando nos asociamos con él, sabemos que nos usará, porque simplemente nos estamos uniendo a él en su gran campaña redentora.

Aún así, es más fácil decirlo que hacerlo. Los obstáculos son reales. Las probabilidades parecen estar contra nosotros. Pero permíteme terminar contándote acerca de una iglesia de la vida real que, humanamente hablando, tenía muy poco futuro.

LA PEQUEÑA IGLESIA QUE PUDO

Mount Carmel Community Church, el nombre suena muy impresionante. Sin embargo, la iglesia está ubicada en Glennville, California, un pueblo desierto ¡con una población de apenas 130 personas!

Este es el panorama: dos restaurantes, una escuela primaria, una oficina de correo y una iglesia. La iglesia se fundó en 1866. Cuando el Rev. Harrell Knox se unió a ellos en la década de 1980, se reunían en una pequeña capilla con un campanario y una sola campana. Tenían una asistencia semanal de quince (que eran quince *personas*, no familias, parejas o «grupos ministeriales»). Lo que es peor, la congregación no se llevaba bien entre ellos mismos y tenía mala reputación debido a las disputas que se extendían dentro de la comunidad. ¡Difícilmente era candidata para llegar a ser una iglesia contagiosa de renombre!

Impávido, Knox comenzó a proyectar una visión para alcanzar a las personas que no pertenecían a ninguna iglesia a través del ministerio de su pequeña iglesia. «Nuestro público objetivo», decía Knox , «es cada persona dentro de los ochocientos kilómetros cuadrados de los condados Kern y Tulare, ¡todas los ochocientas personas!».

Los miembros de la iglesia *Mount Carmel* comenzaron a relacionarse con las personas de la comunidad que no eran miembros activos de alguna iglesia. Ellos sabían que tenían que recobrar el respeto de estas personas y ganarse su confianza. Comenzaron orando por estos vecinos así como por su iglesia y los esfuerzos que esta hacía para alcanzar a quienes no conocían a Cristo.

Cuando los líderes consideraron que la iglesia estaba lista, programaron unas actividades dirigidas al alcance. Luego de reunir todos sus talentos y habilidades, hallaron que podían hacer cuatro actividades por año: Navidad, Semana Santa, Día de la Independencia y un evento al final de la Escuela Bíblica de Vacaciones. «Estas actividades son un total esfuerzo de la iglesia», informa Knox. «Más del noventa por ciento de las personas sirven, ¡y más del veinticinco por ciento del presupuesto de la iglesia está invertido en lograr que esto suceda!».

Es importante para la comunidad local el llamado a la diversidad en la programación y los estilos musicales. Han utilizado una banda de jazz Dixieland, un grupo de rock religioso, una banda de swing y un grupo vocal afroamericano. Esta amplia gama de estilos musicales goza de mucho aprecio en la región, por lo que es utilizada en actividades de alcance junto con originales sketches de drama, medios de comunicación y un mensaje bíblico oral.

¿Los resultados? En el último informe, la iglesia *Mount Carmel* tenía una asistencia de 80 a 100 personas. Más de 300 personas de las zonas circundantes venían al programa navideño. Y de las 800 personas que ellos estaban tratando de alcanzar, 350 habían sido tocadas mediante uno o más de sus programas.

A un nivel más personal, personas como Roger, Ann y sus familias han sido impactados para siempre. El pastor Knox informa lo siguiente:

Roger y Ann asistieron a un evento de búsqueda instados por sus hijas y otras personas de la iglesia que se habían hecho sus amigos. Sin embargo, aquel año Rochelle tuvo dieciséis años para siempre, en un accidente terrible, y la iglesia ministró a la familia en su duelo.

La familia comenzó a separarse, debido en parte a los infartos y al alcoholismo crónico de Roger que provino de no saber cómo lidiar con la profunda pena. Krisha, la segunda hija, continuó visitando la iglesia y pedía oración por su papá y la familia.

Milagrosamente Dios ha tocado a su familia, y Roger oró para recibir el perdón y liderazgo de Cristo. Hoy, son miembros fieles de la iglesia y Dios está usando la historia de ellos para traer a otros.

TU IGLESIA TAMBIÉN PUEDE

¿No quieres más de esa productividad que circula fuera de tu vida y ministerio? ¡Tú puedes! Vale la pena el esfuerzo, las molestias, los riesgos y la inversión, ¡su valor va más allá de lo que podemos comprender completamente!

En el próximo capítulo comenzaremos a explorar un proceso de cambio bíblico que ayudará a tu iglesia a desarrollar su compasión y a expandir sus actividades para alcanzar a las personas perdidas que son realmente importantes para Dios, como el buscador judío que mencioné al inicio, o como tu hijo o hija, padre o madre, hermano o hermana, amigo, vecino o compañero de trabajo. Tal vez ellos han escuchado la verdad y la han visto reflejada en tu vida, pero aun no lo han hecho en su propia vida.

Quizás, solo quizás, el esfuerzo combinado tuyo y de los demás miembros de una iglesia contagiosa, *tu iglesia*, es lo que el Espíritu Santo usará para llegar hasta ellos y ayudarles a unirse a ti en la familia de Dios, para toda la eternidad. ¡Entonces sabrás todo lo valioso que es!

PARA CONSIDERAR Y DISCUTIR

Convertirse en una iglesia contagiosa que alcanza a personas que no asisten a la iglesia necesitará un esfuerzo prolongado y oración. Además, los líderes y miembros de tu iglesia necesitan comprender que el evangelismo es una prioridad primordial en la que ustedes están trabajando juntos para llevarla a cabo.

1. ¿Tiene tu iglesia una declaración de misión que claramente diga su intención de alcanzar a las personas que están fuera de la familia de Dios? Si no es así, es un lugar grandioso para comenzar. Si es así, ¿tiene esta declaración un lenguaje moderno? ¿se expresa en términos que suenen bíblicos pero que a la vez sean personalmente convincentes? ¿es lo suficientemente concisa para ser recordada?

   Luego de hacer los ajustes necesarios (si los necesita) a tu declaración actual, o de redactar una completamente nueva, escríbela aquí:

   _____

   _____

   _____

   _____

2. Una vez que ya tengas la declaración de misión que establece un orden de prioridades al valor del evangelismo, tiene que ser comunicada. Imprímela, ora por ella en los servicios de adoración y enseña sobre ella en las clases y grupos pequeños. Dala a conocer en todos los foros que te sea posible. Jim Mellado, presidente de la *Willow Creek Association*, dice: «Para cuando pienses que las personas hayan logrado un exceso de comunicación, ¡probablemente apenas estarás comenzando a lograr que el mensaje llegue a ellos!».

La meta es llegar al punto en el que puedas preguntar a cualquier miembro de iglesia: «¿Qué está tratando de hacer esta iglesia?» y obtener una respuesta reflexiva de la persona: «Ah, nosotros estamos tratando de alcanzar a personas que no asisten a la iglesia y transformarlos en completos seguidores de Cristo» (o cualquiera que sea su misión). Tu declaración de misión necesita estar integrada fuertemente dentro de tu cultura antes de convertirse en un principio rector en las decisiones y acciones diarias de tu iglesia.

¿De qué manera tú y los líderes de la iglesia pueden mejorar la comunicación de la misión a la iglesia en general?

3. Haz del cumplimiento de tu misión un asunto de oración personal y pública. Pide a Dios que trabaje en ti y en los líderes para ayudarte a llegar a ser esa clase de persona, y a tu iglesia el tipo de lugar, que él pueda usar para alcanzar cada vez más personas. Pide su poder, sabiduría y protección de manera que puedas vencer los planes y ataques del maligno. Pide a Dios, incluso ahora mismo, que te ayude a convertirte en una iglesia verdaderamente contagiosa que alcanzará a muchas personas para él.

SEGUNDA PARTE

CAMBIO CONTAGIOSO: EL PROCESO DE 6 ETAPAS

EN LA PRIMERA PARTE ECHAMOS un vistazo general a lo que es una iglesia contagiosa. Vimos que una iglesia contagiosa es aquella que es transparente con respecto a lo que está tratando de llevar a cabo, y que tiene al evangelismo como la esencia de su misión. Más que eso, una iglesia contagiosa ve a la misión no solo como palabras en una página o placa, sino como un mandato dado por Dios que tiene que ponerse en acción para alcanzar y abrazar números crecientes de personas para Cristo. El panorama es claro. Ahora el escenario está listo para que nosotros sigamos adelante y realmente *lleguemos a ser* una iglesia contagiosa.

No obstante, aquí es donde yace el desafío. ¿Dónde comenzar? ¿Qué podemos hacer para hacer de esto un valor que impulsa a través del tejido mismo de la iglesia? ¿Cómo podemos hacer para que todos nuestros miembros y nuestros ministros cumplan con su parte? En cuanto a eso, ¿cómo podemos participar nosotros en el juego para cumplir con nuestra parte? ¿cómo podemos revertir la tendencia a un enfoque interior en el cual caen la mayoría de las iglesias, así como también la mayoría de los cristianos? A falta de una intervención enérgica, este cambio total no parece ser muy probable.

De manera que, ¿cómo podemos intervenir? ¿qué podemos hacer para enfrentar el arrastre gravitacional hacia el egocentrismo y ayudar a nuestras iglesias a comenzar a ser cada vez más contagiosas? De esto trata la próxima sección. En los siguientes capítulos presentaré el proceso de seis etapas, para traer a nuestras iglesias, paso a paso, de regreso hacia el enfoque al exterior que hemos discutido. No me malinterpretes: esta no es una simple fórmula o una receta sencilla que te dice qué cosa mezclar y mover, sino, una destilación de principios bíblicos transferibles que estoy seguro te ayudarán a ti y a tu iglesia, con el tiempo y la ayuda de Dios, a cumplir cada vez más con tu misión evangelística.

Antes de iniciar nuestra discusión de la etapa 1, permíteme ofrecer una palabra de cautela: no caiga en la tentación de saltar inmediatamente a un lanzamiento de ministerios y actividades de alcance (etapa 6). Llegaremos allí, pero es mejor no comenzar allí. El cambio tiene que comenzar en nuestro nivel más profundo, así como en los líderes y personas influyentes de la iglesia; mientras *nosotros* cambiamos, nuestra *iglesia* cambiará. Tenemos que comenzar con el corazón.

CAPÍTULO DOS

ETAPA 1: VIVE UNA VIDA EVANGELÍSTICA

ERA UNA VISITA RUTINARIA a una tienda de descuento común. Tú sabes lo que se hace. Transitas los atestados pasillos rodeados de gente que mira tan apresurados como tú te sientes, sin embargo tú estás en lo tuyo, arreglándotelas por ti mismo. Tu meta es encontrar lo que necesitas, pagarlo y salir del lugar, y no esperas realmente que nadie note que estuviste allí.

Este día, sin embargo, mi experiencia fue diferente. Apenas había llegado a la puerta de esta nueva tienda, cuando una mujer me saludó alegremente y me ofreció un carrito para compras.

Es interesante, pensé. *Nunca antes he sido recibido de esa manera.*

Poco después, mientras buscaba entre los estantes de mercadería, otro empleado se acercó y me preguntó si necesitaba ayuda para encontrar algo. En un estado de leve incredulidad de si en efecto había recibido asistencia personal, instintivamente repliqué: «No gracias, solo estoy mirando». Después que la persona se alejó, recobré el juicio y me di cuenta que realmente necesitaba ayuda para encontrar algunas cosas, no obstante, ¡estaba demasiado sorprendido para hablar fuerte y decir lo que necesitaba!

La verdadera sorpresa fue cuando llegué a la caja. La mujer en la caja registradora marcó mis artículos y, luego de procesar mi tarjeta de crédito y darle un vistazo a mi nombre en la tarjeta, me miró a los ojos y dijo, «gracias por comprar aquí, Sr. Mittelberg».

A estas alturas pensé que entraría al *¡Mundo nebuloso!* En todos mis años de visitar tiendas de descuento por departamento, lo más que había recibido de los empleados eran miradas vacías e indiferencia pasiva. Nunca encontré semejante simpatía, amabilidad o cortesía. Ese día, salí de la tienda asombrado. No pude dejar de preguntarme: «¿Qué hace que este lugar sea tan diferente?».

Cada vez que cuento esta historia en una región donde existe una de estas tiendas, los oyentes conjeturan y gritan el nombre de este negocio antes de que yo lo diga. Tal vez tú también lo sepas. Si, era Wal-Mart. El hecho de que tantas personas conozcan cuál compañía estoy describiendo solamente subraya la importancia de mi pregunta. ¿Qué hace tan diferente a toda esta cadena de tiendas? ¿Por qué, con algunas excepciones, las personas que van a Wal-Mart experimentan el mismo impacto del servicio al consumidor?

Mientras pensaba en esta pregunta, estuve tentado a llegar a soluciones simples. Por ejemplo, tal vez era el resultado de algún programa de fuerte entrenamiento para empleados en el cual inculcan respeto por los clientes, el valor de escuchar y la importancia de resolver los problemas de los compradores. Estuve tentado a pensar esto, pero sabía que la respuesta tenía que ser más profunda.

Fue poco tiempo después de mi primera visita que comencé a escuchar más acerca del fundador de la compañía, Sam Walton. Un vistazo a sus creencias y sus valores me ayudaron a entender qué hacía a esta tienda tan especial.

Sam Walton estaba infinitamente claro sobre su misión, y él la vivía, personalmente encarnaba los valores que vi manifestados en su tienda aquel día. Mire lo que dijo acerca de esto en su autobiografía, *Sam Walton, Made in America* [Sam Walton, Hecho en USA]: «Todo lo que hemos hecho desde que iniciamos Wal-Mart ha sido dedicado a la idea de que el cliente es nuestro jefe… El cliente siempre está primero».[1]

COMENZAR CON EL CORAZÓN

Tú y yo queremos ayudar a nuestras iglesias a convertirse en lugares que valoren y lleguen a los que están fuera. ¿Cómo nos puede ayudar una discusión acerca de Sam Walton y Wal-Mart en esta importante misión? Bueno, ayudándonos a comprender que la configuración de una organización será una amplificación del estilo de sus líderes. La misión de una organización es una extensión de la misión de los líderes. Los valores que permean su cultura son los valores de las personas que la dirigen. De manera que si tú quieres reorganizar las prioridades de cualquier organización, primero tienes que reorganizar las prioridades de los hombres y mujeres que la dirigen.

Asimismo, las iglesias verdaderamente contagiosas no surgen de programas, iniciativas, carreras o de conversaciones fabricadas sobre «tomar este pueblo para Cristo». En última instancia, tienen que surgir de las creencias y valores, de los propios *corazones*, de las personas que los guían a ellos. Es por eso que la Etapa 1 en el proceso de 6 Etapas dice que cada uno de nosotros, tú y yo, tenemos que «VIVIR una vida evangélica».

Wal-Mart es una tienda centrada precisamente en el cliente porque su fundador fue un líder centrado en el cliente. Tu iglesia será un ministerio orientado hacia el forastero solamente si tú y los demás líderes se convierten en líderes orientados al forastero. Tan simple como eso, y tan difícil, porque para nosotros las personas del mundo más difíciles de cambiar ¡somos nosotros mismos!

Pablo dice en Efesios 5:1: «Por tanto, imiten a Dios, como hijos muy amados». Él continúa hablando acerca de personas piadosas de la manera que Cristo lo hizo cuando se entregó asimismo como sacrificio a favor nuestro. En efecto, Pablo dice: «Dios se interesa por los perdidos; ¡asegúrese de que tú también te intereses por ellos!».

Este valor tiene que manar desde lo más profundo de nosotros y de lo que nos estamos convirtiendo. Como hemos dicho, esto es realmente un tema de *corazón*. Jesús dijo en Mateo 12:34: «De la abundancia del corazón habla la boca». He comprobado que esto es cierto en mi propia vida. La condición de mi corazón determina el orden de prioridades, e incluso el contenido de mis conversaciones.

UN CORAZÓN REBOSANTE

No hace mucho tiempo quería telefonear a un amigo llamado Bill Craig. Tú debes de haber escuchado acerca de él; el Dr. William Lane Craig es un escritor, conferencista y actualmente es uno de los más poderosos defensores de la fe. De hecho, años atrás había traído a Bill a nuestra iglesia para un muy promocionado debate con un ateo sobre el tema, «Ateísmo frente al cristianismo: ¿dónde está el punto de evidencia? Mi problema era que recientemente Bill se había trasladado a vivir a otra ciudad, y no tenía su nuevo número de teléfono. De modo que pedí información telefónica y pregunté por William Craig; obtuve el número, lo anoté y lo llamé.

Una alegre voz dijo:

—¡Si, aló!

—Aló, estoy llamando a Bill Craig —dije.

—Soy Bill Craig —me aseguró el hombre.

—Definitivamente no te escuchas como Bill Craig —bromeé—. Estoy buscando al *verdadero* Bill Craig.

—Bueno, ¿a cuál Bill Craig tenías en mente? —preguntó.

—Estoy buscando a William L. Craig —respondí.

—Bueno, no soy William L. Craig; soy William Z. Craig —me dijo de manera alegre.

Ahora, permíteme interponer que ya para este momento yo debería haber admitido que había marcado el número equivocado, que debía colgar el teléfono y dejar al pobre hombre en paz. Pero, ¡no este día! Caminaba junto a Cristo y vivía con una conciencia activa de la misión que él nos dio «ir al mundo», ¡y yo no quería dejar pasar esta oportunidad! De manera que corrí un pequeño riesgo y permití que la parte aventurera de mi personalidad se expresara.

—Eso es definitivamente muy malo —repliqué.

—¿Por qué? —preguntó.

—Porque estás a una inicial del segundo nombre de ser un ¡conferencista y defensor de la fe cristiana reconocido a nivel mundial! —le dije en broma.

—Bueno, realmente tienes al Bill Craig equivocado —me aseguró el hombre—. Nunca nadie me había confundido con una ¡persona *religiosa*!

—En serio, ¿por qué no? —pregunté—. ¿Usted no cree en Dios?

—Bueno, si, a mi manera, supongo… —dijo él—, ¡y ahí se inició nuestra discusión!

Ahora, estoy tan sorprendido por la conversación, ¡tanto, como estoy seguro estaba este extraño a miles de kilómetros de distancia! Sin embargo, definitivamente esto convirtió una llamada equivocada rutinaria en una discusión positiva.

Luego de haber hablado durante unos minutos acerca de asuntos espirituales, lo desafié a leer algunos de los libros y material escrito por su «tocayo, ¡el otro más famoso Bill Craig!». Antes de colgar el teléfono, él incluso me dio su dirección, por lo que le escribí una carta y le envié una grabación del debate y algunas otras publicaciones cristianas. ¡Y todo esto surgió de la equivocación al marcar un número telefónico!

Esa es la clase de aventura evangelística que fluye de caminar junto a Cristo y mantenerse alerta a las oportunidades de fracción de segundo que él pone en nuestro camino. Si ese día, no hubiera tenido un Espíritu Santo, la audacia y una preocupación sincera por los perdidos, la conversación nunca se hubiera dado.

Desafortunadamente, también puedo ilustrar la situación opuesta fuera de mi vida personal. Cuando estoy espiritualmente desconectado y preocupado con mis propios asuntos y deseos, puedo dejar pasar las oportunidades de alcance más obvias.

UN CORAZÓN QUE NO FLUYE

Me encontraba en un viaje fuera de la ciudad y tuve algo de tiempo libre, por lo que decidí detenerme en un centro comercial para hallar un lugar donde cortarme el cabello. Recuerdo que ese día me sentía espiritualmente desconectado. No me sentía cerca de Dios y, mirando atrás, está claro que no estaba motivado a hablarle a nadie sobre cuestiones de fe.

El «problema» fue que la mujer que me cortó el cabello era muy conversadora y sociable, y se mantuvo haciéndome preguntas acerca de dónde era yo, por qué estaba en la ciudad, qué había hecho, y así sucesivamente. Eran simples temas para una conversación espiritual, no obstante, me avergüenza admitir que los eludí. Me encontraba inmerso en mi propio mundo y preocupado con mis asuntos, por lo que fracasé en aprovechar esta oportunidad de contarle a ella acerca de mi ministerio o mi relación con Cristo. Perdí una gran oportunidad de decirle que Dios la ama y que puede conocerlo y seguirlo. Ella parecía receptiva; yo estaba preocupado y desconectado de la misión.

Detesto saber que permití dejar pasar esa gran oportunidad y tiemblo al pensar que Dios pudo haberme señalado que le ayudara a esta mujer en su viaje espiritual, sin embargo, fallé en hablar. (Tiempo después le escribí una nota a ella y se la envié por correo al salón, junto con un libro que explicaba la fe cristiana, pero no tengo idea de cómo fue recibido esto, o incluso si lo recibió). Aprendí una lección dolorosa ese día: que así como es cierto que «de la abundancia del corazón habla la boca», así también de la falta de abundancia del corazón *no* habla la boca!

UN CRISTIANISMO CONTAGIOSO COMIENZA CONTIGO Y CONMIGO

La clave para cada uno de nosotros como creyentes, y especialmente como líderes cristianos, es hacer todo lo que podamos para mantener nuestros corazones cálidos hacia Dios y hacia las personas, y entonces expresar esa calidez de maneras que sirvan a aquellos con necesidades espirituales, y en el proceso vivir según estos valores frente a los demás en la iglesia. Si queremos llegar a ser iglesias contagiosas, primero tenemos que ser cristianos contagiosos. El viejo refrán realmente es cierto: «La velocidad del líder, es la velocidad del equipo». Jesús dijo en Lucas 6:40: «El discípulo no está por encima de su maestro, pero todo el que haya completado su aprendizaje, a lo sumo llega al nivel de su maestro». Como líderes y personas influyentes de iglesias que serán evangelizadoras, necesitamos ser capaces de decir con Pablo, «Imítenme a mí, como yo imito a Cristo» (1 Corintios 11:1).

¿Cuán importante es vivir al máximo estos valores? Es *todo*. A menos que tú le des prioridad a la preocupación de Dios por aquellos se encuentran fuera de su familia, podrías ignorar el resto de ideas de este libro. ¿Por qué? Porque sin un corazón que lata rápido por alcanzar a las personas, tú no estarías construyendo sobre la base que se necesita para sostener programas evangelísticos y ministerios más visibles.

No obstante, si hacemos que aumente cada vez más la compasión por aquellos que no conocen a Cristo, y si modelamos con mayor frecuencia su audaz ejemplo de ser «amigo de los pecadores», entonces aquellos a nuestro alrededor serán inspirados y tomarán nuestro consejo. Ellos también comenzarán a correr riesgos relacionales por el bien del evangelio.

VIVE UNA VIDA QUE VALGA LA PENA IMITAR

La pregunta importante es esta: ¿*Cómo*, en un nivel práctico, podemos ganar el corazón de Dios hacia la gente que no lo conoce? Les explicaré algunas de mis ideas, pero también quería incursionar en la sabiduría y experiencia de la amplia comunidad de alcance de líderes y activistas. Así que, escribí a muchos de ellos y les pregunté qué hacen ellos para mantener sus corazones con entusiasmo hacia los perdidos. Sus respuestas aparecen en las siguientes páginas, combinadas con mis propios pensamientos, en donde menciono siete cosas que podemos hacer para elevar la temperatura evangelística.

1. Admite que este valor se ha dejado de lado, y habla con Dios sobre ello

Este valor, el evangelismo, siempre parece estar escapándose. Cuando pienses que lo tienes para siempre, comienza a disiparse. Nadie está motivado permanentemente a alcanzar a otros para Cristo. Es como agua en un balde agujereado, que necesita llenarse constantemente.

Recuerda la clase de física. Puede que recuerdes «la segunda ley de la termodinámica». Esta nos dice que todo en el universo físico, cuando no se interviene en él, comienza a reducir la velocidad, a enfriarse y a hacerse pedazos. Este principio es evidente a nuestro alrededor, desde el desmoronamiento de viejos edificios hasta en el herrumbre del silenciador de tu carro y el desorden en tu gaveta de las medias. La palabra elaborada para esto es *entropía*. A propósito, si has olvidado estos términos, ¡es solo otra ilustración del mismo principio! Nuestras propias mentes se mueven hacia la desorganización y la entropía, es por eso que a veces olvidamos hechos como estos.

De manera similar, hay algo que yo he apodado «la segunda ley de dinámica *espiritual*». Esta nos advierte que todos nosotros en la comunidad cristiana, dejados a nuestra suerte, nos alejamos de un enfoque cristiano y hacia el exterior, y nos dirigimos a un egocentrismo espiritual. El valor del evangelismo que tratamos de reforzar tiene que competir constantemente con esta atracción gravitacional hacia el interior. El término que utilizo para esto es *entropía evangelística*. Con una velocidad asombrosa, los corazones más entusiastas y orientados hacia el exterior pueden transformarse en corazones fríos y absortos interiormente. Lo mismo puede ocurrirles a congregaciones enteras y algunas veces incluso a las denominaciones completas.

El primer paso hacia un cambio es admitir que hay un problema. Seguro que todos podemos citar Juan 3:16 y hablar entusiasmadamente sobre historias del pasado, pero si tu pasión por alcanzar a la gente no está hoy completamente encendida, la mejor cosa que puedes hacer es admitirlo.

Es lo que tuve que hacer luego de mi visita al salón de corte de cabello. Sentía una leve culpa que tenía que decidir si huir de ella o responder. Pero, ¿por qué resistir a los susurros del Espíritu Santo? Siempre estamos mejor con tan solo reconocer la verdad, dejar que Dios ponga su dedo en el problema y responder a él como corresponde.

Muchos de nosotros sentimos culpa cuando se refiere al evangelismo. Cuando esta culpa es de Dios, que «disciplina a los que ama» (Hebreos 12:6), es un regalo de él con el propósito de hacernos regresar al camino. No obstante, no estamos supuestos a sumirnos en la culpa. Por el contrario, necesitamos dejar que esa culpa nos lleve al arrepentimiento y a la acción devota, «olvidando lo que queda atrás y esforzándome por alcanzar lo que está delante» (Filipenses 3:13).

La cosa más natural luego de haber admitido que el valor del evangelismo se ha escapado de tu vida, es hablar con Dios respecto a eso. La lucha por poner en alto ese valor se gana primero en privado, en el campo de la oración (la cual es, a propósito, la actividad más mencionada entre los líderes que encuesté acerca de la pregunta sobre qué hacían ellos para mantener su fervor evangelístico). Me gusta usar el bosquejo clásico avalado por el tiempo A-C-T-S. A continuación un ejemplo de este tipo de oración aplicado al evangelismo. Puede que quieras usarla como guía para tu propia oración.

A-Adoración

Padre, gracias por ser un Dios tan misericordioso y lleno de gracia. Te adoro por tu bondad hacia mí y por tu paciencia con mis amigos y familia que aún no te conocen. Tu Palabra dice que eres lento para la ira y que no quieres que nadie perezca, sino que vengan a tí. ¡Qué Dios tan amoroso y comprensivo eres! Me alegro de que seas mi Señor y de que tengo el privilegio de ser tu hijo.

C-Confesión

Señor, me arrepiento de que con frecuencia fracaso en amar a las personas de la manera en que lo haces tú. Tú mueves cielo y tierra para alcanzarlos, y pagaste el mayor precio cuando Jesús murió en la cruz, aun así a menudo me resisto incluso a dar pequeños pasos para alcanzar a las personas que son importantes para mí. Tú no quieres que ninguno perezca, sin embargo, con demasiada frecuencia me temo que ¡yo lo estoy! Por favor, perdóname y cámbiame. Límpiame de mis pecados de egocentrismo y exceso de temor. Ayúdame a entender que así como yo te he confesado estas cosas, tú ya has sido fiel en perdonarme y limpiarme.

D- Tiempo de dar gracias

Gracias porque el pago que Jesús hizo en la cruz llega hasta mí aun hoy. Estoy feliz de pertenecer a tu familia, de saber que estoy perdonado y de tener el privilegio de servirte. Gracias por darle propósito a mi vida y por darme oportunidades para hacer la diferencia en las vidas de las personas a mi alrededor. Gracias porque tu amor y gracia son para mí ejemplos, mientras trato de demostrar mi fe a otros hoy.

S- Súplica

Padre, ayúdame a reflejar tu amor hacia los demás. Ayúdame a recordar que cada persona que miré hoy es importante para tí. Que puedan serlo también para mí, de manera que me muevan a la acción. Ayúdame a entender que si ellos aun no te conocen, entonces están perdidos y en una desesperada necesidad de las Buenas Nuevas de Cristo. Señor, prepárame y dame audacia de forma que yo sea capaz de explicar bien tu evangelio. Ayúdame a ser un amigo sincero que los atraiga a ellos hacia ti y hacia tu iglesia. Dame sabiduría y así sabré qué tan directo ser con tu mensaje, y cuando desistir, de manera que pueda ayudarles a continuar dando pasos hacia ti.

Por favor, Padre, ¡úsame! Hazme eficaz en tus manos hoy mientras intento extender tu amor y verdad. Ayúdame a soportar en Cristo y a producir mucho fruto. Gracias por este maravilloso privilegio.

En el nombre de Jesús, Amén.

2. Camina de manera fidedigna con Dios

Vivir una vida cristiana auténtica es un prerrequisito para tener y expresar el corazón de Dios hacia los perdidos. Tú tienes que estar convencido, mediante experiencias frescas y actuales con Cristo, de que seguirlo a él es la mejor manera de vivir. Tienes que tener una convicción firme de que tus amigos necesitan lo que tú has encontrado en él, entonces estarás motivado para contarles a ellos acerca de su amor.

En el libro *Conviértase en un cristiano contagioso* hablamos sobre desarrollar un carácter cristiano contagioso, especialmente en los aspectos de autenticidad, compasión y sacrificio. También hablamos acerca de la importancia de las disciplinas espirituales antiguas, incluyendo la oración. El estudio bíblico, la soledad y el ayuno. Estos son los detalles prácticos para ganar el corazón de Dios y para desarrollar el potencial espiritual necesario para impactar realmente a quienes están a tu alrededor.

Peter Grant, un ex pastor y ahora presidente de *PreVision Partnerships* en Atlanta, escribió: «Para mí, probablemente no hay nada más motivador para el evangelismo que el tiempo que se pasa en la presencia de Dios. Aparte de eso viene un deseo irresistible de expresar las Buenas Nuevas, no solo de la salvación pasada, sino también de la presente y futura».

«Por sobre todo, creo que el verdadero incentivo para dar testimonio proviene de la adoración a Dios», agrega Robert Coleman, autor de *El plan supremo de evangelización*,[2] en su respuesta a mi pregunta. Coleman es un hombre que ha modelado por más de medio siglo el corazón de Dios para los perdidos. «Este es el amantísimo amor de Cristo», continuó diciendo, «que nos fuerza a declarar la gloria de su gracia».

De acuerdo con esto, una auténtica vida de caminar con Dios empieza y fluye fuera de la alineación espiritual personal. Observe la progresión en el Salmo 51, versículos 9-12, cuando el rey David admite y se arrepiente de sus pecados:

> Aparta tu rostro de mis pecados y borra toda mi maldad.
> Crea en mí, oh Dios, un corazón limpio,
>   y renueva la firmeza de mi espíritu.

No me alejes de tu presencia ni me quites tu santo Espíritu.
Devuélveme la alegría de tu salvación;
    que un espíritu obediente me sostenga.

Entonces, luego de exponer su propia condición delante de Dios, el próximo pensamiento de David, en el versículo 13, es proclamar la gracia de Dios a los demás:

Así enseñaré a los transgresores tus caminos,
    y los pecadores se volverán a ti.

Similarmente, Juan 15:5 nos dice que si nosotros permanecemos en Cristo y le permitimos a él permanecer en nosotros, daremos mucho fruto.

«Yo paso tiempo con Dios cada día», observó Becky Pippert, un ejemplo evangelístico inspirador y autora del libro clásico, *Out of the Salt shaker and Into the World*[3] [Fuera del salero y dentro del mundo]. ¿Cómo podemos comprometernos en un diálogo íntimo con Dios y no darnos cuenta de su corazón? El apóstol Pablo nos dice en 2 Corintios 3:18 que simplemente al mirar la cara de Cristo nos transformamos a su semejanza. Eso significa que entre más tiempo pasemos en la presencia de Dios, tendremos más que decir y dar a los demás».

Además, a Dios le gusta contestar las oraciones de sus seguidores legítimos para aumentar las oportunidades evangelísticas. Joe Aldrich, activista evangélico de toda la vida y autor del extraordinario libro, *Lifestyle Evangelism*,[4] [Evangelismo ejemplar] me escribió esto en una carta: «He tenido fracasos en mis esfuerzos en el evangelismo». En varias ocasiones, he orado para que el Señor traiga un corazón preparado a mi camino, y algunas veces sucede en veinticuatro horas exactamente. ¡Eso es siempre una alegría y una confirmación!

3. Pasa tiempo en pasajes selectos de la Escritura

Bill Hybels con frecuencia habla acerca de la manera en que él fue influenciado temprano en su ministerio por el mensaje de Lucas 15, donde Jesús, en respuesta a la actitudes insensibles de los líderes religiosos hacia los forasteros espirituales, contó tres historias en rápida sucesión que ilustraba cuánto se interesa el Padre por los perdidos. La vida y ministerio de Bill estuvo marcada por las lecciones de la moneda perdida, la oveja perdida y el hijo pródigo, y por el corazón de Dios revelado a través de ellos. Esto impactó de manera profunda la forma y las prioridades de la iglesia que inició Bill, y de otras miles de iglesias que él continuó influenciando alrededor del mundo.

Me he sentido motivado especialmente cuando repaso Juan 4 y veo cómo Jesús interactuó con la mujer en el pozo. Él mostró interés por alguien que la sociedad había despreciado. De manera agradable despertó la curiosidad de ella al hablarle acerca de «agua espiritual» para comenzar una conversación espiritual. Directamente le dijo que él era el Mesías. Luego le dio tiempo para que ella fuera por sus amigos y los trajera al pozo a escuchar más acerca de su mensaje y misión.

Lo que más me impresiona en este pasaje es cómo, luego de pasar tiempo con esta marginada social, Jesús resumió su experiencia diciendo a sus discípulos: «Yo tengo un alimento que ustedes no conocen … Mi alimento … es hacer la voluntad del que me envió y terminar su obra» (Juan 4:32,34). De hecho, él dijo: «No me importa quién es esta persona, lo que haya hecho o cuál sea su posición social. Solo tuve una oportunidad para cambiar la eternidad de un ser humano por el que mi Padre se preocupa más de lo que tú puedas imaginar, y *¡eso me encanta!*».

La razón por la que las palabras de Jesús me afectan tanto es porque he experimentado lo que se siente estar en medio del regocijo de compartir a Cristo con otra persona que realmente no me importa si come o duerme o cualquier otro asunto físico insignificante. Por otra parte, con demasiada frecuencia he sabido lo que es ser consumido por las preocupaciones y distracciones diarias y perder el enfoque en el propósito principal. De manera que cuando leo lo que Jesús dice: «Mi alimento es hacer la voluntad del que me envió», mi espíritu dice: *«¡Sí! Eso es lo que quiero experimentar la mayor parte del tiempo».* Esto aumenta el valor del evangelismo en mí y hace a mi corazón más dispuesto hacia las personas que necesitan a Dios.

Otros pasajes tal vez te impactarán de forma similar: quizás Juan 3, el encuentro de Jesús con Nicodemo; o Lucas 19, la historia de Jesús y Zaqueo; o Hechos 1–2, Pedro y la difusión del evangelio en Jerusalén; o Hechos 8, Felipe y el etíope; o Hechos 26, Pablo valientemente se declara a favor del evangelio y la evangelización de alguna de la ¡propia gente que lo puso a él en el camino de la fe! O, como yo, tal vez Lucas 16 y la historia del hombre rico y Lázaro te conmuevan, con sus claras advertencias acerca de la realidad del cielo y el infierno, y cómo nuestro destino eterno está sellado al morir. Este es un serio recordatorio de la importancia y urgencia de alcanzar a otros y contarles ya de la salvación de Dios.

La lista de pasajes bíblicos podría seguir y seguir. Lo importante es que tú encuentres uno o dos (o tres o cuatro) que hagan latir tu corazón evangelístico con rapidez. Que luego medites en ellos, los escribas, los coloques en donde puedas verlos con frecuencia. Enseña sobre ellos cuando tengas la oportunidad. Tal vez memoriza algunos de ellos también, y permite que la visión de Dios llene tu corazón y te mueva a la acción.

4. Repasa lo que Dios ha hecho en tu vida

El Dr. James Martin, pastor de *Mount Olivet Baptist Church* en Portland, Oregon, me dijo: «Porque sé lo que yo era y lo que Cristo ha hecho por mí, quiero que otros conozcan del amor de Dios y experimenten la libertad y la paz que tengo en Cristo aun en medio de un mundo problemático».

De forma similar, el líder cristiano y autor Chuck Colson me dijo en una carta:

> Lo que sucedió hace años en la entrada del garaje de Tom Phillips cuando entregué mi vida a Cristo permanece tan vívido hoy en mi memoria y consciencia, como si fuera ese momento. Nunca lo he olvidado, y no quiero olvidar, lo que sucedió esa noche. Me di cuenta por primera vez en mi vida que era un pecador en urgente necesidad de salvación y perdón. Y aquella noche se me hizo claro que Dios me estaba ofreciendo eso a mí, que Jesucristo el hijo de Dio realmente fue a la cruz, murió en mi lugar y llevó mis pecados sobre sí mismo, permitiéndome ser libre.

> Ahora, si alguien hace eso por ti, ¿cómo respondes? G. K. Chesterton dijo que la gratitud es la madre de todas las virtudes. Uno debería estar embargado de gratitud por lo que Dios ha hecho por nosotros, y entonces esta gratitud inspirarnos a hacer

nuestro deber, cumplir con lo que Dios nos llame a hacer. La realidad es que Jesús nos llama a predicar las buenas nuevas.

Una y otra vez he visto que cuando nosotros repasamos la actividad misericordiosa de Dios en nuestras vidas, aumenta nuestra pasión por hacer llegar su misericordia a otros. Medita en la historia de cómo Dios te alcanzó a ti, y te hallarás a ti mismo más motivado para decirle a otros acerca de su amor y salvación.

5. Pasa tiempo con otros cristianos contagiosos

Una de las maneras principales como mantengo mi fervor evangelístico es pasando tiempo con otros que ponen en práctica este valor en sus propias vidas. Esto lo puedo asegurar por el tiempo que pasé con mi íntimo amigo y compañero de ministerio, Lee Strobel. Él y yo hemos mantenido un ministerio juntos durante muchos años. Una de nuestras cosas favoritas es salir a almorzar a algún lugar sin una agenda formal y simplemente permitir a nuestra imaginación y conversación correr libres con ideas de cosas que podríamos intentar para alcanzar a otros para Cristo. (Muchos de los ministerios y acontecimientos de los que hablo en este libro han salido de estos ratos juntos). Según lo expone Hebreos 10:24: «Preocupémonos los unos por los otros, a fin de estimularnos al amor y a las buenas obras», ¡y en ninguna otra parte esto es más importante que en el evangelismo!

Y qué emocionante es que esta clase de influencia por lo general va en ambas direcciones. Les transcribo un correo electrónico que recibí de un líder de otra iglesia con el que recientemente pasé un tiempo y de quien recibí ánimo. Este correo ilustra el efecto que un cristiano puede tener sobre otro cuando pasan tiempo juntos soñando acerca de alcanzar amigos para Cristo:

> Gracias de nuevo, Mark, por tanto aliento que me diste, en especial en el aspecto personal. Simplemente no puedo expresar el maravilloso sentimiento de estar con hermanos que tienen mentalidades parecidas respecto a las personas perdidas. Es tan especial porque durante mucho tiempo me he sentido en un desierto espiritual viajando solo. ¡Es un gusto tener el viento a tu favor de vez en cuando!

¿De quién podrías obtener una «ráfaga de aliento»? Podría ser alguien de tu iglesia, un líder de otra iglesia de la zona o alguien del otro lado del país, pero sea quien sea, encuentra la forma de mantenerte en contacto con ellos. Invierte en la relación. Oren juntos, cuestiónense el uno al otro y ¡observen el trabajo de Dios!

Permíteme agregar que aunque ciertamente no podrás almorzar con Dwight L. Moody, si podrás «pasar tiempo» con él al leer libros como *A Passion for Souls*[5] [Pasión por las almas] por Lyle Dorsett y experimentar un efecto parecido. Dudo que sea posible leer acerca de la vida de Moody y *no* cargar de energía tu propia pasión por las almas. Lo mismo ocurre cuando lees acerca de los fundadores del Ejército de Salvación William and Catherine Booth, John Wesley, Hudson Taylor, William Carey y muchos otros.

La mayoría de nosotros jamás tendremos acceso a alguien como Billy Graham, sin embargo, podemos escuchar sus mensajes y leer su autobiografía *Tal como soy*.[6] Cuando lo hacemos, algo de su contagiosa influencia se nos pega. Rick Warren puede tener un efecto similar a través de *Una iglesia con propósito*,[7] así como Bill Bright, mediante la lectura de la poderosa biografía de su vida, *Amazing Faith*,[8] [Fe asombrosa] y su ministerio de impacto mundial con *Campus Crusade for Christ*.

Incluso a la distancia, personas como Chuck Colson, Luis Palau, Ravi Zacharias, Greg Laurie y Bill Hybels pueden impactar nuestras actitudes y ayudarnos a sentirnos más motivados a llegar hasta los buscadores que viven a nuestro alrededor.

Por lo tanto, rodéate de las personas correctas, así como también de la influencia de personas que no puedes tener cerca y permite que los corazones evangelísticos de ellos influyan en el tuyo. Esto te ayudará a vivir este importante valor de manera impactante.

6. Participa en el juego

Además del énfasis en la oración, la respuesta más común que recibí a mi pregunta acerca de cómo podemos mantener nuestras brasas evangelísticas ardiendo vivamente fue que, simplemente necesitamos salir del laboratorio y pasar tiempo con personas reales no cristianas. Después de décadas de enseñar a otros a evangelizar, D. James Kennedy me dijo que él continúa «la disciplina de salir semanalmente con nuestros equipos de *Evangelism Explosion*, los cuales mantienen el filo en nuestra espada evangelizadora».

Wayne Cordeiro, un hombre sumamente ocupado como pastor en la floreciente *New Hope Christian Fellowship O'ahu* en Honolulú, Hawai, me dijo que una de las principales cosas que lo mantienen motivado es «tomar tiempo para estar con la gente. Juego con la liga de futbol de la ciudad cada martes por la noche. Pertenezco al Club Rotario y con frecuencia hablo a las compañías acerca del liderazgo, la excelencia y la reestructuración. Esto me mantiene en contacto con las personas no cristianas todas las semanas».

Dos de mis mentores espirituales, Bob Passantino, ya fallecido y su esposa, Gretchen, escribieron: «Nosotros pensamos que uno de los grandes errores que cometen los líderes cristianos es que le piden a sus oyentes ser testimonio para los no salvos, pero ellos mismos pasan todo su tiempo dentro de un capullo cristiano y por lo general no hacen lo que enseñan. Hay muchas ideas que suenan bien, pero hasta que tú las experimentes en la práctica, no podrás preparar a otros para que hagan lo mismo».

Gene Appel, pastor principal de *Willow Creek Community Church*, dijo: «Ninguna otra cosa mantiene mis brasas «ardiendo» por los perdidos, como compartir mi fe. Entre más interactúo con las personas perdidas, más entusiasta me vuelvo. Entre más distante me mantengo, más se enfría mi corazón».

Realmente la interacción cara a cara con personas que no conocen a Cristo es, sin duda, lo que me motiva más que ninguna otra cosa. Puedo escuchar una buena enseñanza acerca del evangelismo, leer versículos bíblicos sobre la importancia de difundir las buenas nuevas y escuchar estadísticas sobre cuántas nuevas familias no cristianas se están trasladando a vivir a los vecindarios alrededor de la iglesia, sin embargo, nada me mueve más que conocer unas cuantas personas que necesiten de Dios. Entonces ellos ya no serán más unos «buscadores» genéricos e indescriptibles. Son personas por las que me preocupo, con nombres y caras reales. Y haré todo lo que pueda para ayudarles a conocer a Cristo. ¿Cómo haces para *no* valorar a los perdidos cuando estos se han vuelto tus amigos cercanos?

El desafío, especialmente si has sido cristiano durante mucho tiempo, es salirte deliberadamente de lo conocido e involucrarte con algunas personas que son importantes para Dios, pero para quienes Dios aun no importa. Ellas hablarán de manera diferente, y algunas veces de manera mucho más «colorida» que tú y tus amigos de la iglesia, valorarán las cosas que tú no valoras, formarán parte en asuntos que no te gustan o con los que no estás de acuerdo, y a veces te harán sentir incómodo. No obstante, antes de que te desanimes, solo piensa en cómo se tuvo que haber sentido el perfecto Hijo de Dios cuando vino a esta tierra y caminó entre nosotros, «buscando y salvando aquello que estaba perdido». Permite que su amor y ejemplo, y el fruto de sus esfuerzos, te inspire a hacer lo mismo. Al principio será dudoso, pero dentro de poco verás que es ¡la aventura de tu vida! Y tarde o temprano algunos de esos amigos caprichosos van a regresar y te agradecerán por hacer lo que fuera para alcanzarlos con el amor del Salvador.

7. Sigue las indicaciones de Dios

Lo último que mencionaré que nos ayudará a poner en práctica los valores del evangelismo es escuchar la voz de Dios y mantenernos acorde con sus directrices. Chuck Colson me escribió esto:

> Me he disciplinado a mí mismo para escuchar al Espíritu Santo. Por ejemplo, recientemente me encontraba dando un sermón de cierre en *C. S. Lewis Conference* en Oxbridge, y en el periodo de oración previo a mi sermón, uno de mis colegas oró por aquellos que pudieran estar allí desde el Campus de Cambridge y que estuvieran espiritualmente a la deriva o inquisitivos o en la búsqueda. A la mitad de mi charla cuando estaba describiendo la influencia de Lewis en mi vida, me detuve y dije: «Me gustaría predicarles el mismo mensaje que Lewis compartió conmigo». ¡Tuvimos una oración de invitación a mitad del discurso de cierre en el *Oxbridge Conference*! Pero eso solo sucedió porque sentí la dirección del Espíritu.

Lee Strobel transmitió una experiencia parecida que ocurrió en un nivel más personal. Él estaba reunido con algunas personas luego de haber hablado en uno de los servicios de alcance en *Willow Creek*. Un hombre se desahogó con Lee sobre asuntos que estaba enfrentando y le dijo lo mucho que necesitaba la ayuda de Dios. Lee dijo que su instinto natural fue simplemente animar un poco al hombre y ofrecerle orar por él. Sin embargo, Lee estaba concentrado en la voz del Espíritu, que por el contrario lo impulsó a desafiar al hombre acerca de qué era lo que lo mantenía alejado de la confianza en Cristo. Antes de que acabara su reunión, el hombre oró con Lee para recibir a Jesús como su perdonador y líder.

Quien sabe a través de cuáles emocionantes puertas de influencia espiritual nos llevaría Dios si tan solo escuchamos su voz y hacemos lo que él nos dice. Dios está participando activamente para alcanzar a los perdidos. Nosotros solo necesitamos responder a sus indicaciones y aprovechar las oportunidades que él nos ofrece. Cuando lo hacemos, él nos utilizará para tocar los corazones de los demás, y en el proceso, también trabajará en nosotros, haciendo crecer nuestros propios corazones.

VIVE LOS VALORES EVANGELÍSTICOS

¿Qué pasa contigo? ¿Estás tan ocupado con el trabajo de la iglesia que no tienes tiempo para hacer el trabajo más importante de la iglesia? Como líderes cristianos, especialmente, tenemos que dejar a un lado las reuniones innecesarias, las citas de carácter secundario y la sensación de estar siempre ocupados, y asegurarnos de acercarnos a la gente que Dios quiere alcanzar.

Permite que el amor de Dios y tu amor por las personas te motiven. Y deja que otros en la iglesia vean lo que estás haciendo. Permíteles que te vean relacionándote con personas no creyentes. Háblales a ellos acerca de tus esfuerzos para iniciar conversaciones espirituales y transmite verdades bíblicas a tus amigos. Cuéntales cuando las cosas van bien y cuando no. Aprenderán de tus éxitos y tus fracasos, y serán inspirados por ambos.

Sé, por mis años en *Willow Creek,* que la razón principal de que esta sea una iglesia evangelística tan eficiente es porque su pastor fundador, Bill Hybels, pone en práctica consecuentemente este valor. Puede que haya leído en las páginas iniciales del libro *Conviértase en un* cristiano contagioso, acerca de la decisión de Bill de participar en una competencia de veleros con una tripulación totalmente no cristiana, y más tarde, en las páginas finales del libro cómo Tommy, uno de los tipos más rudos de aquella tripulación, entregó su vida a Cristo. Estuve en la iglesia varios años más tarde cuando Bill informó a la congregación que la cuarta persona de su equipo en la competencia hizo un compromiso con Cristo luego de uno de nuestros servicios de alcance de verano. Entonces, durante aquel servicio de bautismo de verano, todos vimos a Bill bautizar a Dave afuera, en el estanque de la iglesia.

DISFRUTA LA AVENTURA: RIESGOS, RECOMPENSAS Y TODO

Si meditas en esto, la decisión de Bill de poner juntos como tripulación de un velero a personas no creyentes fue una decisión de riesgo. ¿Y qué hay de la mala influencia que pudieren haber tenido ellos sobre él? ¿Y qué del impacto negativo que pudieron haber tenido ellos en su reputación como líder cristiano?

He descubierto que no importa quién seas ni el papel que juegas en la iglesia o a cuál paso te está guiando Dios para que tomes en el evangelismo, grande o pequeño, siempre se sentirá cierto grado de riesgo. Podría ser construir una relación, iniciar una conversación, hacer una pregunta, corregir una idea equivocada, entrenar a un grupo, poner en marcha una actividad o cualquier cantidad de otras posibilidades. Sea lo que sea, se sentirá un poco amenazador, y tú te vas a sentir tentado a aplazarlo o a obviarlo por completo. Tal vez, ¿ya lo has estado evitando desde hace un tiempo?

Tanto el Antiguo como el Nuevo Testamento nos dicen «el justo vivirá por la fe» (Habacuc 2:4; Romanos 1:17). La vida cristiana involucra el vivir en dependencia de Dios. Eso es cierto sobretodo cuando confiamos en Dios para salvación, no obstante, la Biblia dice mucho más que eso. Observe que los versículos no solo dicen: «El justo recibió al principio vida eterna por fe». Por el contrario, dicen que *nosotros vivimos* (tiempo presente) por fe.

¿Qué es exactamente la fe? Una manera de verlo es como un «riesgo dirigido por Dios»: vivir basados en la simple verdad de las promesas de Dios y su protección invisible, obedecer a su Espíritu invisible, construir su reino invisible, anhelar las, hasta la fecha, invisibles casas en el cielo. Es el riesgo de confiar en su palabra y hallarlo completamente digno de confianza. Una interpretación rudimentaria del versículo sería: «El justo vivirá una vida marcada por patrones de obediente y arriesgado estilo de vida que honra a Dios». La pregunta es esta: ¿Estás viviendo según ese tipo de fe bíblica?

Al menos hasta cierto grado, tenemos que ser cristianos *valientes* si nos vamos a convertir en cristianos *contagiosos*. Debemos estar al tanto de lo que la Escritura y el Espíritu de Dios nos están guiando a hacer, incluso si es algo nuevo, si parece poco común o si pudiera malinterpretarse. Tenemos que seguir adelante y establecer el patrón para el resto de la iglesia. Necesitamos mostrar el camino y entonces, al igual que el apóstol Pablo, decir a los demás: «Imítenme a mí, como yo imito a Cristo» (1 Corintios 11:1). Tenemos que demostrar cómo se ve cuando ponemos en práctica el valor de que las personas perdidas le importan al Padre y también a nosotros. Si hacemos esto, pronto ellos le importarán mucho más también a nuestras iglesias, y estaremos en buen camino hacia la creación y el sostenimiento de una cultura evangelística genuina, del tipo de las que se preocupa por las personas perdidas de forma aun más noble de lo que Wal Mart lo hace por sus clientes.

Las iglesias contagiosas surgen de los corazones deseosos de líderes y cristianos contagiosos. No obstante, según veremos en el próximo capítulo, deberás dar pasos deliberados para hacer llegar lo que tienes en tu corazón a los corazones de los que están a tu alrededor.

FASE 1: IDEA CLAVE

El primer paso para convertirse en una iglesia contagiosa es vivir una vida contagiosa.

Da un ejemplo para los creyentes en cuanto a la manera de hablar, en conducta, en amor, en fe y en pureza (1 Timoteo 4:12).

PARA CONSIDERAR Y DISCUTIR

1. ¿Qué pone combustible en el fuego evangelístico de tu corazón? ¿Qué necesitas hacer para poner en él un litro o dos hoy?

2. ¿Estás invirtiendo tiempo en oración por aquellos que están fuera de la familia de Dios? ¿Necesitas ajustar tu horario para destinar más tiempo para la oración? ¿Por qué no tomar unos momentos ahora para orar por las personas en tu vida que necesitan conocer a Cristo?

3. ¿Existe algún aspecto en el que Dios te ha estado indicando que actúes o que hables sobre él pero que tú te has estado resistiendo?

4. ¿Hay alguna indicación divina a la que hayas respondido recientemente? ¿De qué manera Dios trabaja a través de tus esfuerzos?

5. ¿Cuáles pasos prácticos necesitas dar para sumergirte en pasajes de la palabra de Dios que enciendan el fuego en tu corazón por el evangelismo?

6. ¿Con cuál amigo o miembro de la familia no cristiano te comprometerías a pasar tiempo en las próximas dos semanas? ¿Qué harán juntos?

CAPÍTULO TRES

ETAPA 2: INCULCA VALORES EVANGELÍSTICOS EN LAS PERSONAS A TU ALREDEDOR

ESTUVE REUNIDO CON VARIOS líderes de alto nivel del ministerio que querían involucrarse en cómo podrían ellos aumentar el valor y la prioridad del evangelismo entre sus compañeros de liderazgo. «Nosotros hacemos un buen trabajo cuidando a los creyentes nuevos y ayudando a madurar a los que ya son seguidores de Cristo», dijo uno, «pero somos deficientes en cuanto al alcance a otros. Queremos ayudar a que nuestro ministerio se vuelva más eficaz en cuanto a alcanzar a personas con el Evangelio. ¿Por dónde crees que deberíamos de comenzar?» Esta era una gran pregunta.

Estos líderes ya vivían una vida evangelística en muchas de las formas que discutimos en el capítulo dos. No carecían de compromiso o pasión por el evangelismo. No obstante, el ministerio que ellos dirigían era otra historia. Estaba lleno de creyentes amigables que concentraban sus esfuerzos ministeriales principalmente en aquellos que ya estaban convencidos.

En su libro *Una iglesia con propósito*, Rick Warren habla de una encuesta hecha por Win Arn, un destacado asesor de iglesia:

> Él encuestó a miembros de casi mil iglesias con la pregunta: «¿Por qué existe la iglesia?» ¿Las respuestas? De los miembros de la iglesia encuestados, el ochenta y nueve por ciento dijo: «El propósito

de la iglesia es cuidar de las necesidades mías y de mi familia». Para muchos, el papel del pastor es simplemente conservar a las ovejas que ya están felices en el «redil» y no perder muchas de ellas. Solamente un once por ciento dijo: «El propósito de la iglesia es ganar el mundo para Jesucristo».[1]

Entonces se le hizo la misma pregunta a los *pastores* de las mismas iglesias. Increíblemente, los resultados fueron exactamente todo lo contrario. De los pastores encuestados, el noventa por ciento dijo que el propósito de la iglesia era ganar el mundo, y el diez por ciento dijo que era cuidar de las necesidades de los miembros. ¿Te sorprende que tengamos conflictos, confusión y estancamiento en muchas iglesias hoy?

A pesar de las buenas intenciones de sus líderes, en algún punto del camino, la mayoría de los ministerios que ellos dirigen comienzan a ensimismarse. Ellos comienzan a invertir más y más de su tiempo, energía y recursos en planes que sirven a los que pertenecen a la iglesia. No piensan mucho en cómo alcanzar personas para Cristo sino, por el contrario, en si la iglesia está haciendo todo lo que se debe hacer para satisfacer sus propias necesidades y expectativas.

Ahora, muchas de esas necesidades están en espera debido a los propósitos más amplios y por ende más importantes, de la iglesia. No obstante, cuando la misión de la iglesia se reduce a mantener felices a las ovejas en el redil, esta misión va quedando deplorablemente corta. Estoy seguro de que las noventa y nueve ovejas de la parábola de Jesús creían que merecían toda la atención y protección de su pastor. Hasta puedo imaginarme a varias de ellas reclamando: «¿Cuál es la importancia de hallar a una pequeña oveja perdida cuando tantas de nosotras que estamos aquí necesitamos una buena comida y un lugar seguro para dormir?».

Claramente, en la mente de Jesús encontrar la oveja perdida era, y aun es, de gran importancia. Por lo tanto, tenemos que trabajar para superar esta tendencia hacia el egocentrismo y recobrar en enfoque hacia el exterior.

ATAQUE EN CADA FRENTE

«Esto puede que no sea lo que querías escuchar», dije a mis amigos líderes de ministerio, «pero en mi opinión, ustedes van a tener que declarar ¡una guerra total! Si quieres cambiar los valores y crear una cultura evangelística verdadera, vas a tener que atacar en cada frente, y hacerlo implacablemente. No puedes dar tregua hasta que tu equipo haya adoptado todo un nuevo grupo de prioridades y las esté viviendo día a día».

¿Por qué estaba yo tan osado con respecto a esto? ¡No es porque yo sea una persona que disfruta la guerra! Tenía tres razones: Primera, porque *Dios nos ha dado órdenes no negociables de marchar.* Jesús fue claro acerca de su propia misión: él vino «a buscar y a salvar lo que se había perdido» (Lucas 19:10). Luego más tarde, él dejó claro que nos enviaba al mundo para promover su misión (Juan 17:18). Y, para que no haya ninguna confusión, resumió nuestra tarea una vez más cuando dijo en Mateo 28:19: «Por lo tanto, vayan y hagan discípulos de todas las naciones».

No existe ambigüedad en cuanto a nuestra misión. Solo necesitamos tenerla clara en nuestros corazones y mentes y entonces hacer todo lo que podamos para colocarlo dentro de los corazones y mentes de aquellos a nuestro alrededor. El pastor Gene Appel me lo dijo así: «Cuando la iglesia está absolutamente clara con respecto a cuál es la «idea principal», hace que la enfrentes en cada oportunidad: en la manera en que oras, planeas, preparas, predicas y das». Esto se cumple no solo en los líderes sino en todos aquellos en el cuerpo que comprenden y apoyan «la idea principal».

Mi segunda razón: *¡realmente estamos en guerra!* Yo sé que esto es un lenguaje fuerte que evoca imágenes de conflicto, armas y lucha de vida o muerte. Sin embargo, este es el tipo de batalla que nosotros luchamos actualmente. Mire lo que Pablo escribió en 2 Corintios 10:3-5:

> Pues aunque vivimos en el mundo, no libramos batallas como lo hace el mundo. Las armas con que luchamos no son del mundo, sino que tienen el poder divino para derribar fortalezas. Destruimos argumentos y toda altivez que se levanta contra el conocimiento de Dios, y llevamos cautivo todo pensamiento para que se someta a Cristo.

Y como lo mencionamos en el capítulo uno, Pablo también escribió en Efesios 6:12-13:

Porque nuestra lucha no es contra seres humanos, sino contra poderes, contra autoridades, contra potestades que dominan este mundo de tinieblas, contra fuerzas espirituales malignas en las regiones celestiales. Por lo tanto, pónganse toda la armadura de Dios, para que cuando llegue el día malo puedan resistir hasta el fin con firmeza.

En nuestra lucha por las almas de hombres y mujeres, tenemos un enemigo que está dando todo lo que tiene para tratar de apartarnos de nuestro propósito o detenernos. Se necesitará esfuerzo incesante y el poder del Espíritu Santo para prevalecer en nuestra misión y movilizar a nuestros miembros para la causa.

Tercera razón, *sé, por mi propio ministerio de ayuda a las iglesias con el evangelismo, cuán difícil es girar la nave y hacerse verdadero dueño de la misión.* Uno de los retos mayores que enfrentarás es tratar de convencer a las personas que sigan tu ejemplo y miren más allá de sus propias necesidades, a la «idea principal» de valorar y alcanzar a aquellos que están fuera de la familia de Dios.

NUESTRO EJEMPLO EN LOS NEGOCIOS

Recuerde el ejemplo de Wal Mart. Su fundador, Sam Walton, modeló personalmente un extraordinario servicio al cliente, no obstante, dio un paso más y trabajó fuerte para inculcar este valor en las personas que trabajaban con él. En su autobiografía, *Sam Walton, Made in America* [Sam Walton, Hecho en USA], tenemos un vistazo general de su compromiso tenaz de comunicar este valor: «Durante toda mi carrera de venta al detalle, me he regido por un principio rector. Es simple, y lo he repetido una y otra vez en este libro que debes estar harto de él. Sin embargo, de cualquier manera lo diré una vez más: el secreto para tener éxito en las ventas al detalle es darle a los clientes lo que ellos quieren».[2]

¿Qué podemos sacar de esto? Nosotros tenemos que tener ese tipo de compromiso y pasión por inculcar en los miembros de nuestra iglesia el principio bíblico de darle a las personas no necesariamente lo que ellos quieren, sino lo que ellos en realidad necesitan: ¡el amor y la verdad que se encuentra únicamente en Jesucristo!

En una sección más adelante en este libro, bajo el título «Comunica, comunica, comunica», Walton enfáticamente agrega: «La necesidad de una buena comunicación en una compañía grande como ésta es tan vital que no puede ser exagerada».[3] ¿Recuerda cómo en mi primera experiencia en un Wal Mart, quedé sorprendido por el extraordinario nivel de servicio de la tienda, incluyendo la atención de un amigable empleado que se acercó a mí para saber si necesitaba ayuda? Bueno, por esa época en que esa tienda abrió, Walton dice que él se sentó frente a una cámara y transmitió un mensaje por enlace satelital a los empleados de Wal Mart de todo el país. Él les dijo:

> Quiero que hagas una promesa conmigo. Quiero que prometas que cada vez que estés a tres metros de un cliente, lo mirarás a los ojos, lo saludarás y le preguntarás si puedes ayudarle…
>
> Ahora, quiero que levantes tu mano derecha, y recuerda lo que decimos en Wal Mart, que una promesa que se hace es una promesa que se cumple, y quiero que repitas después de mí: De hoy en adelante, solemnemente prometo y declaro que cada vez que un cliente esté a tres metros de mí, sonreiré, lo miraré a los ojos y lo saludaré.[4]

¡Vaya! Te queda la impresión de que él hablaba en serio, ¿verdad? No es de extrañar que fuera capaz de construir semejante organización dirigida al cliente, y lo que yo vi ese día fue una clara manifestación de su influencia cuando visité por primera vez una de sus tiendas.

EL DESAFÍO PARA NOSOTROS

Los líderes que transmiten un valor tan consecuente y agresivamente como lo hizo Sam Walton, reestructurarán, con el tiempo, la cultura de toda su organización. Lo mismo puede ocurrirnos a nosotros con nuestros esfuerzos por difundir los valores evangelísticos en nuestra iglesia.

De nuevo, necesitamos comenzar, como lo discutimos en el capítulo dos, con la etapa 1 de nuestro proceso de seis etapas, mientras «VIVIMOS una vida evangelística». Hay un dicho que dice: «Tú no puedes regalar lo que no tienes». Aplicado aquí, quiere decir que la misión evangelista tiene que arraigarse primero en nuestros propios corazones y vidas.

Sin embargo, muchos líderes bienintencionados se detienen aquí. Fracasan en comunicar esta visión a las personas influyentes clave alrededor de ellos. Trabajan en aislamiento, manteniendo en privado sus sueños de extender el impacto evangelístico. Ellos no se dan cuenta que sin una posesión amplia de valores dirigidos al alcance, estos esfuerzos casi con seguridad fracasarán. Es por eso que no podemos ignorar la etapa 2 en el proceso de seis etapas, que es «INCULCA valores evangelísticos en las personas a tu alrededor». Este es un paso crítico porque, según Joe Aldrich me escribió: «a mi juicio, el desafío principal en las iglesias es hacer al liderazgo no solo modelo de un enfoque hacia el exterior, sino convertirlo en un estilo de vida en la congregación».

¿Cómo podemos hacer esto? Aquí hay algunas ideas para ayudarte a comenzar.

INCULCAR VALORES EVANGELÍSTICOS

Ora por ello

Parece arraigado en algunas de nuestras personalidades que primero deberíamos trabajar fuerte, y luego orar ¡solamente si estamos atascados! Pero incluso Jesús, el propio Hijo de Dios, primero oró mucho y luego hizo su trabajo. Necesitamos seguir su ejemplo.

También necesitamos alentar a cada uno de los que guiamos a que oren por los amigos perdidos y por sus familiares. En el curso actualizado de evangelismo *Conviértase en un cristiano contagioso*, alentamos a cada participante a mantener una «lista de impacto» de tres nombres de personas dentro de su ámbito de influencia a quienes desean ver llegar al conocimiento de Cristo. Les enseñamos a orar con regularidad por estas personas y a dar los pasos para profundizar esas relaciones e iniciar conversaciones espirituales. Esto ha probado ser una excelente manera de inculcar el valor de la oración y la actividad evangelística.

También deberíamos animar a establecer momentos de oración relacionada con el alcance a otros en las diferentes reuniones, clases y servicios que se lleven a cabo en la iglesia. Nosotros ocasionalmente hacemos esto en todos los servicios de adoración de nuestra iglesia. Entregamos tarjetas en las que las personas pueden escribir los nombres de sus amigos. Luego les pedimos que formen parejas y se turnen para orar por sus amigos. Esta es una extraordinaria forma de aumentar la conciencia evangelística e inspirar al compromiso entre los miembros. También involucra a todos a la vez a dar un paso tangible: orar para alcanzar personas para Cristo.

Otra idea es tener un corto tiempo de oración al final de los servicios de comunión. Además de agradecer a Dios por el sacrificio que Jesús hizo en la cruz, da a los miembros un momento para orar por un amigo que no pertenece a la iglesia o por un miembro de su familia que les gustaría en el futuro tener sentado a su lado en un servicio de comunión como un nuevo hermano o hermana en Cristo. Esto traerá toda una nueva apreciación al significado y aplicación de la obra redentora de Cristo.

A menos que el Espíritu Santo esté trabajando en y a través nuestro, nada de valor duradero ocurrirá. Por lo tanto, tenemos que pedir a Dios que vigorice cada vez más este valor en nuestros corazones, así como en los corazones de los miembros de la iglesia o ministerio.

Dirígelo

Los líderes de tu iglesia necesitan tener claro que el evangelismo es primordial para lo que tratará tu ministerio y que no hay lugar para discutir esto. ¿Por qué? Porque nuestro máximo líder, Jesús, ya lo ordenó.

Escuché a un pastor en Dallas, Texas, presentar la prioridad del evangelismo a su iglesia en un convincente mensaje de visión. Él dijo:

> Ya sabes, nos encanta votar por cosas. ¡Votamos para todo! Pero no en esto, porque esto no nos corresponde a nosotros decidir. Ya Jesús nos dijo cuál es nuestra misión. Cuando dijo: «Vayan y hagan discípulos de todas las naciones», él no dejó lugar para deliberación o debate. Solo necesitamos ver su visión para la iglesia, hacer esa visión nuestra y destinar nuestra energía buscando la manera de implementarla ¡tan rápido y efectivamente como podamos!

En su libro *La iglesia como un equipo*, el pastor Wayne Cordeiro dijo: «Existe una cosa peor que una iglesia sin visión. ¡Una iglesia con muchas visiones! En este tipo de congregación, cada quien está presionando por sus propias agendas y la iglesia termina convirtiéndose en un cuerpo político de individuos, cada uno influenciando sus propios puntos de vista. Con demasiadas visiones, una iglesia tendrá las semillas de disensión desde su mismo comienzo».[5]

La gente necesita saber hacia dónde se dirige la iglesia. Ellos necesitan saber que la misión evangelística de Cristo es tu misión, y principal prioridad. Por lo tanto, dilo una y otra vez en cualquier círculo donde seas el líder o persona de influencia. Si quieres que la gente se involucre de manera personal y por medio del sacrificio, entonces convéncelos de que tu misión es bíblica, que honra a Cristo, que es esencial y urgente, y que la eternidad de las personas alrededor de ellos depende de esto.

Por lo general se ha dicho en los ámbitos corporativos que la visión de cualquier empresa tiene que ser reorganizada cada veintiocho días o verás a los trabajadores perder de vista el propósito y volver a los patrones antiguos y menos productivos. Lo que es cierto en la industria, al menos en este aspecto, lo es para nosotros en la iglesia. Si vamos a vencer la segunda ley de dinámica espiritual (entropía evangelística) se necesitará un impulso constante de la visión de las personas para reducir la atracción gravitacional hacia el egocentrismo.

Todos tenemos un papel que cumplir en este esfuerzo, sin embargo, el pastor principal en particular, necesita impulsar la visión de la iglesia mediante frecuentes actividades sencillas y en una actividad más elaborada una o dos veces por año. Muchas iglesias tienen una «noche de visión» anual, en la cual el pastor enseña una vez más acerca de la misión de la iglesia, sus valores y estrategias, y luego desafía a cada miembro a comprometerse a cumplir con su parte en la ejecución de ese plan. Cuando el evangelismo es fundamental para esa visión, le vendría muy bien inculcarlo como un valor en la congregación entera.

Di la verdad sobre esto

Una parte vital del liderazgo es la comunicación sincera acerca del problema que esperas superar. No obstante, esto puede sentirse amenazante, por lo que muchos líderes son tentados a ocultar o a suavizar la verdad. Pero, derrumbarse frente a esta tentación es poco previsor y te impide hacer los cambios necesarios para realmente ganar.

Por eso, si has tenido una sola conversión genuina de un adulto durante el ministerio de tu iglesia el año pasado, dilo. Si treinta y seis de los treinta y nueve bautismos recientes involucraron traslados de iglesia o niños de familias de la iglesia, admítelo. Si tienes una membresía de 1200 pero solo 400 personas asisten de manera activa a los servicios cada semana, no te escondas tras la cifra de 1200. Si nueve de las diez personas que «toman decisiones» durante los llamados al altar están simplemente decidiendo la transferencia de membresía para otra iglesia, no pretendas que ese renacimiento está empezando. Si en realidad solo un pequeño porcentaje de la gente en el vecindario alrededor de tu iglesia asiste a ésta, permite que los miembros estén enterados del asunto. Si ese porcentaje ha bajado tres puntos desde la encuesta anterior, habla al respecto como un asunto de verdadera preocupación y oración, y luego sobre la acción adecuada. Si la evaluación de los visitantes que no pertenecen a una iglesia dice que tu iglesia no es amigable o que es difícil relacionarse con ella o «que se atascó en la década de los setentas», entonces considéralo un tema de discusión constructiva.

En su libro de lectura obligatoria, *Al frente del cambio*, John Kotter, profesor de Harvard, dice que el primer paso para el cambio es exagerar el problema. «Establecer un sentido de urgencia», dice Kotter, «es decisivo para obtener la cooperación necesaria. Con una alta autocomplacencia, la transformación generalmente no se da porque pocas personas están interesadas en trabajar en el problema del cambio». Luego agrega, «La gente hallará mil formas ingeniosas de retener cooperación de un proceso que ellos sinceramente creen que es innecesario».[6]

La manera en que convencemos a las personas de que el cambio es necesario es dándoles las malas noticias de lo lejos que estamos de cumplir nuestra misión. Estas noticias pueden ser dadas a manera de cifras o de historias, preferiblemente utilizando ambas. Sin embargo, las malas noticias se convierten en el vehículo para las buenas noticias si ellas despiertan a las personas y logra que tomen acciones decisivas. Realmente, la única cosa peor que el dolor del cambio, es el dolor de mantenerse en lo mismo cuando el cambio es lo que en verdad se necesita.

¿Puedes ver por qué comenzamos en la Etapa 1 en el nivel más básico, el de las emociones y los valores? Si realmente nos preocupamos por las personas perdidas, entonces no tenemos otra opción que pasar a la Etapa 2 y tratar de divulgar estos valores a toda la iglesia. Tenemos que decir la verdad, admitir cuando no hemos logrado el éxito y cultivar corazones que están deseosos de hacer los cambios necesarios.

Enséñalo

Ya sea que eres pastor, líder de un grupo pequeño, maestro de Escuela Dominical o el encargado de uno de los ministerios de la iglesia, tú tienes un papel vital. Una de las más importantes maneras en que puedes aumentar la temperatura evangelística de tu iglesia es a través de la enseñanza sencilla de estos valores bíblicos.

Enseña con frecuencia sobre alguno de los pasajes clave que discutimos antes: Lucas 15, Juan 4, o Hechos 1–2. Recuerda que el valor del evangelismo, más que cualquier otro, necesita ser estimulado una y otra vez. Continúa reforzándolo mostrando las acciones de los líderes en la Biblia, especialmente Jesús.

Si eres un pastor, es importante predicar con regularidad una serie dominical acerca del evangelismo. Esta es una de las formas más efectivas de ayudar a las personas en tu iglesia a adquirir este valor y ver que las actividades evangelísticas deben ser parte normal de la vida cristiana. Puedes planificar este tipo de series dominicales, acerca de algunos de los pasajes que hemos mencionado o usar las seis transcripciones del mensaje *Contagious Campaign* [Campaña contagiosa] de Bill Hybels, Lee Strobel y yo (adáptelos según lo necesite) que vienen con la actualización del plan de estudios *Conviértase en un cristiano contagioso,*[7] el cual discutiremos con más detalle en el capítulo cinco. Además, hay cuatro mensajes en la serie de Bill Hybel, *Just Walk Across the Room* [Tan solo atraviesa el cuarto].[8] Estas herramientas están diseñadas para facilitar la enseñanza de este valor tan importante e inculcarlo en los corazones y hábitos de las personas en tu iglesia (muchas iglesias usan una de estas series durante una temporada, y la otra durante la próxima).

También, ayuda a tus miembros a comprender que lo que estás enseñando no es una idea nueva. Tiene su origen en la misión original de los fundadores de la iglesia (prácticamente cada iglesia fue establecida con el deseo y la visión inicial de alcanzar a personas en una parte nueva del pueblo o de una región distante). Ayúdales a ellos a ver que algunos cambios que ser requieren para ser más evangelísticos no son realmente nuevos, sino algo muy antiguo: el mandato claro de la Escritura y la fuerte visión de tus propios antepasados espirituales.

De vez en cuando puede que también necesites tratar el asunto del separatismo. Algunos miembros puede que hayan crecido en ambientes donde los líderes tomaban versículos bíblicos fuera de contexto para hacer parecer que nosotros nos resistimos al contacto con los no cristianos, que ellos son el enemigo que debe evitarse a toda costa. Si en tu congregación existe algún indicio de esto, necesitas perseguirlo con pasión. Escribí acerca de este problema en la actualización de *Becoming a Contagious Christian Leader's Guide* [Guía para convertirse en un líder cristiano contagioso]:

Primero, Dios nos advierte que seamos cautelosos, porque los peligros son verdaderos. Jesús dijo: «Los envío como ovejas en medio de lobos» (Mateo 10:16a), ¡una idea peligrosa desde su mismo principio! Es por eso que inmediatamente él agrega que necesita que seamos «astutos como serpientes y sencillos como palomas» (Mateo 10:16b). Pero observe que es Jesús el que nos envía allá afuera, fue *su* idea.

Segundo, un vistazo más a fondo a los versículos que hablan acerca de ser separados revela que ellos se refieren principalmente a separación de los *pecados* de las personas, no necesariamente se refiere a las personas mismas. Jesús oró que nosotros estaríamos en el mundo, pero que no seríamos del mundo (Juan 17:15). Jesús fue el mejor modelo de esto. Deberíamos seguir su ejemplo y ser amigos de las personas en el mundo, sin ser amigo o de alguna manera comprometerse con la maldad en el mundo.

Finalmente, en cualquier relación con un no creyente, nosotros tenemos que mantener el dominio moral y la influencia espiritual. De lo contrario, la persona se convierte para nosotros en la mala influencia acerca de la cual la Biblia nos advierte (1 Corintios 15:33). Entonces, es necesario retroceder, al menos por un tiempo, y hacer lo que sea necesario para restablecer nuestra fortaleza e influencia espiritual.[9]

Cuando se trata de inculcar el valor del evangelismo, no subestime la importancia de una enseñanza bíblica clara y apasionada, no puedes convertirte en una iglesia contagiosa sin esta enseñanza.

Una nota importante con respecto a «Enséñalo»: Los maestros no pueden confiar simplemente en series de mensajes para elevar los valores del evangelismo. ¿Por qué? Porque tienes que abarcar un ciclo a través de temas variados y pasajes de la Escritura para ofrecer una dieta balanceada a la iglesia. Aun así, este valor necesita ser estimulado constantemente. Por lo tanto, ¿qué puedes hacer?

Eleva el valor del evangelismo mediante ilustraciones, incluso cuando estés enseñando acerca de algo completamente diferente. Escuché a un pastor predicar acerca del Espíritu Santo, pero él no solo habló de la guía, los dones y la naturaleza del Espíritu Santo. También enfatizó la *influencia* del Espíritu Santo, visto a través del libro de Hechos cuando personas que fueron llenas con el Espíritu testificaron valientemente acerca de Jesucristo. Su audiencia aprendió acerca de la tercera persona de la Trinidad en general, sin embargo, principalmente tomaron conciencia del deseo del Espíritu Santo de ayudarnos a contarle a los demás acerca de Jesús.

Escuché a otro pastor predicar acerca de cómo podemos discernir la voluntad de Dios para nuestras vidas. Una de sus ilustraciones clave fue acerca de una experiencia reciente que él había tenido en la cual el Espíritu lo guió a hablar del amor de Dios a alguien que estaba sentado solo afuera de una tienda. El tema principal de su mensaje fue *orientación*, no obstante, un valor clave que se reforzó fue *evangelismo*.

Cada vez que puedas, mantén este valor frente a las personas a quienes les hablas, sin importar cuál sea tu tema principal en el momento.

Estúdialo y discútelo

Otra cosa que podemos hacer es animar a los miembros a discutir en grupos pequeños acerca del evangelismo. Al hacer esto les ayudaremos a procesar y adoptar los valores evangelísticos. Estudiar los pasajes bíblicos clave orientados al alcance será útil, cuando lean libros como *Inside the Mind of Unchurched Harry and Mary* [Dentro de la mente no creyente de Harry y Mary], *How to Give Away Your Faith* [Cómo revelar tu fe] y *Out of the Saltshaker and Into the World* [Fuera del salero y dentro del mundo]. También, la actualización del plan de estudios *Conviértase en un cristiano contagioso* está ahora diseñada para enseñarse en grupos pequeños utilizando un nuevo DVD de enseñanza del tipo «conéctelo y úselo». Todos estos enfoques son especialmente efectivos cuando se realizan en conjunto con visión y enseñados desde el púlpito. Recuerda, estamos declarando la guerra, ¡y atacando por cada frente!

Síguelo

Si somos firmes en inculcar el valor del evangelismo en las personas a nuestro alrededor, necesitamos hacer de ello un tema central mientras discipulamos a otros. Puede que ocasionalmente esto incluya desafíos directos pero bondadosos a los miembros de la iglesia que se resisten a permitir que la preocupación de Dios por las personas perdidas los afecte a ellos. Pero con más frecuencia estos serán discretos recordatorios acerca de este valor y preguntas respetuosas acerca de su progreso con las personas que ellos están tratando de alcanzar.

No estoy sugiriendo mano dura ni tipos de discipulado controlador. Me refiero a comunicación personal con unas cuantas personas clave que quieren prepararse para ayudarles a ellos a ser más parecidos a Cristo. También me refiero a responsabilidad bilateral, donde tus colegas tienen la libertad de hacerte las mismas preguntas que tú les haces a ellos. Otro aspecto importante es cooperar realmente con estas personas conociendo a algunos de sus amigos y familia, y tratar de ayudarles a ellos a comunicar su fe a esa gente. Jesús fue un ejemplo de esto al compartir su vida con sus discípulos durante tres años. Pablo declaró el principio en 2 Timoteo 2:2: «Lo que me has oído decir en presencia de muchos testigos, encomiéndalo a creyentes dignos de confianza, que a su vez estén capacitados para enseñar a otros».

¿Cuáles creyentes que tú conoces estarían receptivos a una relación más profunda, así como también al estímulo y asociación en el aspecto evangelístico?

Inspíralo

En su libro *La difusión de la innovación*, el Dr. Everett Rogers explica cómo líderes innovadores están dispuestos a viajar fuera de su círculo normal para obtener nuevas ideas e inspiración fresca.[10] Al hacerlo, expanden su mundo, amplían su pensamiento y aumenta su visión, dándoles una nueva perspectiva de su propia situación.

¿Adónde podrías ir y adónde enviarías a otros líderes y personas con influencia clave en tu iglesia para que se sientan inspirados hacia una visión y acción evangelística mayor? Podría ser visitando una iglesia con una efectiva orientación hacia el alcance situada al otro lado del pueblo o asistiendo a una conferencia evangelística con gran renombre al otro lado del país (tal como la *National Outreach Convention* anual, patrocinada por Outreach, Inc.[11]). Como lo testificarán muchos líderes, entre ellos yo, las ganancias por hacer inversiones moderadas en viajes y entrenamiento pueden ser enormes. El fervor evangelístico puede ser inculcado en corazones y mentes de forma rápida y poderosa, a veces impactando gente de tal forma que habría tomado meses o años si nos quedamos en casa sin hacer nada.

Y si eres un líder o miembro de una iglesia cuyo pastor podría usar una inyección de inspiración evangelística, algunas veces una pequeña inversión en la inscripción para una conferencia, hotel o transporte, junto con un golpecito de estímulo, puede lograr un gran avance hacia vivir una experiencia que pueda reavivar un corazón por las personas perdidas.

Además, muchos equipos de liderazgo de iglesia han sido inspirados al leer este libro, *Cómo convertirse en un iglesia contagiosa*, y al discutir y debatir sus ideas cada semana, capítulo por capítulo.

Personalízalo

Muchas personas no se motivan únicamente por estadísticas o iniciativas estratégicas; ellos necesitan ver este asunto a un nivel más personal, incluso de qué forma afectaría esto a las personas más importantes para ellos. Por ejemplo, el nuevo énfasis evangelístico comienza a verse realmente importante cuando ellos piensan en su hijo, hija o nieto que ha perdido todo interés en la iglesia y en los asuntos espirituales. O tal vez están preocupados por un padre, amigo, compañero de trabajo o vecino. Cuando la vida y la eternidad de un ser querido están en juego, los niveles de interés personal y la motivación aumentan bruscamente.

A continuación transcribo parte de la carta de una mujer que al principio no quería que su iglesia cambiara. Observe lo que motivó a ella a abrir su mente a nuevos enfoques:

> Me gustaría dar mi voto para tener un servicio de adoración contemporáneo en nuestra iglesia. Mi esposo y yo tenemos cuatro hijos que se beneficiarían mucho de este tipo de servicio. Tres de ellos no asistirán a un servicio tradicional pero han dicho que si atenderían a un servicio que tuviera «música moderna». He hablado también con otras personas y los he invitado a la iglesia, sin embargo, ellos piensan que el servicio tradicional es «muy rígido y aburrido». Creo que si vamos a alcanzar a toda nuestra comunidad y a los perdidos, nosotros *tenemos* que ofrecer algo más atractivo a ellos, pero con el verdadero mensaje del evangelio. Por favor ayude para que este tipo de servicio se de en nuestra iglesia.

Ayudar a los miembros de la iglesia a ver los beneficios de nuevos enfoques de alcance para sus propios seres queridos, es también una de las mejores formas de comenzar a desarrollar y a cultivar sus corazones para el evangelismo en general.

Fináncialo

Un paso vital hacia el cultivo de nuestros corazones por las personas es abrir nuestras billeteras para el evangelismo. Jesús dijo en Mateo 6:20-21: «Más bien, acumulen para sí tesoros en la tierra, donde la polilla y el óxido destruyen, y donde los ladrones se meten a robar. *Porque donde esté tu tesoro, allí estará también tu corazón*» (énfasis añadido). Jesús está diciendo que a medida que invirtamos más en este campo, de la misma manera aumentará nuestra sensibilidad por los demás.

¡Y muchas iglesias realmente necesitan aumentar su nivel de inversión en el evangelismo! George Barna denuncia en su libro *Evangelism That Works* [Evangelismo que funciona] que «el presupuesto anual promedio asignado por una iglesia típica para todas sus esfuerzos evangelísticos locales asciende a solo el dos por ciento del ingreso bruto anual que recibe la iglesia».[12] Si vamos a convertirnos en una iglesia contagiosa, necesitamos invertir muy por encima de un nivel mísero. Aunque puede resultar caro, el dinero gastado es realmente una inversión en las almas de hombres, mujeres y niños, y conducirá hacia la salud y vitalidad futura de la iglesia.

¿Dónde puedes encontrar suficiente dinero? Primero, *da a conocer las necesidades y aumenta esta parte de tu presupuesto regular.* Si no existe una sección en el presupuesto para el evangelismo o misiones locales, agrégala. Segundo, *pide a donantes clave en tu iglesia que te ayuden a alcanzar más personas perdidas.* Los sabios inversores del reino por lo general están más que dispuestos a dar para el evangelismo, porque ellos saben que esto traerá beneficios duraderos para la eternidad de las personas y para la iglesia.

Mientras ellos den, y mientras tu iglesia coloque esto como una prioridad en el presupuesto, la piedad por las personas perdidas también aumentará.

Prográmalo

Otra inversión que nos ayuda a profundizar en este valor es realmente comprometer nuestro tiempo al evangelismo. Esto es válido individualmente y a nivel de iglesia. Una de las mejores maneras de asegurar que esto ocurra es programando fechas en el calendario de la iglesia, así como reservar los salones que se necesitan, de manera que los momentos de oración orientados al alcance, los seminarios de entrenamiento, las sesiones de estrategia, las reuniones de equipo y los servicios y actividades de alcance puedan llevarse a cabo. Esto también pudiera significar hacer varios viajes diarios a observar iglesias y ministerios eficaces o asistir a conferencias y talleres de inspiración visionaria.

Manténte alerta de dos cosas. Primera, habrá conflicto cuando las necesidades de alcance compiten con programas ya establecidos y diseñados para cuidar a los creyentes. El arma de doble filo es que necesitas este entrenamiento y las actividades de alcance, en parte para ayudar a preparar los corazones de los creyentes para el evangelismo. Sin embargo, ¿qué pasa si no hay suficientes corazones aun para programar las actividades? Mi consejo, obtenido desde alguna enseñanza perspicaz de Gene Appel, es exigirles a ellos hacia la dirección correcta, pero no presiones mucho demasiado rápido. Cuando las personas ven los frutos de estos esfuerzos y sienten el regocijo de ver la obra de Dios en las vidas de sus amigos, su apoyo aumentará y ellos estarán listos para llegar aun más lejos la próxima vez.[13]

Una segunda advertencia: al programar entrenamiento y actividades de alcance, no esperes hasta sentirte completamente preparado. ¡Puede que nunca suceda! Les Brown, conferencista y escritor motivador, dice que la clave para crecer y lograr cambios es «da el paso antes de que estés listo». Es como el desafío: «¡salta y una red aparecerá!» Supongo que podía abusarse de este consejo, pero mi experiencia me dice que cuando se trata de evangelismo, normalmente es cierto. Dios se manifiesta, la ayuda viene a través de él, los detalles se juntan y las personas son impactadas por el evangelio, ¡mientras que el compromiso con el evangelismo aumenta en ti y en la iglesia!

Toma las medidas

Necesitamos medir nuestra eficacia evangelística y así sabremos dónde estamos progresando y dónde necesitamos hacer mayor esfuerzo. Como dice el refrán: «si no puedes medirlo, no puedes controlarlo». Algunas oportunidades para tomar las medidas incluyen contar los compromisos con Cristo, los bautismos de creyentes nuevos, la asistencia a las actividades de alcance, las personas en pequeños grupos de buscadores, personas en cursos de entrenamiento, y miembros involucrados con tu equipo de evangelismo. Puede que quieras seguir la pista de algunos, o de todos, estos factores.

Mientras inculcas valores en las personas a tu alrededor, ten cuidado de los puntos de referencia equivocados. La pregunta primordial no es si tu iglesia es más concurrida de lo que solía ser o si es la más grande del pueblo. Cuando los asistentes a *Willow Creek* dicen a sus líderes: «tenemos ya miles de asistentes, ¿no es eso suficiente?» su respuesta típica es: «¡no, no lo es mientras aun existan personas no creyentes a nuestro alcance!».

Tenemos que aspirar a lo más alto, Jesús dice que vayamos a *todo* el mundo. Necesitamos seguirle la pista al progreso para que de este modo volvamos a examinar la estrategia o aumentar los esfuerzos, así como saber cuándo celebrar el éxito.

Apóyalo y celébralo

Una de las más importantes pero descuidadas maneras de luchar contra la entropía evangelística es apoyando las cosas buenas que están sucediendo al afirmar a las personas que se encuentran en medio de la acción. Necesitamos hacer héroes de entre los cristianos ordinarios que han tenido una influencia contagiosa.

George Barna observa con sorpresa en *Evangelism That Works* [Evangelismo que funciona] que incluso entre las iglesias más orientadas al alcance existe una tendencia a «reconocer a los evangelizados pero no a los evangelizadores».[14] Obviamente necesitamos ser cuidadosos con la forma en que damos reconocimiento. No queremos comenzar a repartir insignia al mérito a aquellos que guiaron a la mayoría de las personas a Cristo. No obstante, es asombroso hasta donde puede llegar el reconocimiento y una palabra de agradecimiento de un líder. Esto puede ser comunicado mediante una nota, una llamada telefónica o tal vez mencionándolo en un momento apropiado durante una reunión del ministerio o un servicio de adoración.

Algunas iglesias han comenzado a animar a sus amigos y familiares a acompañar a los nuevos creyentes durante su bautismo. La mayoría de las veces esto resulta que la persona que es la principal influencia se mantiene frente a la iglesia con aquel que está siendo bautizado, con frecuencia mientras se da un testimonio de cómo Dios hizo la obra por medio de él o ella.

Esto honra al evangelizador a la vez que refuerza los valores evangelísticos en todos los presentes.

Por lo general, aquellos que practican el evangelismo se sienten como si estuvieran completamente solos, aislados de las actividades centrales y de la fraternidad de la iglesia. Es primordial que los apoyemos y, frente a toda la congregación, subrayar la importancia de lo que están haciendo.

Y no hay nada que entusiasme más a un cristiano o a una iglesia, que observar los resultados tangibles de sus esfuerzos evangelísticos en forma de ¡nuevos creyentes! Por lo tanto, cuenta las historias, haz una reseña de los testimonios, celebra las vidas transformadas y cuenta en detalle lo que Dios está haciendo en medio de ustedes.

RESULTADOS DE INCULCAR VALORES EVANGELÍSTICOS

Cuando nosotros «declaramos la guerra» y ponemos en práctica estos enfoques para elevar los valores evangelísticos en la iglesia, suelen ocurrir tres cosas.

1. La mayoría de las personas adoptan estos valores

Renovar tu compromiso con el evangelismo profundizará el valor en la mayoría de las personas en tu iglesia. Cuando tú y otros líderes insisten en enfatizar un valor bíblico como el evangelismo, y cuando los oyentes están comprometidos con la verdad de que la Biblia cambia vidas y son guiados por el Espíritu Santo, ellos generalmente con el tiempo responden con gran entusiasmo. De manera gradual, la fiebre evangelística se eleva en cada uno y en la iglesia como un todo.

2. Unas pocas personas se oponen a los valores

Invariablemente, cuando declaras la misión, trazas lineamientos, y haces algunos cambios que se necesitan para alcanzar más personas, unos pocos miembros rehusarán aceptarlo. Algunos de ellos solo necesitan un poco más de tiempo. El cambio es difícil para la mayoría de las personas, pero para algunas es verdaderamente doloroso. Tenemos que ser pacientes y demostrar empatía, y darnos cuenta de que a veces las personas buenas dirán cosas negativas y reaccionarias debido al temor a lo desconocido. Más tarde algunos de ellos serán reconquistados de nuevo, y desearán no haber reaccionado de la manera en que lo hicieron. Algunos pocos incluso se convertirán en tus más fuertes defensores y socios, y te agradecerán por mantenerte firme en lo que la Biblia dice acerca de la iglesia y su propósito evangelizador.

¡Pero no todos ellos! Por diferentes razones, algunas personas serán incapaces de estar de acuerdo contigo y con los otros líderes en sus esfuerzos por alcanzar a otros. Puede que a ellos les guste el concepto general, pero no la metodología o el estilo particular del ministerio. A la larga, estas personas serían más felices si encontraran otra iglesia que se ajuste mejor a ellos.

¡Y a algunas personas ni siquiera les gustará el concepto general! Odio decirlo tanto como odio verlo, pero hay personas que profesan ser cristianos y sin embargo no les importa en lo más mínimo las personas que están fuera de la familia de Dios. Ellos son típicamente egocéntricos y piensan que la iglesia gira alrededor de ellos y que existe solamente para satisfacer sus necesidades. De hecho, probablemente no lo dirían, sin embargo, su actitud proyecta el mensaje de que ellos quieren lo que ellos quieren y que todos los demás pueden irse al infierno, *literalmente*. Estas personas necesitan ser confrontadas por sus actitudes pecaminosas y llamados al arrepentimiento (Gálatas 6:1). Con suerte, ellos darán un giro y comenzarán a adoptar lo esencial del amor de Dios por las personas perdidas. Si esto sucede, todos ganan. Pero si ellos se rehúsan, tienes que sostenerte firmemente de la guía de Dios y las prioridades de su Palabra para tu iglesia.

Le informamos, sin embargo, que si estas personas se van, lo harán probablemente con una percepción de la realidad muy diferente a la que tú y los demás líderes de tu iglesia tienen. Algunos serán muy insistentes acerca de lo que ellos describen como el liderazgo autoritario tuyo o de tu pastor, tus ideas extrabíblicas, tu compromiso con la cultura o, cualquier otro punto que tú quieras agregar. Parte de lo que ellos digan probablemente te impactará.

Escucha sus quejas gentilmente, pero evita dar una respuesta inmediata. Busca en tu corazón si hay algún mínimo de verdad en lo que dicen, y, si es así, enfréntalo humildemente. Luego has todo lo posible para confrontar gentil pero firmemente cualquier error o distorsiones en lo que ellos dicen, y luego de eso, debes seguir adelante. Sé paciente, pero no te desvíes del tema. Tienes que mantener tu enfoque en el ministerio que Dios te ha dado.

3. Quien tenga los valores atraerá a nuevas personas

Al mirar el lado positivo, un emocionante fenómeno ocurre cuando estimulas una visión o compromiso con el evangelismo: ¡Nuevas personas que ya *tienen* un corazón evangelístico serán atraídas a tu iglesia! Los cristianos contagiosos están buscando una iglesia que de verdad quiera alcanzar a las personas perdidas, y cuando la encuentran, se sienten entusiasmados de unirse a ella y hacer su parte para el progreso de la causa.

Hace algunos años, justo después de haber comenzado yo a trabajar por primera vez en *Willow Creek*, escuché un rumor de que Marie

Little había estado asistiendo a nuestros servicios. Marie es la viuda de Paul Little, el líder que escribió libros como *Know What You Believe* [Conoce lo que crees] y *Know Why You Believe* [Ten claro por qué crees], así como el maravilloso clásico en evangelismo personal, *How to Give Away Your Faith* [Cómo revelar tu fe].

El rumor resultó ser cierto, y pronto conocí a Marie y nos hicimos amigos. Más tarde ella me dijo que en un principio cuando comenzó a asistir a nuestra iglesia, sus amigos de la iglesia anterior estaban sorprendidos de que ella hubiera escogido lo que parecía un lugar juvenil y ruidoso. Nunca olvidaré cuando me dijo cuál había sido su respuesta: «Todo lo que sé es que las personas están siendo *salvas* en Willow Creek, *¡y yo debo estar donde está la acción!*». Durante cerca de dos décadas, Marie Little ha sido una de las voluntarias clave de la iglesia y uno de los más brillantes ejemplos de miembros de la iglesia que aman a las personas perdidas, así como la persona que ha ayudado a guiar a muchas personas hacia Cristo y ha discipulado a muchas más.

El punto no es que deberíamos tratar de reclutar personas de otras iglesias, nosotros no reclutamos a Marie. Lo que digo es esto: Cuando una iglesia aumenta la pasión por el evangelismo y lo demuestra con palabras y acciones: «Queremos arder alegremente con intensidad evangelística», no será capaz de mantener a cristianos evangelísticamente apasionados fuera de tus filas. Simplemente ellos insistirán en «¡estar donde esté la acción!».

¿Por qué no puede ser esa tu iglesia?

Puede ser, si primero tú mismo vives los valores evangelísticos, y luego con la ayuda de Dios haces todo lo posible para inculcar esos valores en otros a tu alrededor.

Necesitas seguir haciendo esto no solo hasta que haya un poco más de corazones dispuestos por los no creyentes, sino hasta que exista una cultura evangelística fuerte y cada vez mayor en tu iglesia. Sabrás que has desarrollado ese tipo de ambiente cuando el cuidado por los no creyentes se convierta en la norma, cuando cantidades cada vez mayores de personas lleguen a la fe, y cuando la actitud de ambos, líderes y miembros, es hacer lo que sea necesario para alcanzar a más y más personas para Cristo.

FASE 2: IDEA CLAVE

El siguiente paso para convertirse en una iglesia contagiosa es inculcar los valores evangelísticos en otras personas.

Con fe y amor en Cristo Jesús, sigue el ejemplo de la sana doctrina que de mi aprendiste. Lo que me has oído decir en presencia de muchos testigos, encomiéndalo a creyentes dignos de confianza, que a su vez estén capacitados para enseñar a otros. (2 Timoteo 1:13; 2:2)

PARA CONSIDERAR Y DISCUTIR

1. ¿Cuáles son algunas señales de que una iglesia ha «declarado la guerra» cuando se trata de alcanzar personas para Cristo?
2. ¿Cómo lucirá una iglesia si sus líderes fracasan en lograr a cualquier precio, elevar y sostener este importante valor del evangelismo?
3. ¿Cómo puedes obtener ayuda para diseminar estos valores evangelísticos en tu iglesia?
4. ¿Cómo puedes invertir más tiempo y energía en oración por los no creyentes y animar a otros para que hagan lo mismo?
5. Cuando tienes en cuenta el calendario y presupuesto de tu iglesia, ¿te parece bien la manera cómo lo está haciendo en términos de darle prioridad al evangelismo?
6. ¿Cuál o cuáles cambios en el horario o presupuesto sugerirías para ayudar a tu iglesia a aumentar su efectividad evangelística?
7. ¿Qué sabes o qué podrías hacer para aprender acerca de lo que el evangelismo espera de los hombres y mujeres que originalmente fundaron tu iglesia? ¿Cómo podrías comunicar sus deseos de animar a la iglesia actual en este aspecto?
8. ¿Dónde están los puntos de fortaleza o las señales de impacto evangelístico en tu iglesia que deberían ser identificadas y celebradas?

CAPÍTULO CUATRO

ETAPA 3: CAPACITA UN LÍDER DE EVANGELISMO

ME SENTÍA BIEN. Acababa de desahogarme durante día y medio en una reunión de amables y atentos pastores en una conferencia de la costa este. Ellos parecían tener verdadera compasión por los no cristianos y parecían vincularse bien con los principios que les comuniqué. Yo los había animado a hacer todo lo necesario para mantener altos sus niveles de pasión por el evangelismo, y había hablado acerca de la importancia de inculcar este valor en las personas a su alrededor, especialmente sus compañeros líderes. También les presenté ideas prácticas para entrenar a los miembros para comunicar su fe y para que formaran ministerios y actividades de alcance innovadores.

Si eres un conferencista, sabes que algunos días estás inspirado y otros días no lo estás. Bueno, tengo que admitirlo: ¡este se siente como un día inspirador! Cuando acabaron las sesiones, tenía abundancia de estímulo y retroalimentación positiva, y me sentía confiado de que la conferencia rejuvenecería el evangelismo en muchas de sus iglesias.

Lo que sucedió después reventó mi burbuja.

UN DESPERTAR DESAGRADABLE

El pastor que había preparado mi charla y que me presentó en la conferencia mencionó que él tendría que dejarme en el aeropuerto unos minutos más temprano. Dijo que necesitaba hacer una visita en el hospital antes de regresar a la oficina para los últimos preparativos del sermón de la mañana siguiente.

—¿Una visita al hospital? —pregunté—. ¿Hay alguien de su iglesia enfermo?

Él sonrió.

—*Siempre* hay alguien enfermo en nuestra iglesia —dijo—. Tenemos una congregación que envejece, por lo que constantemente visito el hospital.

—Y —le dije, esperando una respuesta alentadora— ¿cuántas personas más hay en el equipo ministerial que visitan a las personas en el hospital?

—Solo yo —dijo él—. He tratado de involucrar a otros, pero nuestros miembros realmente quieren, y esperan, la presencia del pastor. Por lo tanto, hago visitas casi a diario. Aparte de eso, están todos los funerales que tengo que oficiar, ¡alrededor de treinta solo el año pasado!

—¿Treinta funerales, usted solo? —pregunté asombrado, comenzando a sentirme un poquito preocupado—. Entonces usted no tiene que preparar toda la enseñanza de los domingos por la mañana, ¿verdad? ¿tiene usted un equipo de maestros que predican de manera rotativa?

Él me miró asombrado.

—Yo soy el pastor —dijo pacientemente—. Yo me encargo de las predicaciones, no solo de cada domingo por la mañana sino también de los domingos y los miércoles por la noche. Estoy al frente para enseñar tres veces a la semana.

—¡Dios mío! —exclamé—. ¿Cómo es posible que usted se mantenga preparando y dando tres mensajes por semana, un funeral de semana por medio y una visita al hospital casi todos los días? Luego, simplemente no pude dejar de hacer otra pregunta: Usted no oficia las bodas también, ¿o si?

A estas alturas, él me dirigió una mirada que decía, *¡parece que simplemente no lo entiendes, hijo!*

—Si, yo oficio las bodas, así como también la consejería prematrimonial, no sin mencionar la consejería matrimonial luego, si hay problemas —dijo él—. Y para decirte la verdad, es realmente duro mantener mi ministerio y a la vez tratar de ser un buen esposo y padre en mi propia familia.

—Ya lo veo —dije con mi mente consternada—. *Y,* pensé para mí mismo, *no existe ninguna posibilidad de que él, o cualquier otro pastor en situaciones similares, sea capaz de encontrar tiempo o energía para poner en práctica las ideas que yo les enseñé en la conferencia en los últimos dos días. Ellos se fueron con gran motivación, sin embargo, simplemente no pueden hacerlo todo.*

LECCIONES QUE APRENDÍ

Ese día marcó mi vida. Me dejó tres impresiones diferentes. La primera fue un profundo respeto por los muchos pastores fieles que merecen reconocimiento por los esfuerzos increíbles que hacen en sus ministerios día tras día, semana tras semana, año tras año. La próxima vez que estemos a punto de criticar algo que el pastor hizo o dejó de hacer, necesitamos calmarnos y ser gentiles. Necesitamos honrar a aquellos que tan firmemente nos sirven. Como dice Pablo en 1 Timoteo 5:17: «Los ancianos que dirigen bien los asuntos de la iglesia son dignos de doble honor, especialmente los que dedican sus esfuerzos a la predicación y a la enseñanza».

Mi segunda impresión, sin embargo, fue que la iglesia como un todo necesita regresar a un estilo definido más bíblico de cómo llevar un ministerio. Alegamos creer en «el sacerdocio de todos los creyentes». Muchas iglesias incluso lo ponen por escrito en declaraciones como: «Nosotros tenemos un pastor pero muchos ministros», dando a entender que cada miembro está realmente sirviendo en una posición ministerial.

Esto *suena* bien, pero mire alrededor. ¿Es esto cierto? Con frecuencia, la realidad es que hay una persona que hace las veces de pastor y de ministro, y luego hay muchos ayudantes. Estos ayudantes están asignados a papeles limitados y con frecuencia de poca importancia, mientras el pastor está casi muriendo al tratar de mantenerse con todas las funciones reales del ministerio. Este enfoque casi (y en algunas ocasiones, *realmente*) acaban con la vida del pastor, y limitará la calidad y cantidad de las actividades ministeriales dentro y alrededor de la iglesia. También suprimirá la pasión espiritual y el potencial de los miembros que son limitados en el uso de sus dones espirituales y el ámbito de impacto del ministerio. Romanos 12:3-6 dice:

> Por la gracia que se me ha dado, les digo a todos ustedes: Nadie tenga un concepto de sí más alto que el que debe tener, sino más

bien piense de sí mismo con moderación, según la medida de fe que Dios le haya dado. Pues así como cada uno de nosotros tiene un solo cuerpo con muchos miembros, y no todos estos miembros desempeñan la misma función, también nosotros, siendo muchos, formamos un solo cuerpo en Cristo, y cada miembro está unido a los demás. Tenemos dones diferentes, según la gracia que se nos ha dado.

Es tiempo de comenzar a permitir a todos los miembros expresarse por ellos mismos y a sus dones de manera significativa. No obstante, como sabes, cambiar no es fácil. Requiere de la enseñanza, y aceptación gradual, de todo un nuevo grupo de expectativas. Por ejemplo, las personas necesitan comprender que cuando ellas están en el hospital, recibirán visitas de aquellos que pertenezcan a su más cercano círculo de camaradería, y luego, también, por un miembro voluntario del equipo de cuidado pastoral de la iglesia. Esta persona debe tener los dones, la pasión, el entrenamiento, el tiempo y la energía para hacer la visita. Poseer estas cualidades, combinado con la completa disponibilidad, significa que él o ella puede generalmente ministrar de manera mucho más efectiva de la que podría el pastor.

¿Quién sale ganando en esta ecuación? *¡Todos!*

Las personas que están con dolor ganan porque son ministradas por personas que pueden enfocarse en servirles a ellos. Las personas que ministran ganan porque ellos experimentan el gozo, la realización y afirmación que acompaña al servicio de acuerdo con sus dones. El pastor gana porque puede concentrarse en sus papeles primordiales. Y, consecuentemente, toda la iglesia gana porque todos los miembros pueden ahora ser dirigidos y enseñados de mejor manera.

¿Recuerdas cómo la iglesia primitiva siguió este patrón en Hechos 6:2-5?

Así que los doce reunieron a toda la comunidad de discípulos y les dijeron: «No está bien que nosotros los apóstoles descuidemos el ministerio de la palabra de Dios para servir las mesas. Hermanos, escojan de entre ustedes a siete hombres de buena reputación, llenos del Espíritu y de sabiduría, para encargarles esta responsabilidad. Así nosotros nos dedicaremos de lleno a la oración y al ministerio de la palabra». Esta propuesta agradó a toda la asamblea.

¿Y cuáles fueron los resultados de esta decisión? Esto es lo que Hechos 6:7 dice:

Y la palabra de Dios se difundía: el número de los discípulos aumentaba considerablemente en Jerusalén, e incluso muchos de los sacerdotes obedecían a la fe.

En pocas palabras, este enfoque bíblico separa a los líderes exentos de cargos y a los pastores, como el que estaba sentado frente a mí ese día, para que vivan mejor los valores evangelísticos y luego los inculquen en los miembros de sus iglesias.

Me di cuenta que había tocado un tema enorme aquí, pero es uno de vital importancia si nos vamos a convertir en iglesias contagiosas o, en realidad, saludables. Para una lectura complementaria, recomiendo *Cuál es tu lugar en el Cuerpo de Cristo* por Bruce Bugbee[1] y *The New Reformation: Returning the Ministry to the People of God* [La nueva reforma: Devolviendo el ministerio al pueblo de Dios] por Greg Ogden.[2] Más que eso, te insto a utilizar un programa como el plan de estudios de entrenamiento actualizado *La Red*, desarrollado por Bruce Bugbee y Don Cousins.[3] Es un curso de seis horas que, si se enseña durante un tiempo, ayudará a todos tus miembros a descubrir los dones espirituales que Dios les dio, la pasión por el ministerio y los estilos de ministerio personal de manera que ellos puedan ser colocados en posiciones ministeriales apropiadas.

Esto nos lleva a la tercera cosa que me llamó la atención ese día: La mayoría de las grandes ideas acerca de convertir una iglesia evangelísticamente eficaz nunca se van a llevar a cabo si delegamos en pastores veteranos para que hagan todo el trabajo. En vez de eso, *necesitamos elegir y capacitar un líder que será aliado del pastor para defender la causa del evangelismo* y luego mostrar el camino para la implementación de un plan de alcance estratégico.

LA PERSONA REQUERIDA

Continuando con nuestro motivo de «guerra declarada», veamos lo que Robert McNamara, el Secretario de Defensa de los Estados Unidos (que sirvió en la administración de los presidentes Kennedy y Johnson), contó en su libro, *In Retrospect* [En retrospectiva], acerca de un error de liderazgo hecho por el gobierno de Estados Unidos durante la Guerra de Vietnam.

> Ninguna persona mayor en Washington se ocupó exclusivamente con Vietnam ... Debimos de haber establecido un equipo a tiempo completo en el nivel más alto, lo que Churchill llamó un Gabinete de Guerra, concentrado en Vietnam y nada más ... Deberían reunirse semanalmente con el presidente en un horario establecido para discusiones extensas e ininterrumpidas ... Las reuniones deberían estar caracterizadas por la apertura y la franqueza de las deliberaciones del Comité Ejecutivo durante la crisis cubana de misiles, la cual contribuyó a evitar una catástrofe.[4]

¿Lo captaste? Ninguna persona estaba a cargo de descifrar lo que los Estados Unidos harían durante el conflicto de Vietnam. ¡Que revelación tan espeluznante!

Bill Hybels aplicó esta ilustración en la Conferencia de Liderazgo:

> Algunos de nosotros hacemos lo mismo. Decimos que necesitamos un empuje en el aspecto del evangelismo. Por eso hablamos de ello, lo identificamos, pero nunca lo asignamos a ninguna persona. Nunca decimos: «Mira, nosotros te vamos a pedir que pongas esto en primer lugar de tu descripción de trabajo. Necesitamos que nos guíes hacia arriba de la montaña. Este es el camino; aquí tienes algunos puntos de referencia; nos reuniremos con regularidad para ver tu progreso». Amigos, si no hacen eso, estarán en problemas. No lograrás el progreso que quieres.
>
> Si los pastores van a tener que hacer malabarismos con múltiples retos, los retos tienen que identificarse y darles prioridad. Luego, alguien tiene que cumplir con los deberes. Alguien tiene que dedicarse a pensar a tiempo completo, sea a nivel secular o como parte del personal pagado, acerca de ese reto. Esta persona necesita la ayuda de equipos a su alrededor para poder progresar.

También tenemos que controlar el progreso de estas personas. Tenemos que evaluar el ritmo, el proceso, las estrategias y los logros de estos empujes que estamos tratando de hacer. ¿Se están moviendo las cosas lo suficientemente rápido? ¿Se están moviendo demasiado despacio? ¿Se están resolviendo los problemas de manera apropiada? ¿Necesitamos más recursos o más pericia? Esto tiene que dirigirse hacia el punto de la efectividad.

Usando una metáfora diferente, mi amigo Karl Singer, un líder en la industria de servicios financieros durante muchos años, me lo dijo de esta manera: «Cualquier empresa que quiera lograr éxito a largo plazo tiene que hacer dos cosas realmente bien: primero, darle a sus clientes un servicio excelente; y segundo, adquirir constantemente nuevos clientes». Entonces, con una franqueza característica, Karl me miró a los ojos y preguntó: «¿Entonces por qué es que la mayoría de las iglesias, esas que *dicen* que quieren prevalecer por las próximas generaciones, no tienen a *nadie* a cargo de adquirir nuevos negocios? Si ellos toman en serio su supervivencia en el futuro, van a tener que buscar y preparar la persona que les hace falta, cuyo trabajo será alcanzar a las personas que se encuentran fuera de la iglesia».

UN MINISTERIO ESTRATÉGICO REQUIERE UN LIDERAZGO ESTRATÉGICO

¿Puedes imaginarte una iglesia sin un encargado del ministerio de niños? *Alguien* tiene que ser responsable por el cuidado y enseñanza de los niños. ¿Y qué pasa con los estudiantes? Es casi inconcebible que una iglesia trate de funcionar sin un ministerio juvenil. ¿Y la educación de adultos? Si los líderes de la iglesia toman en serio el mandato de Jesús de enseñar al pueblo a obedecer todo lo que él nos ha ordenado (ver Mateo 28:20), ellos tienen que nombrar a alguien a cargo de la educación de adultos. Solamente mire la lista: directores de música, líderes de adoración, directores de coro, superintendentes de Escuela Dominical, directores de campamento. Siempre que un ministerio es considerado importante, se coloca a alguien a cargo de él. Esa persona puede ser un miembro del personal remunerado o un voluntario comprometido, no obstante, si el ministerio realmente importa, ¡encontrarás siempre un nombre junto a él!

Sin embargo, en la mayoría de las iglesias no hallarás un nombre cuando se trata de evangelismo. O pueden haber varios nombres pero ninguno es realmente responsable. O puede haber un nombre, pero el alcance es solo una de seis u ocho «prioridades» en la descripción de trabajo de esa persona, y esta generalmente cae al último lugar de la lista. O el pastor principal puede que reclame estar a cargo del evangelismo. Según les mostré previamente, el pastor tiene que estar involucrado, especialmente en el liderazgo en general y el nivel de visión (especialmente en las etapas 1 y 2), sin embargo, el pastor nunca encontrará el tiempo para iniciar y administrar todo lo necesario para hacer una iglesia completamente contagiosa.

Es por eso que la Etapa 3 del proceso de seis etapas dice que nosotros tenemos que «AUTORIZAR un líder de evangelismo». Necesitamos encontrar a alguien que tenga la combinación correcta de dones, experiencia y habilidades. A él o ella se le debe entregar la libertad para concentrarse. Llámese al cargo Director de evangelismo, Pastor de evangelismo, Pastor asociado de alcance o cualquier título creativo que puedas idear, no obstante, estoy convencido de que cada iglesia debería señalar y autorizar a alguien para que cumpla este papel vital, y creo que Efesios 4:11-12 apoya esto cuando dice: «Él mismo constituyó a unos, ... evangelistas ... a fin de capacitar al pueblo de Dios para la obra del servicio, para edificar el cuerpo de Cristo».

Cuando sea posible, el líder de evangelismo debería ser un miembro del personal remunerado de manera que él o ella pueda pasar suficiente tiempo cada día promoviendo la causa. Si la iglesia no tiene la capacidad de pagarle a esta persona (como generalmente sucede, sobretodo al principio), entonces busque el mejor líder voluntario que le sea posible. Desafíe a esa persona para que haga su mejor esfuerzo en esta posición. Mientras se alcanzan a los buscadores y crece el apoyo básico de la iglesia, la posición naturalmente alcanzará un lugar dentro del personal permanente.

Debes estar pensando: *Este tiene que ser un concepto de una «gran iglesia»; a nuestro nivel, nunca podríamos pensar en tener a alguien enfocado únicamente en evangelismo.*

Bueno, las grandes iglesias necesitan una persona destinada al evangelismo, sin embargo, las iglesias pequeñas también, tal vez incluso aun más. Generalmente, en las iglesias pequeñas mucho del trabajo es hecho por una sola persona, el pastor, y existe muy poca distribución de las labores. Por lo tanto, el evangelismo intencionado, con todos sus desafíos y demandas, casi siempre queda relegado para después. «Ya estamos abrumados con solo mantener al día las necesidades de nuestra pequeña congregación», según la lógica. «¡No puedo imaginar cuán difícil hubiese sido si hubiéramos iniciado buscando gente nueva para que se uniera a nosotros!».

La situación nunca mejora mucho por sí sola. Cinco o diez años más tarde, el pastor está *todavía* tratando de unificar las necesidades de los miembros, y la iglesia se ha llegado a atrincherar profundamente en su enfoque hacia sí misma. La clave es comenzar a delegar las labores ahora, sin importar el tamaño de tu iglesia, y a comenzar a ver a los recién llegados no tanto como personas a las que la iglesia necesitará servir, sino más como miembros potenciales que pronto servirán y apoyarán a la iglesia. Esta perspectiva, combinada con dar el paso vital de capacitar a la persona adecuada para tomar el liderazgo evangelístico, puede comenzar a revolucionar tu iglesia y su potencial para el crecimiento e impacto futuros.

EL PERFIL DE LA PERSONA ADECUADA

Identificar al líder correcto puede que no sea fácil. ¿Cómo luce él o ella? Aunque es difícil representar un retrato amplio, permíteme nombrar algunos atributos importantes bajo los títulos generales de *carácter*, *competencia* y *química*. No lograrás encontrar todos estos a un mismo nivel en ninguna persona, sin embargo, procederé con gran cautela si algunas de ellas son débiles o no existen.

Carácter

- Integridad y reputación incuestionable
- Auténtico caminar con Cristo
- Compasión por las personas perdidas
- Pasión por la verdad de la Escritura
- Valentía y perseverancia

Competencia

- Demostrar habilidades de liderazgo; de estratega, de organizador y de comunicador
- Proyectar una visión ilimitada por el crecimiento del reino
- Poseer historial de impactar a los buscadores de Cristo
- Tener un gran deseo de preparar a otros para el impacto evangelístico
- Capacidad de definir y defender la doctrina cristiana

Química

- Firme afinidad con el pastor principal
- Buena relación con una amplia gama de personalidades
- Trabajar y poder cumplir con metas mediante equipos
- Mantener una mente abierta a las ideas y estilos evangelísticos de otros
- Tener una influencia entusiasta de inspiradora visión con la iglesia

ENCONTRAR A LA PERSONA ADECUADA

¿Dónde hallamos a esta persona?

Pon atención a las dos primeras etapas en nuestro proceso de seis etapas: (1) VIVE valores evangelísticos, y (2) INCULCA esos valores en otras personas. Continúa manteniendo en alto el estandarte, y deja claro que *esta es una iglesia que será conocida por su pasión evangelística*. Con frecuencia, el líder correcto surgirá o simplemente aparecerá. Pero si no, deberás buscar uno. Comienza dentro de tu propia congregación, pero no asumas que la persona en tu iglesia «conocida por hacer evangelismo» es la persona adecuada. Necesitas un líder y una persona sociable que se relacione bien con muchos tipos de personalidad. Algunas veces los buenos evangelistas son admirados por su fervor, pero ¡son evitados por sus enfoques! Pueden ser considerados como un poquito fanáticos. Cuando ellos hablan sobre evangelismo, otros pasan por alto lo que ellos dicen porque, después de todo: «Eso es simplemente "Pura emoción", y él está *siempre* hablando acerca de eso».

Otro peligro es que un líder en ejercicio puede quedar encasillado en un enfoque en particular hacia el evangelismo y tender a proyectarlo a todos los demás en la iglesia. Esto atraerá a unos cuantos que encajarán en ese enfoque, pero ahuyentará a todos los demás. Una parte esencial de inscribir a *todos* los creyentes en la iglesia es una fuerte creencia de que existen muchas maneras válidas para hacer evangelismo (discutiremos más sobre esto en el próximo capítulo). Este principio tiene que enseñarse con entusiasmo y luego ponerlo en práctica consecuentemente a través de los ministerios y actividades de evangelismo.

Por ejemplo, alguien que actualmente dirige un equipo de visitación puede, o tal vez no, ser capaz de comenzar a adoptar y propugnar otras opciones legítimas diferentes. Si él o ella logra esto, esta persona pudiera ser el adecuado líder de evangelismo para tu iglesia. Si no, esta persona podría aun ser un titular clave para liderar cierta posición de evangelismo bajo la dirección del nuevo líder.

No asumas que el líder tendrá que ser extravagante y divertido, el que siempre es el alma de la fiesta o de una edad particular o lucir como un evangelista (¡lo que sea que esto signifique!). Ten cuidado, también, de asumir que el líder tiene que ser alguien con un nivel formal en estudios bíblicos o evangelismo. Eso puede ser definitivamente una ventaja, sin embargo, no tiene que ser un prerrequisito. Y en algunos casos esto puede traer con él un punto de vista limitado de «la manera en que las cosas deberían ser hechas según tal y cual libro o según fulano o fulana». Algunas veces los líderes más creativos y eficaces son aquellos que aceptan el reto pero que «en realidad no tienen la experiencia para ello». Podría ser simplemente la persona indicada para ponerlo en el servicio activo, y luego con el tiempo darle entrenamiento adicional, ya sea formal o informal.

Llevando este pensamiento un poco más lejos, evita pensar que este líder debe ser alguien con muchos años de experiencia en evangelismo, lo cual limitará enormemente tu lista de candidatos y disminuirá el valor del entrenamiento en el trabajo. Una de las personas más eficientes que conozco en cuanto a evangelismo en iglesias locales fue reclutado directamente del mercado por la misma iglesia que Dios había utilizado para alcanzarlo a él tan solo unos pocos años antes. Busca líderes astutos entre todos tus ministros que se interesan por las personas perdidas y que poseen afinidad con personas que se encuentran a ambos lados de la valla espiritual. Proponte una meta superior para el carácter que para la acumulación de experiencia evangelística. Siempre es más fácil desarrollar habilidades que construir el carácter.

Si es necesario, busca un líder evangelístico fuera de tu iglesia. Un instituto o seminario bíblico local o denominacional puede ser un buen recurso, siempre que la elección esté basada en el criterio que hemos estado discutiendo. Algunas veces, al establecer contacto con líderes de otras iglesias, encontrarás que ellos tienen a alguien entre sus miembros que se ajusta a la descripción, pero que, por muchas razones, no han logrado utilizarlo por completo. En beneficio del reino, pregúnteles a ellos si «comerciarían» ese líder, consciente de que su iglesia tiene el primer lugar en la elección la próxima vez!

Pudieras incluso hacer contacto con alguien que se ha frustrado al tratar de crear acción evangelística en otra iglesia pero que lo ha encontrado inamovible. Probablemente descubrirás que tanto la persona como los líderes de la iglesia se sienten frustrados por esto. Tal vez cada parte ganaría si este pionero evangelístico tuviera la oportunidad de poner su energía en una iglesia diferente que realmente quiera intentar nuevas cosas para alcanzar a las personas: ¡a los tuyos!

Un par de pensamientos finales en referencia a la búsqueda del líder adecuado para dirigir la acción evangelística en tu iglesia: *Primero, ora específica y consistentemente*. El antiguo pastor asociado de *Willow Creek*, Don Cousins, solía recordarme que Jesús fue al desierto a ayunar y a orar antes de elegir a sus discípulos (Mateo 4). Nosotros deberíamos seguir el ejemplo de Jesús, porque esta es una decisión sumamente importante. Busca la guía y la protección de Dios mientras seleccionas un líder. Segundo, *pon tu mira en lo más alto*. Pueden encontrarse en tu camino personas de quienes pensarás, *si tan solo…*, sin embargo, serás tentado a no tomarlos en cuenta porque no piensas que ellos pudieran estar interesados. Escucha: ¡no digas *no* por ellos antes de que ellos tengan la oportunidad de decir *sí*! Permite que echen un vistazo a la visión y a la importancia del cargo que tienes en mente. Entonces ellos pueden decidir en oración si están interesados en inscribirse ¡para la aventura más emocionante de sus vidas!

He visto a personas muy exitosas en el mercado comenzar a ver cómo Dios los usa y, en la letra de la canción de Steven Curtis Chapman, ellos «abandonan todo por el bien del llamado». Conozco a un hombre de negocios que abandonó su cargo de ejecutivo empresarial, aceptó un recorte salarial del noventa por ciento, y se involucró como ministro a tiempo completo. No solo eso, ¡ahora él le da más dinero al ministerio de lo que en realidad gana trabajando en él! (Pero no me pidas su nombre y número, ¡no te lo daré!).

No limites a Dios. Y no vaciles en desafiar a la persona que crees es la adecuada para este papel. Él o ella estará a cargo de un «nuevo negocio», el cual representa el futuro de la iglesia y el destino eterno de todos los que alcanzarás. ¿Qué podría ser más importante que esto?

DESCRIPCIÓN DE TRABAJO DEL LÍDER DE EVANGELISMO

El papel del líder de evangelismo es defender el proceso de seis etapas, específicamente las Etapas 4-6, que discutiremos en los siguientes capítulos. En el caso de las tres primeras etapas, sus esfuerzos deben complementar los del pastor y los de los demás líderes y personas de influencia que ya han captado la visión para convertirse en una iglesia contagiosa. Aquí hay un vistazo de cómo esto debería funcionar, junto con un corto anticipo de las tres etapas finales:

Papel complementario del líder de evangelismo

Etapa 1: VIVE una vida evangelística

Además del pastor y otros miembros clave del personal y voluntarios, la gente naturalmente esperará que el líder de evangelismo sea un ejemplo de alguien que se preocupa enormemente por las personas perdidas y que da pasos prácticos para llegar hasta ellos. Esto dará una motivación adicional a la persona que ocupa el cargo. Cada vez que el líder se arriesga en una relación o conversación con una persona no cristiana, él o ella tiene la oportunidad de impactar la eternidad de esa persona, así como de animar e influenciar a los cristianos que están observando.

Al igual que el resto de nosotros, esta persona necesita contar con espacio para los inevitables altibajos evangelísticos. Siempre y cuando el deseo y esfuerzo general por alcanzar a otros sea fuerte, las personas dentro de la congregación pueden aprender de ello y ser motivadas por el ejemplo del líder, el cual incluye la lucha personal que se lleva a cabo contra la entropía evangelística y la batalla para superar el desaliento cuando los esfuerzos de alcance no funcionen según lo planeado.

Etapa 2: INCULCA valores evangelísticos en las personas a tu alrededor

El líder de evangelismo debe hacer un gran papel de cooperación con el pastor principal para aumentar los valores evangelísticos en la iglesia. ¡Ellos pueden declarar la guerra juntos! Se formará una sinergia natural mientras ellos inspiran, animan y se hacen responsables el uno con el otro y oran entre sí.

Eclesiastés 4:9-10 realmente aplica aquí cuando dice:

> Más valen dos que uno,
>> porque obtienen más fruto de su esfuerzo.
> Si caen, el uno levanta al otro.
>> ¡Ay del que cae y no tiene quien lo levante!

Etapa 3: CAPACITA líderes *adicionales* de evangelismo

Parte del trabajo del líder de evangelismo es encontrar y preparar a otros líderes que puedan acompañar y ayudar a llevar a cabo el plan de evangelismo. La mayoría de estas personas deberían permanecer en los diferentes ministerios de la iglesia, pero aliados con el líder principal de evangelismo para ayudar a impulsar los valores y actividades de alcance dentro de los diferentes ministerios.

Es por eso que el líder de evangelismo tiene que ser un líder de alto nivel entre los líderes. Es mucho el trabajo para que una sola persona se haga cargo. Esta es una verdadera guerra, y las guerras requieren liderazgo, trabajo en equipo, creatividad, planificación y valentía. En el poder del Espíritu Santo, necesitamos preparar un contraataque masivo para debilitar al enemigo, recobrar las tierras perdidas y reclamar a los prisioneros: ¡la iglesia *tiene* que prevalecer!

A pesar de que el líder de evangelismo debería acompañar al pastor y a los demás líderes en las primeras tres etapas, las últimas tres son responsabilidad *primordial* de ese líder.

La función principal del líder de evangelismo

¿Cómo vamos a hacer para que esta estrategia evangelística funcione en toda la iglesia? Siguiendo nuestro proceso de seis etapas. Las etapas 4-6 constituyen las principales actividades cotidianas, una tercera parte de la descripción laboral del líder de evangelismo. A continuación un breve repaso de esas tres etapas; profundizaremos en cada una de ellas en los tres próximos capítulos.

Etapa 4: ENTRENA a la iglesia en aptitudes de evangelismo: el cien por ciento

Las personas no desarrollan aptitudes con solo escuchar charlas inspiradoras u observar a otras personas modelando esas aptitudes. Las aprenden al practicar las aptitudes ellos mismos. Uno de los primeros y más importantes trabajos del líder de evangelismo es implementar el entrenamiento (ya sea en seminarios, clases y grupos pequeños, campañas en toda la iglesia o utilizando todas las opciones anteriores) que pueda ayudar a cada creyente en la iglesia a desarrollar las aptitudes y la confianza para comunicar su fe a otros. Esto es un trabajo constante, porque nuevas personas seguirán necesitando que las entrenen, y aquellos que ya fueron entrenados, necesitan regresar por clases de repaso. Veremos el desafío del entrenamiento en detalle en el capítulo cinco.

Etapa 5: MOVILIZA a los especialistas de evangelismo de la iglesia: el diez por ciento

Una de las ventajas de ofrecer entrenamiento progresivo es que este le da al líder de evangelismo y a su equipo, interminables oportunidades para identificar y reclutar a aquellos que poseen dones o pasión por este campo, personas cuyos papeles son vitales para lograr el éxito. Este es el tipo de gente para invitar a concentraciones ocasionales planeadas para cargar las baterías evangelísticas y alertarlos de las oportunidades y actividades de entrenamiento de alcance que se aproximan. Cuando el líder consigue tener juntos a este grupo de entusiastas, ese momento realmente comienza a edificar ¡y las cosas se vuelven divertidas! En el capítulo seis, veremos la manera de construir y dirigir un equipo diverso de evangelismo.

Etapa 6: DESATA una selección de ministerios y actividades de alcance

Una vez que el líder de evangelismo haya fortalecido un equipo de evangelismo entre departamentos, él o ella tiene ahora los recursos humanos necesarios desde los cuales lanzar una amplia gama de ministerios y actividades de alcance. Estas son las personas que ayudarán al sueño del líder y determinarán que más deberá hacerse para intentar alcanzar a las personas perdidas, y entonces lograr que esto suceda. Recuerda, ellos «¡quieren estar donde esté la acción!».

Cuando, con la ayuda de Dios, hayas preparado el terreno con las etapas 1- 5, y hayas comenzado a desatar la etapa 6, *¡cuidado!* El cielo es el límite con respecto a lo que puede suceder en términos de impacto evangelístico. Exploraremos la etapa 6 y veremos algunos ejemplos de lo que algunas iglesias están haciendo en el capítulo 7.

HAZ QUE LA POSICIÓN DEL LÍDER DE EVANGELISMO FUNCIONE

Pienso que sería imposible exagerar la importancia y el potencial de lo que hemos hablado en este capítulo. Debido a que estas ideas fueron originalmente publicadas en una versión anterior de este libro y yo comencé hablando de ellas en conferencias y seminarios de liderazgo alrededor del mundo, he adquirido más información de líderes acerca de este concepto de capacitar a un líder de evangelismo como «un compañero para el pastor» que ningún otro en el libro. «Ha sido revolucionario», me dirán ellos, «una vez que tengamos a la persona adecuada en el papel de liderazgo de evangelismo y lo respaldemos… esto energizará todo lo demás que estemos tratando de hacer evangelísticamente».

Sinceramente espero que tú y los líderes en tu iglesia elijan en oración y preparen a la persona adecuada y comiencen a ver esos dramáticos cambios en su propio entorno. Sin importar el tamaño, estilo o entorno de tu iglesia, estoy convencido de que esto hará una gran diferencia.

A continuación unos pensamientos finales con respecto a cómo lograr que esta etapa realmente tenga éxito:

EL EVANGELISMO REQUIERE RECURSOS

Como lo insinué previamente, convertirse en una iglesia contagiosa tiene sus costos. Incluso si tu líder de evangelismo es un voluntario, necesitarás proveer algún entrenamiento, tal vez a manera de cursos tomados en la misma zona o por correspondencia. Ocasionalmente, querrás enviar a este líder a conferencias de evangelismo y liderazgo para ampliar su visión, y a talleres para aumentar las aptitudes y multiplicar contactos con líderes contagiosos con ideas similares. También querrás que esta persona tenga acceso a buenos libros y grabaciones orientados al alcance. Y él o ella, necesitará un presupuesto para llamadas telefónicas, gastos de oficina y reuniones y comidas con otros líderes, miembros del equipo y buscadores espirituales.

Más adelante cuando este líder comience a entrenar a la iglesia y a constituir el equipo de evangelismo de toda la iglesia, incurrirás en más gastos. Algunos de ellos pueden ser resarcidos cobrando a los participantes una cuota simbólica por las comidas y los materiales. Pero si tratas de organizar tu entrenamiento y varias actividades de alcance en una estricta base de equilibrio, vas a tener que restringir la creatividad y las oportunidades.

Regresando a la ilustración de Karl Singer, ¿por qué no estaríamos dispuestos a invertir en la parte de nuestra organización que está a cargo de un «nuevo negocio»? Si tienes que economizar en alguna parte, Singer te diría, economiza en alguna otra parte pero no en el campo que puede soplar nueva vida en cada segmento de la organización, ¡sin mencionar el hecho de traer nueva vida a las personas que alcanzas!

Puede que te estés preguntando cuánto presupuesto de evangelismo se necesitará para que este pueda extenderse. Al mirar los estudios, la diferencia puede ser bastante (aunque no necesariamente toda a la vez). Como vimos anteriormente, George Barna constató que la iglesia promedio gasta menos del dos por ciento del total de ingresos en el evangelismo local. ¡No es de sorprender que la campaña bélica no esté funcionando muy bien! Pero en comparación, Barna indica que «entre las *principales* iglesias evangélicas, encontramos que era más común gastar entre diez y veinte por ciento del presupuesto anual para ese propósito… En general, las iglesias que toman más en serio el evangelismo parecen colocar su dinero en donde está su misión».[5]

Barna advierte, sin embargo, contra la mentalidad de que solo el dinero produce resultados. Él también afirma: «Para un ministerio que posee pensadores creativos, evangelistas apasionados, líderes fuertes y sabios estrategas, proveer un presupuesto importante para el evangelismo puede multiplicar una y otra vez los demás dones y habilidades que se encuentran dentro de la iglesia».[6]

Antes de dejar este tema, quiero referirme al hecho de que existen iglesias que invierten grandes cantidades de dinero en misiones en el extranjero hasta casi descuidar por completo a las personas perdidas dentro de su propia comunidad. ¿Por qué por lo general ocurre esto? ¿Es porque es más fácil escribir un cheque que involucrarse personalmente? ¿Es una manera espiritualizada de decir: «Le permitiré a alguien más hacer el trabajo de evangelismo en mi lugar»? ¿Pensamos que las personas que viven al otro lado del océano le importan más a Dios que nuestros vecinos?

Por favor, no me malinterprete. Soy un activo y entusiasta partidario de las misiones en el exterior. Comprendo que el evangelismo es también absolutamente esencial en otros países. En muchos casos estos ministerios logran alcanzar a personas que nunca tuvieron la oportunidad de escuchar el evangelio. Además, estas personas con frecuencia viven en zonas de increíble necesidad donde la comida, el agua, las medicinas y el albergue, así como libros, escuelas, maestros y entrenamiento, son muy escasos. Nosotros que hemos sido bendecidos con tanto, debemos dar de forma consistente y mediante el sacrificio para aliviar estas cargas y para alcanzar personas para Cristo.

Sin embargo, también tenemos una responsabilidad de lidiar con las necesidades espirituales de quienes están cerca de nosotros. De hecho, algunos dirían que esto es una prioridad bíblica, basados en Hechos 1:8. Jesús dijo: «Serán mis testigos tanto en Jerusalén como en toda Judea y Samaria, y hasta los confines de la tierra». No quiero discutir acerca de que este mandato debería cumplirse de una manera secuencial, con la orden de alcanzar completamente nuestra «Jerusalén», o área local, antes de movernos hacia afuera. Pero tampoco quiero actuar ¡como si alguna parte de él fuera opcional! No nos corresponde decidir alcanzar a Judea o a Samaria *en lugar* de nuestra Jerusalén. No obstante, se hace con frecuencia, y nuestros propios hijos y nietos pagan el precio.

Escuché acerca de una concurrida clase de adultos en una iglesia evangélica vibrante donde el maestro se volvió especialmente vulnerable un domingo por la mañana. Con lágrimas en sus ojos admitió que sus propios hijos durante mucho tiempo rehusaron asistir a la iglesia de ellos porque no podían identificarse con ella. Según mis amigos que estaban allí, muchos otros miembros de la clase se acercaron a este hombre después y le dijeron que lo mismo les sucedía a ellos con sus hijos. Evidentemente, ellos querían cambiar las cosas y descubrir maneras de invertir en un ministerio más importante y en el alcance a otros. Sin embargo, el presupuesto de su iglesia del año anterior mostró que ellos habían gastado menos del uno por ciento en evangelismo local. Menos mal, que el liderazgo de esta iglesia ha reconocido el problema, y están dando pasos para darle vuelta al asunto y elevar la prioridad de alcanzar a su propia comunidad, mientras continúan apoyando las misiones en el extranjero.

Considera si en tu iglesia se está invirtiendo suficiente en ministerios que pueden alcanzar a tus propios hijos así como a tus amigos y vecinos que no conocen a Cristo. En sentido general, la firme advertencia de 1 Timoteo 5:8 aplica aquí: «El que no provee para los suyos, y sobre todo para los de su propia casa, ha negado la fe y es peor que un incrédulo».

¿Qué se puede hacer para aumentar los fondos para el evangelismo local? Como todo lo demás relacionado con el evangelismo, comienza con el corazón. Mientras elevamos este valor y luego lo ponemos en acción junto a las líneas de nuestra discusión en este libro, las personas serán movidas a dar el financiamiento necesario. La meta es aumentar el apoyo general y el nivel de inversión para el evangelismo sin perjudicar otras causas importantes. También, puede que tengas en tu congregación personas que, si fuiste a ellos personalmente y les presentaste tu plan, con gozo te escribirían un cheque para ayudar a que este se concrete, ¡especialmente cuando ellos consideran los potenciales efectos en su seres queridos!

Puede que también necesites redistribuir algunos de los fondos que se han ido a otros ámbitos de la iglesia. Al impulsar el valor del evangelismo, por lo general este se elevará a una posición más alta en la escala de prioridades que cualquier otro aspecto del ministerio, y esto se reflejará en los niveles de inversión financiera. No obstante, no olvides que es simplemente eso, una *inversión* en las personas perdidas y en el futuro de tu iglesia. Como por gracia de Dios, esto trajo beneficios en la forma de creyentes revigorizados así como nuevos buscadores redimidos, la base de inversionistas aumentará, e incluso será posible un mayor alcance.

EL LÍDER DE EVANGELISMO TIENE QUE SER CAPACITADO

Con una resistencia tan arraigada al evangelismo que encontramos con mucha frecuencia, es vital que el pastor y otros líderes superiores hagan todo lo que puedan para *capacitar* a la persona que está liderando la causa evangelística. Esto debe hacerse al inicio, y luego reforzarlo periódicamente, con charlas de visión que aclaren la misión evangelística de la iglesia, y eso explica la estratégica importancia del líder de evangelismo y su papel en ayudar a cumplir esa misión. Es muy importante incluir de manera activa y con antelación, un espacio de tiempo para que el líder pueda decir durante el servicio, al menos unas pocas palabras acerca de los planes que se desarrollan.

La congregación necesita ver claramente que el pastor y los líderes están tendiendo un manto de liderazgo, confianza y autoridad sobre esta persona, habilitándola para guiar y preparar de manera eficaz a la iglesia hacia el cumplimiento de su potencial redentor. George Barna escribe: «Una de las señales de liderazgo eficaz es la habilidad de identificar personas calificadas, prepararlas para la acción y dejarlas en libertad de hacer lo que ellos hacen mejor no solo con bendiciones verbales sino con el mandato de hacer lo necesario para que el trabajo se cumpla».[7]

La capacitación también llega a través de la interacción con otros líderes. Esto se puede lograr, en parte, integrando esta persona al equipo de liderazgo e invitándola a la reunión apropiada, ya sea de ancianos, diáconos o reuniones de la junta, dependiendo de la estructura de su iglesia. (Nota: Si a tu mente llegan señales de advertencia en este momento, y te das cuenta que la persona que estabas considerando no tiene la influencia o talla para moverse en esos círculos, entonces necesitas reconsiderar quién debería ocupar ese cargo en tu iglesia. Tienes que encontrar un líder que tenga, o que pueda obtener rápidamente, ese nivel de respeto).

A esta persona se le debe dar cierta autoridad con otros líderes del ministerio en la iglesia, mientras el evangelismo trasciende a todos los ministerios. Si tu líder de evangelismo se convierte simplemente en otro líder más de uno de los muchos departamentos de la iglesia, entonces lo has colocado en ese cargo para perder. El evangelismo es el filo de la navaja de todo lo que tu iglesia reclama ser; ¡tienes que tratarlo de esa manera!

Otra clave para la capacitación es dejar a este líder en libertad para concentrarse en el evangelismo. No cargues su descripción de trabajo con actividades como bodas, funerales, reuniones y retiros innecesarios o con muchas responsabilidades en cuanto a enseñanza. En particular, ten cuidado de hacer de este líder el «Director de Evangelismo y *Discipulado*». (Si lo piensas detenidamente, ¡es más o menos todo lo que la iglesia hace! Además, el discipulado normalmente requiere dones pastorales, lo cual basado en mi experiencia, muy pocos líderes de evangelismo suelen tener). Debes estar consciente de que, como dice el viejo refrán: «El más necesitado requiere más cuidado», y los buscadores espirituales allá afuera en tu comunidad ¡casi nunca «se quejan»! ¿Quiénes se quejan? Normalmente son los creyentes necesitados los que siempre están pidiendo más y más atención. Cuando agregas otras funciones a la descripción de trabajo del líder de evangelismo, inevitablemente estas competirán con el papel de dirigir el cargo evangelístico de la iglesia, y con demasiada frecuencia vencerán. Una vez más, la palabra es *concentrarse*.

EL LÍDER DE EVANGELISMO TIENE QUE SER RESPONSABLE

A pesar de estas advertencias y tu esfuerzo por mantener al líder de evangelismo concentrado en los aspectos correctos, él o ella puede ser fácilmente distraído, no necesariamente haciendo cosas malas, sino cosas que no son prioritarias. La responsabilidad necesita ser incorporada para asegurarse de que esta persona está concentrada en las metas acordadas.

Una de las situaciones que con mayor facilidad sacan a este líder de su camino es comenzar a atender personalmente todas las quejas por ayuda en el campo evangelístico. Estas pueden venir de personas no cristianas o, con mayor frecuencia, de miembros de la iglesia que quieren una ayuda personalizada para alcanzar a sus amigos y familia. Ciertamente, algunos de estos casos deberían ser tratados directamente por el líder; él o ella nunca debería aislarse de ese tipo de ministerio directo. No obstante, en general, los líderes de evangelismo deberían verse a sí mismos como facilitadores cuyo papel principal es preparar e inscribir a otros en las líneas del frente de acción del ministerio, otros que ellos ayudan a desarrollarse para responder a las diferentes oportunidades de alcance. Es interesante que el pasaje bíblico que cité previamente, Efesios 4:11-12, indica que el papel de la persona que ocupa lo que comúnmente se refiere como el «cargo de evangelista» no se supone que haga evangelismo *para* la iglesia sino, en su lugar, «*capacita al pueblo de Dios para la obra de servicio, para edificar el cuerpo de Cristo*» (énfasis personal).

He conocido líderes de evangelismo que alegremente me cuentan cuántas personas llevaron personalmente a Cristo durante el pasado año. La cantidad es siempre admirable. Sin embargo, mi reacción es invariablemente mixta. Por una parte, estoy agradecido de que Dios los esté utilizando para alcanzar a tantas personas, pero por la otra, me pregunto cuánto más fructífero podría ser su efecto a largo plazo si en lugar de encargarse de todas estas situaciones ellos mismos, hubieran estado haciendo más de lo que dice el versículo: capacitando a otros cristianos y guiándolos a oportunidades en las que podrían obtener una prueba de la emoción de traer a alguien a Cristo.

Compartir la responsabilidad con otros encendería y animaría a cada uno de estos cristianos y los volvería mucho más capaces para ser utilizados en el evangelismo una y otra vez. Eso es porque cuando un creyente guía a otra persona a Cristo, ellos instantáneamente obtienen muchísima más confianza en el poder del evangelio, la presencia del Espíritu Santo y el potencial de sus esfuerzos evangelísticos. Pronto ellos guían otra persona a Cristo. Y luego otra. Y otra.

La siguiente es una manera diferente de ver lo que he aprendido:

1 x 100 es menos que 100 x 1

Lo que esto significa es que una persona dirigiendo a otros cien hacia la fe no es tan genial como que la misma persona ayude a otros cien a que cada uno guíe a una persona a la fe. ¿Por qué? Porque en la segunda perspectiva, no solamente terminarás con cien nuevos creyentes, también tendrás cien evangelistas recién entusiasmados que ahora conocen el regocijo y la satisfacción de ¡llevar a alguien más a Cristo! Ellos han tenido el escenario más que inoportuno, y están ganando cada vez mayor confianza y entusiasmo en cuanto a comunicar su fe a otros. Como resultado, ellos serán más propensos a llevar más y más personas a la familia de Dios.

Al actuar principalmente como un facilitador y preparador, el líder de evangelismo está invirtiendo en efectos exponenciales de capacitación a una cantidad cada vez mayor de cristianos cada uno de los cuales alcanzará a otros. En resumen, ¡la iglesia se irá volviendo contagiosa!

EL LÍDER DE EVANGELISMO TIENE QUE SER ANIMADO

El líder de evangelismo es un siervo que ayuda a dirigir la iglesia hacia la batalla. La frustración, el desánimo y momentos de cansancio son consecuencia periódica especialmente de este tipo de ministerio, ya que las batallas espirituales son continuamente libradas. Además, este hermano o hermana en Cristo necesita oración, amor, apoyo, comprensión, ánimo y agradecimiento, especialmente de parte de los líderes de la iglesia. Con frecuencia, con solo un poco se logra mucho.

■ ▪ ▪

Un líder de evangelismo bien escogido será capaz de llevar a tu iglesia a un ministerio provechoso en diferentes niveles, atacando por muchos frentes y, con el paso del tiempo, ayudando a tu iglesia a ganar la guerra y a impactar espiritualmente a más y más personas. Cada iglesia, grande, pequeña o incluso en su etapa inicial, necesita identificar y capacitar este tipo de líder. Luego esta persona puede comenzar a preparar y a capacitar al resto de los miembros para que ellos alcancen a sus amigos para Cristo. En el próximo capítulo, veremos como puede suceder esto.

FASE 3: IDEA CLAVE

Capacitar a un líder contagioso que será capaz de preparar, movilizar y dirigir a muchos otros para el evangelismo.

Él mismo constituyó a unos, … evangelistas; … a fin de capacitar al pueblo de Dios para la obra de servicio, para edificar el cuerpo de Cristo. (Efesios 4:11-12)

PARA CONSIDERAR Y DISCUTIR

1. ¿De qué manera ayudaría a tu iglesia el contar con un líder de evangelismo que gane esta causa en sociedad con el pastor principal y demás líderes?

2. ¿Cómo podrían tu pastor y el líder de evangelismo hacer un mejor trabajo conjuntamente uno con el otro?

3. Si tú aun no tienes a nadie en este puesto, ¿cuáles dos o tres personas dentro de la iglesia o fuera de ella, podrían ser líderes de evangelismo eficientes? Comienza orando por sabiduría en cuanto a quién es la persona adecuada para este vital aspecto.

4. ¿Por qué es esencial para el líder de evangelismo ser dejado en libertad para concentrarse en reclutar, preparar y utilizar más personas para este ministerio?

5. Si tu iglesia ya tiene un líder de evangelismo en función, ¿qué puedes hacer para fortalecer a esta persona para que sea más eficiente?

CAPÍTULO CINCO

ETAPA 4: ENTRENA A LA IGLESIA EN APTITUDES DE EVANGELISMO: EL CIEN POR CIENTO

TENEMOS UN SERIO *problema matemático.*

Asiste a diferentes iglesias y pregunta al pastor: «¿Quién hace la labor de evangelismo en tu iglesia?». Probablemente obtendrás una respuesta sincera en las líneas: «Ah, ese el papel principal de las personas en la congregación. Si miras el modelo bíblico, este muestra que yo soy el pastor y ellos el rebaño. No obstante, los pastores no pueden hacer ovejas; ¡las *ovejas* tienen que hacer las ovejas! Mi trabajo es preparar al rebaño y enviarlos a hacer el trabajo de evangelismo».

Esto puede sonar muy bien, hasta que descubres cuán pocas son las personas que en muchas iglesias están siendo preparadas adecuadamente para comunicar su fe a otros. De las iglesias que preparan a sus fieles, muchas lo hacen de forma inconstante, les enseñan una sola manera de acercarse, y tienen en realidad muy pocos miembros que participan. ¿Sorprende por qué esta labor no se está llevando a cabo?

Lo que es peor, si hablas con la mayoría de los miembros de la iglesia, ellos con frecuencia te darán una respuesta muy diferente a la pregunta acerca de a quién le corresponde el trabajo de evangelismo. Con gran optimismo contestarán: «Ah, ese es el trabajo del *pastor.* Él es el que cuenta con preparación y aptitudes, así como el material y cualquier otra cosa que se necesite. ¿Por qué haría peligrar la eternidad de alguien cuando tenemos cerca un profesional asalariado, que está mucho más calificado para ayudarle a ellos?».

A esto llamo «recriminaciones evangelísticas»: pastores señalando a sus congregaciones, y sus congregaciones señalándolos a ellos. Algunas veces este señalamiento se vuelve incluso más creativo. Alguien recordará, según los expertos, que tanto como un diez por ciento de cristianos tienen el don espiritual del evangelismo. «Por supuesto», dirán, «es a quienes les corresponde ese trabajo: ¡a las personas con el don! Dios lo hizo fácil para ellos y difícil para el resto de nosotros. ¡Nosotros simplemente apoyaremos sus esfuerzos!».

Sin embargo, la pregunta es, ¿*quiénes* son ellos? ¿*dónde* están? Imagina pararte frente a tu iglesia este domingo por la mañana y decir: «Nosotros sabemos que cerca de uno de cada diez de ustedes tienen el don espiritual de evangelismo. Queremos saber quién eres. No te preocupes; solo queremos anotar sus nombres y te contactaremos luego. ¿Podrían por favor aquellos de ustedes con el don del evangelismo, ponerse de pie?» ¿Qué clase de respuesta crees que recibirás? ¿Se pondrá de pie cerca del diez por ciento de la congregación? ¿Quizá un cinco por ciento? ¿Tal vez solo un dos por ciento, o incluso menos?

Seamos honestos. En la mayoría de las iglesias, es muy poca la cantidad de personas que en realidad se ponen de pie y dicen: «el evangelismo es mi don». De esos pocos que harán esa afirmación, muchos son inexpertos y están muy mal preparados. Y vamos a ser aun más honestos: algunos de ellos son personajes poco convencionales que tú no querrías que representen a tu iglesia y sobre quienes ¡nunca forjarías un eficaz esfuerzo de alcance!

¿Ves por qué digo que tenemos un problema matemático? Contamos con miles de millones de personas en el mundo que no conocen a Cristo, y probablemente miles cerca de tu iglesia. Y la mayoría de nuestras congregaciones tienen, en el mejor de los casos, un pequeño puñado de creyentes motivados y preparados, con o sin el don espiritual de evangelismo, para hacer el alcance real. No es de sorprender que en tantas partes la iglesia está perdiendo terreno o simplemente manteniendo el estatu quo. Y con razón Jesús desafió tan seriamente a sus seguidores: «Es abundante la cosecha, les dijo, pero son pocos los obreros. Pídanle, por tanto, al Señor de la cosecha que mande obreros a su campo» (Lucas 10:2).

EL PROBLEMA MATEMÁTICO GOLPEA LA CASA

La situación, para mí, es más que una simple teoría. En una época, yo fui parte de este problema matemático. De hecho, llegué al punto de rechazar realmente el evangelismo personal y decidir que ¡esto no era para mí del todo!

¿Por qué? Era el final de un verano de evangelismo en el extranjero. Yo había estado en un equipo con una iglesia maravillosa que estaba tratando de predicar de Cristo a personas en sus vecindarios. El problema era que ellos estaban usando métodos que no encajaban con mi personalidad. Recuerdo haberle preguntado a nuestro capitán del equipo poco después de haber llegado, qué ibamos a hacer al día siguiente. Con gran entusiasmo él contestó: «¡Vamos a tocar puerta por puerta a lo largo de la zona y le contaremos a la gente acerca de Jesús!».

Tragué fuerte y traté de forzar una respuesta positiva. «Oh, cielos…» pensé con completo desánimo, «¡espero que Dios use nuestros esfuerzos!». Y luego pasé el resto de la noche tratando de prepararme a mí mismo para lo que prometía ser un día desafiante.

La siguiente noche, al final de lo que fue, de hecho, un muy difícil momento para mí, pregunté qué haríamos al día siguiente. «Saldremos de nuevo, tocaremos a las puertas y ¡hablaremos a más personas acerca del Señor!» me dijo él muy entusiasmado.

«Oh… cielos», murmuré.

Día tras día salimos a buscar personas que estuviesen interesadas, aprovechando toda oportunidad que pudiéramos encontrar, haciendo nuestro mejor esfuerzo para comunicar las buenas nuevas de Cristo a una cultura que desesperadamente lo necesitaba, pero que no parecía quererlo.

Algunas personas están hechas para este tipo de acercamiento directo, incluyendo el método de puerta por puerta. Encaja con su estilo evangelístico que Dios les dio y ellos ven resultados reales de sus esfuerzos. Los respeto, solo que no soy uno de ellos. Para mí, este método directo e implacable se percibe como antinatural. Literalmente me estaba forzando a mí mismo, día tras día, a hacer cosas que parecían trascender lo fundamental de mi personalidad y temperamento.

Cuando acabaron las ocho semanas, decidí que *realmente se acababan*. Había terminado mi tiempo. Había completado mi recorrido de deberes. «Dejemos que alguien más se inscriba para la próxima campaña», me dije a mí mismo. «El evangelismo es importante, pero esta actividad no es para mí. Yo lo apoyaré. Ofrendaré para él. Oraré por él. Pero no me pidan ir a ninguna otra excursión de alcance. De aquí en adelante, solo quiero ser un cristiano *normal*».

IGLESIAS DE CRISTIANOS «NORMALES»

No entiendo cómo el término *normal* llegó a ser asociado con no estar involucrado en el evangelismo, sin embargo, a mí ciertamente me sonó natural en aquel momento. Y, mirando alrededor, parece que a la mayoría de los cristianos les parece natural. Es por eso que ahora creo que vamos a ayudarles a tener una nueva opinión de lo que la Biblia dice que debería ser el término «normal».

Sospecho que el problema surge de una idea equivocada de lo que es evangelismo y de cómo lucirá en sus vidas. Es a lo que me he llegado a referir como el «problema de percepciones». Aun cuando la mayoría de los cristianos nunca hayan pasado un verano tocando a las puertas, tratando de hablar a extraños acerca de Jesús, ellos tienen imágenes mentales similares de lo que han tenido que hacer si realmente llegaron a estar orientados para el alcance, y están completamente seguros de que esas imágenes no se ajustan a ellos.

De hecho, pienso que la mayoría de nosotros tiende a tener sumamente polarizadas las imágenes de lo que es el evangelismo: imágenes mentales que son o muy positivas o muy negativas. Lo vemos como una actividad para cristianos super estrellas que realmente son buenos en esto. O, en la parte opuesta del espectro, lo vemos como una actividad para individuos agresivos que no viven la realidad, los cuales tratan de imponer a sí mismos y el evangelio a todas las personas que conocen. El resultado de esta gran diversidad de imágenes es que muchos creyentes «normales» concluyen que: «Yo sé lo que es evangelismo. Es una actividad para cristianos super estrella que lo pueden hacer realmente bien, o ¡para personas que son lo suficientemente odiosas para hacerlo de todos modos!». Pero de cualquier manera, están convencidos de que esto no es para ellos, ¡porque ellos no se ven a sí mismos ni como extraordinarios ni como odiosos!

Si nosotros siempre tendremos que resolver el problema matemático e inscribir a toda la membresía de la iglesia en la aventura del evangelismo relacional, tendremos que adoptar, y luego inculcar en todos aquellos a nuestro alrededor, una nueva opinión de cómo se puede ver: una que incluya a cada creyente.

Ayuda el hecho de que la mayoría de cristianos realmente quieren hacer una diferencia con sus vidas. En el fondo, ellos quieren ser jugadores en el campo y no solo espectadores en la gradería. Quieren hacer inversiones que producirán fruto y que tengan un impacto en la eternidad. Tan solo tenemos que mostrarles de qué manera pueden experimentar estas cosas, lo que nos lleva a la Etapa 4 del Proceso de 6 etapas, «ENTRENA a la iglesia en aptitudes de evangelismo: el cien por ciento».

De nuevo, la persona cuyo trabajo principal es asegurarse de que toda la congregación termine con un buen entrenamiento, es el líder que fue capacitado en la Etapa 3. Si vamos a tener la esperanza de entrenar a casi el cien por ciento de nuestra gente, ¡vamos a necesitar un líder *concentrado* en esto!

CRISTIANOS «NORMALES» LIBERADOS

Creo que una clave importante para resolver el problema matemático y liberar a cada cristiano en todas las iglesias para que se convierta en un miembro activo en comunicar su fe, es ayudarles a entender que existen una variedad de métodos legítimos de evangelismo. En otras palabras, ellos no tienen que restringirse a un molde de personalidad específico para ser utilizado por Dios para llegar a otros. De hecho, ellos serán mucho más eficaces si trabajan dentro de la personalidad que Dios les dio.

Volviendo a mi propia historia, este fue el descubrimiento que me rescató de las actividades espirituales. Meses después de «rechazar» el evangelismo, fui a un servicio de adoración entre semana en *Willow Creek*. Esa noche, Bill Hybels estaba hablando acerca de lo que él llama «el estilo de un evangelista». Estuve tentado a dejar de prestarle atención, presumiendo que este tema ya no tenía importancia para mí. Sin embargo, según él fue desarrollando el tema, comencé a interesarme cada vez más.

Explicó que existe una gran variedad de métodos de evangelismo justo en las páginas del Nuevo Testamento. No todas las personas en la Biblia se alcanzaban de la misma manera, y ellos no se presionaban los unos a los otros para que los demás lo hicieran a su manera. Al reflexionar acerca de mis recientes experiencias de sentirme fuera de lugar al hacer evangelismo puerta por puerta, comencé a animarme rápidamente.

Bill dijo que iba a describir seis diferentes estilos de evangelismo que había descubierto mientras examinaba detenidamente las páginas de las Escrituras. El primero fue el Estilo Polémico (ahora nos referimos a él como Estilo Directo), ejemplificado por el apóstol Pedro en Hechos 2. Pedro era muy valiente e implacable en la manera de comunicar el mensaje del evangelio. ¡Él simplemente miraba a los ojos a la persona y se lo dejaba saber! Yo pensaba en que algo así más o menos fue lo que traté de hacer aquel verano, pero que sentí que no era lo adecuado para mí.

Entonces Bill llegó al segundo ejemplo: en Hechos 17 el apóstol Pablo usó un Estilo Intelectual mientras él se mantuvo de pie en *Mars Hill* en Atenas y desafió a los filósofos con las afirmaciones de la Escritura. Les presentó la verdad a ellos de una manera lógica, e incluso citó algunos de sus propios eruditos griegos para comunicar su punto.

Mientras Bill describía este segundo estilo, ¡me di cuenta que mi corazón estaba latiendo más rápido! ¡Qué *cosa tan emocionante*, pensé, *pararme frente a un grupo de escépticos y defender el evangelio! Me encanta debatir la verdad con personas que aun no están convencidas*. En ese entonces, de hecho, yo estaba terminando mi grado de maestría en filosofía de religión, sin embargo, no había vinculado completamente eso en mi mente con la palabra *evangelismo*. ¡He estado fastidiado por el problema de las percepciones!

De lo que me di cuenta esa noche es que mi motivación verdadera para leer libros, para estudiar y para hablar a aquellos con diferentes puntos de vista, era ayudar a las personas a superar sus obstáculos intelectuales y llegar al punto donde ellos podrían confiar en Cristo. Comencé a entender que yo realmente estaba hecho para evangelizar, pero de una manera que parecía diferente de los métodos que había intentado poner en práctica el pasado verano. Descubrí una nueva y amplia opinión de lo que es el evangelismo y cómo se vería en mi vida, y en la vida de los demás.

El Espíritu Santo usó las palabras de Bill para reorientar mi pensamiento y, en efecto, para girar la llave y abrir la puerta a mi participación en el ámbito de alcance. Y, como una clara manifestación del sentido de humor de Dios, fui contratado solo un año más tarde para dirigir el cargo evangelístico justo allí donde escuché ese mensaje, en *Willow Creek Community Church* en el área suburbana de Chicago, una iglesia que rápidamente se dio a conocer por su alcance a personas no creyentes. Desde ese entonces, he tenido la emoción de desarrollar y utilizar mi propio método intelectual para el evangelismo, tanto allí en la iglesia como en muchos otros lugares. Me encanta hablar y tratar de convencer a los escépticos, a nivel individual así como también en grandes grupos.

También he tenido el privilegio de ayudar a muchos otros creyentes a descubrir y desarrollar sus propios estilos de evangelismo mediante conferencias así como mediante la literatura (incluyendo el privilegio de ser coautor del libro original y ahora actualizado *Conviértase en un cristiano contagioso* y del curso de entrenamiento para el evangelismo). Nunca he hallado un concepto que libere mejor a los cristianos que piensan que el evangelismo no es para ellos. Ya sea el estilo directo o el intelectual que ya describí, el Estilo Testimonial del hombre ciego en Juan 9, el Estilo Interpersonal de Mateo en Lucas 5:29, el Estilo mediante Invitación de la mujer samaritana en Juan 4 o el Estilo de Servicio de Tabita en Hechos 9, o algún otro método bíblico o combinación de ellos, todos los creyentes pueden expresar su fe de manera natural que encaje con sus personalidades.

Dios creó diversidad evangelística dentro del cuerpo de Cristo. Necesitamos ver eso, enseñarlo, vivirlo y celebrarlo mientras damos libertad a los creyentes para que comuniquen a Cristo de una forma que encaje con ellos. Se necesita todo tipo de cristianos para alcanzar a todo tipo de no creyentes, y este concepto de los seis estilos de evangelismo provee una herramienta estratégica para liberar a cada creyente.[1]

ENTRENAMIENTO EVANGELÍSTICO NECESARIO: PARA TODO CREYENTE

Estoy convencido de que la mayoría de pastores sobrestima enormemente la habilidad de sus miembros para comunicar su fe, en parte porque ellos asumen que si la iglesia provee ocasionalmente buena enseñanza sobre esto, entonces la gente será capaz de entender cómo hacerlo por su propia cuenta. No obstante, expertos en entrenamiento te dirán que la mayoría no son capaces de unir los puntos en este sentido. La persona promedio escucha y acepta las ideas, y se propone buenas intenciones para lograr algo bueno con ellas, pero cuando realmente las ponen en práctica son un completo fracaso. Entre la idea y la acción, ellos necesitan una preparación adicional que les de oportunidades prácticas para desarrollar la nueva habilidad. Esto funciona en muchos ámbitos, pero especialmente en el de evangelismo, donde tantos creyentes tienen bajos niveles de confianza en sí mismos.

Es por eso que el entrenamiento evangelístico es necesario para *todo creyente*. Cada cristiano, sin importar sus dones espirituales que pudiera o no tener, es un miembro de la iglesia a la que Jesús le dio la Gran Comisión (Mateo 28:18-20) y por consiguiente tiene un papel vital en su cumplimiento. Nosotros, como líderes y personas con influencia de nuestra iglesia, necesitamos asegurarnos de que todos ellos entienden esto y hacemos todo lo que esté a nuestro alcance para prepararlos para el evangelismo personal. Esta es la única manera en que vamos a resolver el problema matemático y a convertirnos en iglesias sumamente contagiosas.

ENTRENAMIENTO EFICAZ EN TU IGLESIA

La pregunta es, ¿cómo vamos a cumplir esta reconocidamente ambiciosa meta de entrenamiento? ¿Cuáles pasos podemos dar en nuestras iglesias para asegurar que el cien por ciento de nuestros miembros están preparados para comunicar su fe a otros?

Una vez pensé que la respuesta era, en primer lugar, a través de ofrecer seminarios de entrenamiento de alta calidad en cada iglesia y repetirlos con regularidad hasta que todos hubiesen sido preparados. De hecho, como el autor principal del curso de entrenamiento *Conviértase en un cristiano contagioso*, originalmente designé aquel programa de estudio alrededor de este modelo, y por la gracia de Dios ha tenido un gran impacto. Por más de una década, un millón de personas han sido preparadas mediante este curso, en inglés y en otros veinte idiomas.

Agradezco a Dios por la forma en que él ha utilizado este material, pero ya no pienso que ese modelo es la clave para resolver el problema matemático. Pienso que es parte de la clave pero no toda. De hecho, he aprendido mediante la enseñanza de este seminario por muchos años y en muchos lugares, que incluso con el mejor de los esfuerzos, repetido frecuentemente año tras año, la mayoría de las iglesias terminan entrenando solo cerca de un diez a veinte por ciento de sus miembros. Eso es porque el modelo de seminario es un método gradual que confía en los creyentes que son lo suficientemente motivados para tomar un día o una serie de noches fuera de sus ocupadas agendas para venir y aprender acerca de algo que, a primera vista, ya los asusta ¡y en muchos casos los reprime! Menos mal que algunos de ellos aún asisten, pero la mayoría no. Nunca tendremos al cien por ciento de la iglesia de esa manera.

No fue hasta después de luchar arduas batallas por largo tiempo tratando de preparar a iglesias completas de esta manera, que finalmente tuve una «Revolución Copérnica»: me di cuenta que necesitábamos dejar de confiar solamente en un plan para lograr que los miembros de la iglesia giraran en torno a nuestra agenda de entrenamiento, al incribirlos y traerlos a nuestro seminario. En vez de eso, necesitamos comenzar a girar alrededor de ellos llevando el entrenamiento a lugares donde ellos ya asisten, a saber: los servicios de fines de semana, a grupos pequeños, y en algunas iglesias, a las clases de Escuela Dominical para adultos (así como ofrecer seminarios electivos como complemento).

Fue esta «revolución» en mi manera de pensar, junto con la observación del impacto de varias campañas para toda la iglesia que se han utilizado, especialmente «40 días de propósito» de Rick Warren, lo que lleva a una idea más completa: ¿Por qué no organizar a las iglesias enteras, todas a la vez, para una campaña sobre lo que podría decirse es su propósito principal aquí en la tierra: alcanzar a las personas perdidas?

De este modo surgió la visión para toda la iglesia *Campañas contagiosas*. Las iglesias podían, por un periodo de más de seis semanas, utilizar los sermones dominicales para informar e inspirar a sus congregaciones y sincronizar a todos sus grupos pequeños y clases a través de la iglesia para hacer la actualización del curso de entrenamiento (una edición juvenil[2] está disponible para estudiantes del ministerio del primer ciclo de secundaria y de escuela superior). De esta manera, todos pasan a la misma página, aprenden sus diferentes estilos de evangelismo y lo básico en cuanto a comunicar su fe a otros.

La coordinación de esta visión coincidió con el trabajo que yo recién iniciaba de actualización y revisión del curso de entrenamiento *Conviértase en un cristiano contagioso* en asociación con la *Willow Creek Association* (www.willowcreek.com) y Zondervan (www.zondervan.com). El resultado final fue un curso actualizado que funciona mejor que nunca como un seminario autónomo (con un coordinador de la iglesia que use la nueva Guía de estudio y el programa de computación *Powerpoint*), que es una excelente manera de presentar el entrenamiento a la iglesia, así como ofrecer un complemento a los grupos pequeños y opciones para la Escuela Dominical en las *Campañas contagiosas*. Los seminarios son también extraordinarias maneras de ofrecer entrenamiento de seguimiento luego de una *Campaña contagiosa*, para preparar a los recién llegados y para afinar las habilidades de los miembros que necesiten un repaso.

Pero más que ser simplemente un seminario actualizado, el nuevo material también incluye transcripciones de seis sermones para los servicios de los domingos (en CD-ROM; los mensajes pueden modificarse según sea necesario) así como una colección de DVDs de entrenamiento de Lee Strobel y yo impartiendo el curso completo, de manera que un pequeño grupo y líderes de clases pueden utilizar un método simple de «conectar y usar» ¡y permitirnos enseñar el material por ellos!

Además, la *Campaña contagiosa* culmina con un mensaje final de seis semanas planeado para realmente presentar el evangelio a todos los amigos que los miembros de la iglesia inviten. Por lo tanto, esto no es simplemente entrenamiento y preparacióm para creyentes; es también una oportunidad de poner en práctica lo aprendido, invitar a los vecinos y ver, al final de la semana, toda una cosecha de personas confiando en Cristo.

Adicionalmente, *Outreach, Inc.* ha provisto un conjunto de herramientas de gran calidad publicitaria y de comunicación para dar a la *Campaña contagiosa* de tu iglesia visibilidad y maximizar su impacto (ver: www.outreach.com o www.contagiouschristians.com). El alcance también se ha asociado para proveer un grupo de experimentados oradores, cualquiera de ellos puede venir a tu iglesia a complementar a tu equipo y a enseñar en uno de los servicios dominicales durante una *Campaña contagiosa*, o a hacer un clásico seminario de entrenamiento de un día (ver: www.outreachspeakers.com).

Espero sinceramente que estos nuevos materiales que aparecen en la actualización del curso *Contagioso* y *Campañas contagiosas* te sirvan a tí y a tu iglesia en la preparación de todos sus miembros para comunicar su fe de manera natural, así como para realmente alcanzar para Cristo a muchos de sus amigos, miembros de su familia, vecinos y compañeros de trabajo.

ELEMENTOS CLAVE DE UN ENTRENAMIENTO EVANGELÍSTICO

Hemos hablado de manera general acerca del tipo de entrenamiento evangelístico que he recomendado, pero ahora discutiremos brevemente los componentes clave en el entrenamiento que planificamos específicamente para cumplir este propósito: el programa de estudio actualizado y revisado *Conviértase en un cristiano contagioso*. Este es uno de los muchos cursos disponibles, sin embargo, es el único que conozco de esos que liberan a los creyentes al enseñarles de qué manera pueden ellos descubrir y desarrollar su propio estilo natural. Esto ayuda a la mayoría de los miembros de la iglesia que son escépticos acerca del evangelismo a mantenerse involucrados el tiempo suficiente para captar la visión y comenzar a desarrollar nuevas habilidades.

El curso también ayudará a los miembros de tu iglesia a:

- Tener una nueva opinión del evangelismo

Lo primero que hacemos en el curso *Contagioso* es tratar de desplazar los estereotipos limitantes, tanto positivos como negativos, y sustituirlos con una imagen positiva de cómo podría verse el evangelismo en nuestras vidas.

- Orar por la participación de Dios

El evangelismo es idea de Dios, y sin él somos ineficientes en conseguir un impacto espiritual en los demás. Por lo tanto, no terminamos la primera sesión sin orar juntos por las personas que esperamos alcanzar y por sabiduría para lograrlo.

■ Encontrar tu propio estilo

Mediante la enseñanza y un «cuestionario de estilos», ayudamos a cada participante a descubrir cuál de los seis estilos de evangelismo bíblico, o una combinación de estilos, encaja con ellos. Esto es liberador y a la vez alentador.

■ Construir y estrechar relaciones

Esto es crucial: la mayoría de los cristianos tiene muy pocos amigos no cristianos. Nosotros tratamos este problema dando ideas y ánimo para estrechar relaciones con los participantes que ya conocemos, reanudar las relaciones que ellos solían tener con otras personas, y comenzar nuevas relaciones con personas que a ellos les gustaría conocer.

■ Iniciar conversaciones espirituales

Algunos cristianos salen de la rutina y construyen relaciones con no creyentes pero nunca les dicen absolutamente nada acerca de su fe. Esto los imposibilita para convertirse en mensajeros contagiosos del evangelio. Por lo tanto, nosotros enseñamos que, observe los realistas cortos dramas en DVD y luego intente varios acercamientos prácticos para plantear los temas espirituales. Este es un verdadero formador de confianza.

■ Contar sus historias

Una de tus más poderosas herramientas para alcanzar a otros es el relato de cómo Dios te alcanzó a ti. Siguiendo el ejemplo de Pablo en Hechos 26, utilizamos seis preguntas para detallar nuestras propias historias, colocándolas alrededor de un simple esquema fácil de recordar que los participantes pueden usar para contar sus propias historias de manera clara y concisa. También verán un ejemplo eficaz en un drama en DVD y luego podrán intentarlo ellos mismos. Este componente de practicar teatro improvisado, es una parte muy importante del entrenamiento, ¡tan importante como lo es para un piloto de avión la experiencia de aprender en un simulador de vuelo! Primero aprendemos en un lugar seguro, así nos sentiremos seguros y listos ¡cuando exista la verdadera oportunidad!

■ Comunicar el mensaje de Dios

La parte más importante del entrenamiento de evangelismo es enseñar a las personas a expresar el mensaje central de la fe cristiana. Nosotros hacemos esto mediante varias ilustraciones del tipo «cómo evangelizar», cortos dramas en DVD y tiempo de práctica. El evangelio es realmente «poder de Dios para la salvación de todos los que creen» (Romanos 1:16). Nosotros solo tenemos que ponerlo en las manos de todos los miembros de nuestra iglesia, desafiarlos a tomar algunos riesgos para comunicárselo a otros y permitir que Dios muestre su poder a través de él.

■ Ayudar a los amigos a cruzar la línea de la fe

Muchos creyentes son tentados a desistir de la acción y a llamar a un «profesional» cuando llega el momento de guiar a otra persona a través de la fe. No obstante, esta es la parte más emocionante, entonces ¿por qué no experimentarla? De este modo, enseñamos a los participantes la manera en que pueden guiar a sus amigos en una oración natural y familiar, en la que los animan a pedirle a Cristo, en sus propias palabras, su perdón y su guía. Nosotros seguimos de cerca esto con un impactante drama en DVD, que los enseña e inspira a hacer lo mismo.

■ Asegurar los siguientes pasos

La última parte del proceso es seguir a aquellos que han confiado en Cristo. Enseñamos a los participantes a ayudar a los nuevos creyentes a establecer relaciones saludables con otros cristianos en una iglesia que funcione bíblicamente y a animarlos a establecer patrones de oración, estudio bíblico y adoración que aumentará su crecimiento espiritual.

Basado en mi experiencia, así como en las cartas y correos electrónicos que recibo de alrededor del mundo, está claro que este entrenamiento construye confianza y da a los participantes un sentido de que esto es algo que ellos realmente pueden hacer, ¡porque ellos simplemente lo han ensayado en un ambiente de entrenamiento seguro! Mientras entrenas personas en tu iglesia, estoy seguro que las historias se multiplicarán. Aumentará la valentía. Se extenderá la fe. Los buscadores encontrarán a Cristo y la presencia de estos nuevos creyentes motivará a muchos otros a entrar en acción. Las cosas se harán *contagiosas*, primero dentro de la iglesia, ¡y así cada vez más fuera de ella!

DIEZ CONSEJOS EFICACES PARA SEMINARIOS DE ENTRENAMIENTO EVANGELÍSTICO

Para esos momentos en que des entrenamiento utilizando el modelo de seminario clásico, aquí tienes algunas sugerencias para ayudar a lograr el impacto máximo (algunas de estas pertenecen especialmente al curso *Conviértase en un cristiano contagioso*, sin embargo, los principios son fácilmente transferibles):

1. *Cuando estés presentando el entrenamiento, sigue la regla de tres partes: comunica, comunica y comunica.* Poner una invitación en el boletín y hacer que alguien la lea como parte de los anuncios no es suficiente. El entrenamiento evangelístico necesita ser resaltado, explicado y promovido, especialmente por el pastor principal. Este mensaje puede ser reforzado con envíos por correo, correos electrónicos, panfletos y carteles.

   Un anuncio en el boletín podría ser algo como esto:

¡CONVIÉRTETE EN QUIEN HACE LA DIFERENCIA!

Dios quiere usarte para impactar las vidas espirituales de tus amigos y familia. Únete a nosotros el sábado 8 de mayo, para el entrenamiento *Conviértase en un cristiano contagioso*, en donde aprenderás a comunicar de manera natural y eficaz tu fe a personas que conoces (este curso es especialmente para gente que no le gusta el evangelismo). ¡Es una aventura que no querrás perderte! Pasa un momento al puesto de *Contagioso* luego del servicio para más información o para inscribirte.

---

2. *Pídele a quienes están planeando asistir que se inscriban con antelación* (y haga que sea fácil para ellos lograrlo, mediante diversas maneras: correo electrónico, dejando un mensaje en la contestadora telefónica, en una caseta luego de los servicios religiosos, etc). Esto te ayudará a planificar el tamaño del salón que necesitas (busca un salón que sea tan solo un poquito más grande de

lo necesario, es mejor estar un poquito aglomerados), los refrigerios y la cantidad exacta de guías y otros folletos para los participantes. Asegúrate de contar también con espacio extra para quienes lleguen sin haber hecho reservación. Considera también establecer una cuota módica o «donación sugerida» para ayudar a cubrir el costo de los materiales y refrigerios. A la mayoría de las personas no les importa invertir un poquito en algo que consideran importante.

3. *Mantén un registro de los asistentes en caso de que quieras contactarlos de nuevo para otro entrenamiento u oportunidades de alcance.* También, sugeriría usar el «Sondeo de estilos» en la guía de líderes para recoger información acerca de los principales estilos de evangelismo de los participantes; ¡esto te ayudará a saber a quién contactar para una actividad específica!

4. *Reserva el mejor salón que puedas conseguir, prepáralo por adelantado y asegúrate que esté limpio y lo mejor organizado que se pueda.* Esta es una de las actividades más estratégicas de la iglesia, por lo tanto, trátalo como tal. (Los afiches, carteles y otros materiales disponibles en *Outreach, Inc.* pueden ayudar a que tu seminario tenga una apariencia profesional).

5. Según el tamaño del grupo, puede que necesites un sistema de sonido así como también luces enfocadas hacia el entrenador. Si es así, asegúrate de utilizar un micrófono de solapa o auriculares así puedes moverte con facilidad, de que este sea probado y esté completamente listo antes de que llegue la gente. Haz lo mismo con el reproductor de DVD y el proyector de PowerPoint.

6. *Recluta a los voluntarios más amables y agradables que puedas encontrar para recibir a las personas, distribuir los materiales y servir los refrigerios.* Asegúrate de que ellos mismos hayan pasado por el entrenamiento de manera que sean capaces de hablar acerca del curso de forma entusiasta y del impacto que este ha tenido en sus propios esfuerzos de alcance.

7. *Pon música instrumental de suave compás mientras llegan las personas, con el volumen un poquito más alto que lo que se acostumbra para la música de fondo.* La gente necesita ver, y sentir, que

este no será un servicio formal sino una emocionante reunión de personas amigables.

8. *Comienza y termina puntual.* Aun cuando las sesiones pueden ser hechas en aproximadamente una hora cada una, recomendaría permitir, si es posible, un poco de tiempo extra para preguntas e historias personales.

9. *Si estás dando el curso en vivo utilizando la Guía del Líder (opuesto a como lo enseñamos Lee Strobel y yo en los DVDs), asegúrate de que estás completamente familiarizado con el material y preparado para conducirlo.* Esto te ayudará a no estar muy atado a la Guía del Líder o a preocuparte por cuándo mostrar DVDs de drama o cambiar las pantallas de PowerPoint. Cada vez que enseñes el curso te sentirás más relajado y se volverá más divertido. Pronto el mayor desafío será mantenerte dentro del tiempo programado, ¡porque adquirirás cada vez más historias e ilustraciones que querrás contar!

10. Asegúrate de anunciar al grupo, tanto de manera verbal como mediante panfletos impresos, cuando será el próximo entrenamiento. Especialmente en la última sesión, necesitas comisionar a estos recién entusiastas evangelistas a salir y ser tus embajadores para animar a otros en la iglesia a asistir al curso. Estas personas serán los mejores promotores; ¡pónlos a trabajar! Déjales saber también a ellos que, como alumnos, son siempre bienvenidos a regresar por un curso de actualización cada vez que se ofrezca el curso.

EL IMPACTO DEL ENTRENAMIENTO EVANGELÍSTICO

Podría contar muchas historias acerca de personas e iglesias que han puesto en práctica el entrenamiento evangelístico. Algunas en gran escala, como la iglesia en Georgia que enseñó a aproximadamente mil personas a la vez mediante sus clases de Escuela Dominical. Otras son inesperadas, como la iglesia en Iowa, donde un participante del seminario que había estado nadando entre dos aguas espirituales, decidió confiar en Cristo y ¡oró allí mismo en medio de la clase! Algunas son alentadoras, como la mujer en nuestra iglesia que guió a sus ancianos padres a la fe, o el joven del primer ciclo de secundaria que utilizó sus bloques de construcción de juguete para mostrarle a su abuela una ilustración del evangelio y terminar guiándola a ella en una oración de compromiso. Otras son divertidas, como la mujer que llevó a almorzar a una compañera de trabajo al día siguiente de la sesión acerca de cómo explicar el evangelio. Le dijo a su amiga lo que había aprendido, le presentó el plan de salvación y acabó orando con ella en el carro mientras regresaban al trabajo, ¡mientras su amiga manejaba!

¿Ves lo que sucede? Es el reemplazo del antiguo acercamiento 1 x 100 por el mucho más poderoso 100 x 1. En lugar de un «profesional» tratando de guiar a todo el mundo a Cristo, más y más cristianos comunes están participando en el juego, y el impacto se está extendiendo exponencialmente. Es una inversión de proporciones, y un paso importante hacia la solución del problema matemático que discutimos al principio del capítulo.

Concluyo este capítulo con un relato que ilustra patéticamente el poder de entrenar a la gente para que testifique de Cristo. La historia fue narrada en una carta de Todd, un líder de iglesia en Ontario, Canadá, que recién regresaba a casa luego de una conferencia evangélica en la que yo había sido el anfitrión y donde había ayudado con la enseñanza. Luego de una breve introducción, él escribió lo siguiente:

> Actualmente estamos enseñando el material de *Conviértase en un cristiano* contagioso los domingos por la noche. El pasado domingo por la noche, Keith, el coordinador recientemente designado de nuestro Ministerio de evangelismo estratégico y yo, estábamos enseñando la sesión 5 del programa de estudio, la que trata acerca de la manera de presentar el mensaje del evangelio. Como sabes, esta es la sesión que presenta la ilustración del puente.
>
> Yo diseñé la parte teológica, y entonces Keith enseñó mediante el dibujo. Mientras él explicaba cada componente, teníamos personas reproduciendo el dibujo ¡en las servilletas que él les había entregado para simular una escena de la vida real! Muchos niños estaban allí para el servicio, y ellos también hicieron el dibujo. Al menos un niño de diez años, Mathew, decidió aceptar a Jesús luego de hacer el dibujo y discutirlo con su padre.

Sin embargo, quiero contarte acerca de mi propio hijo, Joel, que tiene seis años y es bastante «intelectual». Hasta este fin de semana él no tenía interés en hablarnos acerca de cosas espirituales. ¡Tal vez él era un jovencito un poco escéptico! No obstante, el domingo fue diferente. Esa mañana en su clase, Keith había animado a los niños a orar para recibir a Cristo, y más tarde descubrimos que Joel lo había hecho.

Entonces, el domingo por la noche durante el servicio, Joel, como el resto de los niños presentes, hizo el dibujo del puente. Cuando mi esposa le preguntó más tarde, dónde podría encontrarse él en el dibujo, él dijo: «Yo oré con el pastor Keith esta mañana y pienso que estoy aquí con Dios».

¡De más está decir que estábamos muy emocionados! Su vacilación para hablar acerca de cosas espirituales desapareció, y disfrutamos una fantástica conversación en el auto, de regreso a casa.

Por otra parte, tan pronto llegamos a la entrada de la casa, Joel saltó fuera del auto y anunció que iba a mostrar su servilleta a Agnes, nuestra vecina de al lado ¡a quien nosotros también habíamos estado

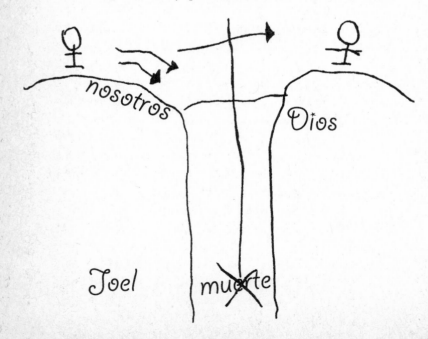

tratando de alcanzar! ¡Él corrió a su puerta y le explicó en detalle su dibujo del puente!

Luego le preguntó a ella: «¿dónde estás tú en el dibujo?». Ella se puso a sí misma sobre el puente. Entonces él procedió a invitarla a nuestra iglesia, y ella aceptó sin vacilación.

El trabajo de Joel, un chico de seis años evangelísticamente liberado y preparado.

¡Este pequeño niño aceptó a Cristo en la mañana, aprendió la ilustración del puente por la noche y media hora después del servicio lo había utilizado para explicar el evangelio a una persona no creyente! Que respuesta tan increíble a las oraciones que yo había venido haciendo desde que Joel vino al mundo hace seis años.

Si Joel, un niño de seis años que acababa de conocer a Cristo, puede ser usado de esta manera, ¡entonces también tú puedes, yo y todos los demás miembros de nuestras iglesias! Sin embargo, ese tipo de acción no sucederá en las vidas de muchos de nuestros miembros sin un programa de entrenamiento evangelístico deliberado para prepararlos y animarlos.

Convertirse en una iglesia contagiosa que llegue a la comunidad no creyente depende en gran parte de ese tipo de entrenamiento. La tarea es muy grande para ser hecha a costa de unos pocos pastores, líderes de iglesia o entusiastas evangelistas. Necesitamos nada menos que la liberación de todo el cuerpo de Cristo: *cada* miembro de *cada* iglesia debe ser entrenado y utilizado para comunicar su fe con confianza.

FASE 4: IDEA CLAVE

Tu iglesia tiene que entrenar a todos sus miembros, el cien por ciento, para ser contagiosa.

Todo el que haya completado su aprendizaje, a lo sumo llega al nivel de su maestro (Lucas 6:40).

PARA CONSIDERAR Y DISCUTIR

1. Al principio de este capítulo leiste: «De las iglesias que preparan a sus fieles, muchas lo hacen de forma inconstante, les enseñan una sola manera de acercarse, y tienen en realidad muy pocos miembros que participan». ¿De qué manera esta declaración refleja o no, la situación actual de tu iglesia?

2. ¿Piensas que tu iglesia está preparada para dirigir una *campaña contagiosa* para entrenar a todos sus miembros? Si no es así, ¿cuáles pasos graduales podrías dar para lograrlo?

3. Cuando se trata de evangelismo, ¿qué apariencia piensas que debería tener un seguidor «común» de Cristo?

4. ¿Cuáles son algunas maneras prácticas y creativas en que puedes promover el entrenamiento evangelístico en tu iglesia?

5. Si has pasado a través de un programa de entrenamiento evangelístico, ¿de qué forma esto ha influenciado tu eficiencia como testigo para Jesucristo? ¿cómo te ayudaría un curso de actualización?

CAPÍTULO SEIS

ETAPA 5: MOVILIZA A LOS ESPECIALISTAS DE EVANGELISMO DE LA IGLESIA: EL DIEZ POR CIENTO

IMAGINA QUE UNA PERSONA ADINERADA en tu pueblo decide promover una mejor salud mediante la preparación de un torneo de baloncesto a nivel de toda la ciudad. Él anuncia que cualquier organización, incluidos las escuelas, clubes cívicos, grupos de vecindarios, y claro, las iglesias también, puedan juntos organizar un equipo para competir. Luego, para mantener a la gente motivada, él declara que al equipo ganador le dará un millón de dólares, destinados a una organización de caridad o sin fines de lucro de su elección. Ahora, ¿crees que tu iglesia pudiera interesarse en formar un equipo? La suma sustancial de un millón con seguridad ayudaría con aquella próxima recaudación de fondos, ¿no crees?

Asumiendo que estés de acuerdo, necesitarías ocuparte inmediatamente en la formación del equipo de tu iglesia. A medida que comiences a mirar a las personas en tu congregación, descubrirás que muchos de tus miembros pueden jugar baloncesto más o menos. En otras palabras, ellos son capaces de driblar la bola, lanzársela a los compañeros de equipo y tirarla en dirección general hacia el aro. Por lo tanto, podrías reclutar unas pocas personas disponibles de inmediato de tu congregación, hablarles sobre el juego, y en cierto sentido tendrás «un equipo».

No obstante, antes de que selecciones tu lista definitiva, ¿no sería maravilloso informarse que hay un par de antiguos y destacados jugadores de universidad y una estrella de la NBA recientemente retirada que han estado merodeando la iglesia? Creo que estarás de acuerdo que esto sería una información útil antes de finalmente decidir quién conformará el equipo y te representará a ti y a tu iglesia ¡para competir por el gran premio!

En este capítulo nos estamos refiriendo a un tema mucho más importante que cualquier juego de baloncesto o recompensa monetaria. Nos referimos a colocar juntos a un grupo de evangelistas que pueden impactar espiritualmente la vida de personas alrededor de toda tu comunidad, no solo hoy, ¡sino por toda la eternidad!

¿Y sabes qué? Has obtenido algo que va mucho más allá de las habilidades naturales, incluso tan increíbles como las de un jugador de la NBA. Has reunido gente en tu congregación que han recibido una preciosa facultad que proviene de Dios, llamada el don espiritual del evangelismo, para ayudarles a alcanzar a muchas personas para Cristo. Y tan disparatado sería tratar de convertirse en una iglesia contagiosa mientras ignoramos a estos evangelistas dotados, como conformar tu equipo de baloncesto mientras ignoras las estrellas de baloncesto sentadas en los bancos de tu iglesia.

Sin embargo, ¡eso es exactamente lo que George Barna descubrió que muchos de nosotros estábamos haciendo! Él dijo en su libro *Evangelism That Works* [Evangelismo que funciona] que cuando estudió las prácticas de muchas iglesias notó que ellos «mostraban a los nuevos convertidos frente a toda la congregación para estimular espiritualmente al cuerpo completo». No obstante, lo hacían «sin mencionar que la decisión de los convertidos de abrazar a Cristo ha sido facilitada mediante los esfuerzos diligentes y obedientes de una persona en particular o un grupo de personas. La atención de la iglesia en general fue entrenada exclusivamente sobre el evangelizado, *ignorando el papel y el ejemplo del evangelizador*».[1]

EVITAR LOS RIESGOS COMUNES

Es una buena descripción del primero de dos extremos en que caen las iglesias en relación con sus evangelistas talentosos: simplemente los dejan solos. Desde el mejor punto de vista, este acercamiento dice: «Sabemos que ellos están allí en algún lugar de la congregación, que Dios los bendiga, ¡y tenemos la esperanza segura de que ellos están haciendo su trabajo!».

No obstante, tenemos que encontrar a estas personas de manera que podamos reconocer, animar y construir en ellos, particularmente porque ellos enfrentan el tipo de obstáculos que hemos discutido previamente, tales como la entropía evangelística, el problema de las percepciones y los esfuerzos actuales del maligno para mantenerlos apartados de sus propósitos espirituales. Necesitamos llamar a estas personas del aislamiento y comenzar a desarrollarlas.

También necesitamos evitar el otro extremo en el que caen algunas iglesias, que es mantenerlos a ellos todo el tiempo juntos. Es un peligro inherente comenzar un «equipo evangelístico» tradicional. Los miembros orientados hacia el alcance, pueden terminar pasando de su situación original de ser aislados uno *del* otro, a de pronto, estar aislados *con* cada uno de ellos. Como resultado, están compartiendo la mayor parte del tiempo con un grupo de diferentes tipos de alcance y ya no están participando o influenciando al resto de ámbitos de la iglesia.

Así como nos lo recuerda Becky Pippert en su clásico *Fuera del salero para servir al mundo*, la sal debe ser esparcida antes para que sea útil. Las personas «saladas» no solo necesitan ser distribuidas por todos los vecindarios, también necesitan ser distribuidas en todos los ministerios de la iglesia. Piensa en esto. Si realmente queremos construir una iglesia contagiosa y enfocada hacia el exterior, ¿existen algunos ministerios que no necesiten al menos a unos pocos evangelistas entusiastas en medio de ellos? ¡Pienso que ninguno!

Necesitamos a estas personas entre los saludadores y los ujieres que tienen a cargo el contacto directo con la gente que visita nuestros servicios. Los necesitamos con los niños, los estudiantes, los solteros, las parejas, el ministerio de varones y el de mujeres. Los necesitamos en los equipos de visitación a hospitales, en el comedor comunitario, en el ministerio para personas sin hogar, en el comité de misiones así como también en el campo de las misiones, en el ministerio de grupos pequeños, en el equipo de enseñanza de Escuela Dominical, y desde luego involucrados con los comités de ancianos y diáconos. ¡Necesitamos su influencia catalítica y contagiosa en todas partes!

Para desarrollar la metáfora de Pablo «avivar la llama» en 2 Corintios 1:6, cada evangelista en la iglesia (utilizando ese término «evangelista» en términos generales para incluir a cualquiera con dones o con pasión por el aspecto evangelístico, sin importar cuál de los seis estilos de evangelismo pueda tener) es como una brasa ardiente en una fogata. Si dejamos esas brasas fuera por sí mismas, aisladas en alguna parte de la iglesia, perderán su intensidad y se enfriarán. Por otra parte, si vamos al otro extremo y las mantenemos juntas en un mismo lugar, ellas arderán brillantes y calientes, sin embargo, casi no tendrán ningún efecto en el entorno fuera de su círculo inmediato. Para estar seguros, no podemos dejarlos solos, pero tampoco podemos abandonarlos completamente dentro de un equipo de evangelismo separado del resto de los ministerios.

¿Ves el problema? Pasé largas horas tratando de encontrar una solución factible a este dilema, una que nos permitiera encontrar y construir en los evangelistas en la iglesia, manteniéndolos, no obstante, distribuidos estratégicamente en todos los ministerios de la iglesia. Lo que finalmente comprendí con la ayuda de otra pareja de líderes fue que necesitábamos desarrollar *un nuevo tipo de ministerio evangelístico*. Este sería un grupo de entusiastas evangelistas de toda la iglesia que sea centralizado, interdepartamental, con diversidad de estilos, de fácil acceso, que se reúnan regularmente pero no con demasiada frecuencia. En términos de nuestro Proceso de seis etapas, necesitábamos avanzar a la Etapa 5, que es: «MOVILIZA a los especialistas de evangelismo de la iglesia: el diez por ciento».

LA CONFIGURACIÓN DE ESTE MINISTERIO

Este nuevo ministerio proveerá un lugar donde los evangelistas podrían venir en búsqueda de inspiración e ideas, pero no un lugar donde pudieran establecer residencia permanente. Nuestra meta es traerlos a aquí, lograr su desarrollo y enviarlos de nuevo afuera. Así, este se convierte en un *equipo* pero de manera inexacta. Realmente, es una reunión de líderes y equipos de evangelismo de todos los ministerios, organizados y dirigidos por el líder de evangelismo de la iglesia. Este ministerio de evangelismo es *centralizado* e *interdepartamental*, porque el evangelismo es un valor y una actividad que trasciende cualquier otro ministerio o grupo de personas. Nuestro propósito es convertirnos en una *iglesia* contagiosa, no solamente uno o dos departamentos contagiosos.

El equipo de evangelismo posee *diversidad de estilos*, porque creemos en una amplia gama de acercamientos evangelísticos. Estamos convencidos de que realmente se necesita todo tipo de cristianos para alcanzar a todos los tipos de no creyentes. Por eso es tan importante que el equipo no esté dominado por un estilo o un solo énfasis ministerial que presione a todos los demás a ajustarse a él. Más bien, este abraza y celebra la diversidad evangelística y construye sobre ella.

Las reuniones necesitan ser de *fácil acceso* en el sentido de que tratamos de quitar todas las barreras innecesarias para la asistencia (¡el evangelismo por sí mismo tiene suficientes barreras!). Esto significa escoger una hora conveniente, en un lugar céntrico, que cualquier proceso de inscripción sea simple, mantener los costos por comida o cualquier otro material al mínimo (algunas veces estos costos se pueden subsidiar completamente), y dejando en claro que su asistencia no implica ningún compromiso. También significa garantizar potenciales asistentes que no necesiten mucha experiencia en alcance o confianza en sus habilidades evangelísticas para formar parte del grupo. Evitamos proyectar la idea de que esto es un grupo selecto de especialistas. Le decimos a la gente que si ellos tienen pasión por este campo, o si les gustaría desarrollar más pasión por esto, tienen que intentar asistir a una de estas reuniones.

Estas reuniones de equipo son suficientemente frecuentes para construir algunas relaciones y dinamismo, pero *no con demasiada frecuencia*. En muchas reuniones se presiona a las personas a escoger entre este ministerio y los demás aspectos de la iglesia en los que ya están involucrados. Por lo tanto, recomiendo programar estas reuniones alrededor de cuatro a seis veces por año. La esencia interior de los evangelistas probablemente querrá más, y puedes darle a esas personas otras oportunidades nuevas, incluso papeles de liderazgo. Sin embargo, esta cantidad limitada de reuniones permite a un grupo más amplio de personas de los otros ministerios participar con este ministerio también.

Otra ventaja de programar las reuniones con menor frecuencia es que permite una mejor planificación y una inversión en elementos de mayor calidad, ya sea oradores invitados, música, presentaciones en la prensa o material impreso. Esto es necesario para ayudar a las personas ocupadas a que mantengan el interés en participar de manera regular.

Generalmente evitaría una reunión inmediatamente antes o después de un fin de semana de servicios, porque estos por lo general son buenos lugares para traer amigos, y queremos que los miembros estén desocupados para asistir a los servicios con ellos. En otras palabras, no les pidas que asistan a reuniones del ministerio de alcance ¡cuando lo que realmente quieres que ellos *hagan* es eso mismo! Me he dado cuenta que las reuniones los sábados por la mañana para desayunar dan buen resultado, incluyendo tiempo para comer, relacionarse en las mesas, un corto descanso y luego el programa principal.

DAR UN NOMBRE AL MINISTERIO

Cuando iniciamos este ministerio en *Willow Creek*, no queríamos llamarlo «Equipo de evangelismo» debido a los estereotipos que evocaban tal nombre. Luego de considerar muchas opciones, decidimos finalmente llamarlo el ministerio de Primera Línea, debido a que sus integrantes ¡realmente están en las primeras líneas de la acción!

Desde entonces, muchas otras iglesias han reconocido la necesidad de iniciar ministerios similares, y algunos de ellos han utilizado también el nombre Primera Línea, así como otros nombres como Alcance, Encender y otros. Agradezco esta tendencia y espero que este libro ayude a más iglesias, incluida la tuya, a aprender cómo comenzar sus propias reuniones para inspirar y movilizar a sus propios entusiastas de alcance.

COMPONENTES DE LAS REUNIONES DE PRIMERA LÍNEA

A continuación les presento algunos de los principales elementos que he considerado importantes en las reuniones tipo Primera Línea con los especialistas de evangelismo en las iglesias. Dependiendo de las prioridades de la reunión en particular, estas variarán en orden y grado de énfasis. Mientras avanzas a la Etapa 5 y comienzas a planear este tipo de reuniones, serás capaz de determinar lo apropiado para cada una, basados en la oración y un consenso general entre tu líder de evangelismo y los demás líderes en el ministerio evangelístico.

Liderazgo estratégico

Te estás convirtiendo en una iglesia con una visión evangelística clara. No obstante, aparte de organizar una reunión regular, algo parecido al ministerio de Primera Línea, ¿cuándo tienes la oportunidad de hablar al núcleo de tu iglesia apasionado y con talento evangelístico? Aparte de algo como esto, te dejan en el mejor de los casos, con un intento de acercamiento que trata de animar y movilizar a los evangelistas al mismo tiempo que toda la iglesia se reúne. No obstante, este acercamiento provee el foro para un liderazgo evangelístico estratégico.

Contactos relacionales

Una constante en estas reuniones es la oportunidad para esas personas de hacer contacto con otros entusiastas de alcance con ideas similares. Si todo lo que hicimos fue reunir a todas estas personas en un salón y dejarlos en libertad de hablar el uno con el otro acerca de sus esfuerzos evangelísticos, ¡estaremos supliendo una importante necesidad! Es el efecto «leños en una fogata». La clave es programar suficiente tiempo para esto, y resistir a la tentación de ocupar todo el tiempo con enseñanza y actividades.

Es por eso que comer juntos funciona tan bien. Le da a la gente tiempo informal para hablar. También puedes iniciar las conversaciones entregándoles preguntas para discusión que se relacionen con algunos aspectos del evangelismo a los que te referirás más tarde en la reunión.

Es fácil subestimar la importancia que tiene este momento de contacto. El evangelismo puede ser un esfuerzo muy solitario. Los momentos de desánimo y sentimientos de insuficiencia pueden arraigarse con facilidad. Es por esto que necesitamos facilitar discusiones que ayuden a los miembros a darse cuenta de que esos sentimientos son comunes y que les permita animarse los unos a los otros.

Historias alentadoras

La herramienta más poderosa para animar a los evangelistas es dar a conocer historias acerca de cómo Dios está trabajando en medio nuestro. Puesto que nada tiene mayor efecto, convierto esto en la base de estas reuniones, dándole más prioridad que la enseñanza o la selección de visiones.

Cuando comencé a escribir este capítulo, recibí un mensaje por correo electrónico de Jim, un miembro del ministerio de Primera Línea, diciéndome que en una «Fiesta Mateo» que acababa de patrocinar, ocho personas hicieron por primera vez un compromiso con Cristo. (Una fiesta Mateo es lo que llamamos actividades sociales designadas a mezclar creyentes con no creyentes en un ambiente social seguro. Su nombre se deriva del discípulo de Jesús, Mateo, que llevó a cabo una actividad de este tipo en Lucas 5:29). Unos cuantos días después recibí una nota de otro amigo que había redactado su testimonio, explicando lo que lo había convencido a convertirse en cristiano. Me contó acerca de una carta que había recibido de un ateo que había leído su historia recientemente y había confiado en Cristo. Yo no estaba directamente involucrado con ninguna de estas situaciones pero, de más está decir, la noticia me animó y me motivó muchísimo y supe que tendría un efecto similar en los miembros de Primera Línea.

Me gusta facilitar el intercambio de historias como estas de varias maneras diferentes. Un método es pedirle a uno de los líderes que anime a las personas reunidas para que le cuenten al resto del grupo alguna historia emocionante (o una experiencia difícil de la que han aprendido). Darle la palabra al resto de las personas tiene su riesgo y en ocasión un líder tiene que interrumpir para ayudarle a la persona a mantenerse en el tema. Pero algunas de las historias más inspiradoras y alegres han surgido de esta manera.

Otro método es pedirle de antemano a un miembro del grupo que se prepare para contarle al grupo cómo Dios ha trabajado a través de él o ella. Muchas veces uno de nosotros entrevistará informalmente a la persona designada para contar su propia historia. Eso nos da la oportunidad para clarificar hechos, corregir malos entendidos, interponer un poco de humor y ocasionalmente enfatizar un punto importante. Este formato también tiende a tranquilizar a la persona que cuenta la historia.

Recuerdo que durante una de las primeras reuniones de Primera Línea que dirigí, entrevisté a un hombre llamado Bob. Él había tomado unos cuantos riesgos evangélicos durante una conversación con un amigo pocas semanas antes. En tono animado, nos contó lo inepto y nervioso que se sintió en medio de la situación. De hecho, nos dijo que sus manos habían temblado tanto, ¡que literalmente tuvo que sentarse sobre ellas mientras le comunicaba el evangelio a su amigo! De todos modos, antes de que terminara la conversación, ¡logró guiar a su amigo a Cristo mediante una oración de compromiso!

Bob difícilmente podía mantenerse sentado a mi lado mientras contaba su historia. Te puedes imaginar la emoción que esto provocó en todos los entusiastas del evangelismo que escuchaban la historia. Todos se decían a sí mismo: «¡Vaya, quiero más de ese tipo de acción en mi vida! Podría tomar los mismos pasos que tomó Bob, ¡mis manos ni siquiera tiemblan tanto como las de él! Dios me puede usar de esa manera también». Al final de la reunión salieron mucho más motivados para tomar riesgos por el bien del evangelio.

Busca historias exitosas que puedas destacar dentro de tu grupo. Estas historias animarán y desafiarán al equipo como ninguna otra cosa lo podrá hacer. Además, puedes escoger las mejores historias y las puedes usar en tu servicio de alabanza, sea que las cuentes tú o que las cuente otro líder (con el permiso explícito de la persona), o que las personas que originalmente las contaron, lo hagan por sí mismas. Esto honrará a esas personas por su servicio evangélico, e infundirá aun más estos valores en la congregación.

Enseñanza, inspiración y refuerzo de habilidades

La enseñanza puede ser otro componente importante de las reuniones de Primera Línea, aunque yo no considero estas reuniones como clases o como copias del curso *Conviértase en un cristiano contagioso*. Por el contrario, les recordamos a los miembros que si aun no han pasado por el «entrenamiento básico», deberían de registrarse para el curso lo antes posible, sea en un seminario o en sus clases o en un grupo pequeño.

Las reuniones de Primera Línea son, sin embargo, un lugar excelente para exponer tus evangelistas principales a maestros de dentro y fuera de la iglesia. Busco oradores que los puedan animar en sus esfuerzos, que los puedan inspirar a expresar el potencial evangélico que les ha dado Dios, y que los rete a aprovechar cada oportunidad. A veces he elaborado también los temas generales del entrenamiento *Contagioso* y he dado ideas y ejemplos nuevos que los miembros pueden sumar a su juego de habilidades evangélicas. Por ejemplo, hemos enseñado nuevas ilustraciones del mensaje evangélico, o hasta repasado las antiguas, y hemos formado parejas para practicarlas.

Durante una reunión particular sentimos que necesitábamos reforzar la importancia de nuestra preparación para ayudar a la gente a hacer decisiones para Dios. Muchos miembros del equipo estaban haciendo un buen trabajo animando a sus amigos en sus viajes espirituales, pero no en ayudar a esos amigos a realmente colocar su confianza en Cristo. Así que designamos una reunión de Primera Línea que girara en torno al tema «Cruzando la línea de la fe».

Primero, hablamos acerca de la metáfora del fútbol de «patear la pelota en la red». Después mi amigo Dan, que recientemente había aceptado a Cristo, y yo presentamos una obra de teatro improvisada. Él era lo suficientemente nuevo en la fe para no usar clichés. Nuestro «drama» corto salió bien y después muchos en el grupo nos dijeron que lo encontraron útil. Terminamos la reunión en oración, pidiéndole a Dios oportunidades y audacia para aplicar lo que habíamos enseñado.

Dos días después recibí una llamada de Jim, uno de nuestros miembros clave, que me contó que ya había puesto en práctica las lecciones durante un vuelo en un viaje de negocios. Me dijo: «Mark, normalmente yo nada más hubiera presentado el evangelio, animando a la persona a que considerara lo que le acaba de contar, asegurándole que estaría orando por él o ella, y ahí hubiera dejado el tema. Pero después de lo que aprendí el sábado por la mañana, decidí tomar un riesgo y preguntarle si quería recibir el perdón y el liderazgo de Cristo. Para mi sorpresa, ¡me dijo que estaba listo! Oramos juntos ahí mismo en el avión, y hoy tenemos un nuevo hermano en Cristo». Cuando se ven resultados como este, ¡es fácil mantenerse motivado para planificar actividades de Primera Línea de mucha calidad!

Los siguientes son otros ejemplos de temas que tal vez quieras mencionar en tus reuniones, aunque en algunos casos tal vez no quieras anunciar los temas hasta que llegue el equipo. Crea entusiasmo alrededor de la propia reunión, con sus relaciones y dosis nuevas de ánimo, en vez de alrededor de un tema u orador específico.

- Orar por amigos y familiares perdidos
- Guiar grupos pequeños de buscadores espirituales
- Diseñar Fiestas Mateo creativas
- Desarrollar confianza en la fiabilidad de la Biblia
- Contestar los peores retos de tu amigo escéptico
- Señalar la evidencia de la creación por sobre la evolución
- Hablarle a tu amigo judío acerca de Jesús
- Entender y relacionarse con la enseñanzas musulmanas
- Dominar el mensaje del evangelio
- Explorar nuevos dominios para relaciones redentoras
- Encontrar nuevos métodos para iniciar conversaciones espirituales
- Dar pasos para desarrollar tu estilo evangélico
- Encontrar valentía para tomar riesgos espirituales
- Resolver el desánimo en el evangelismo personal

Dependiendo del tamaño de tu ministerio de Primera Línea y de los recursos disponibles, puede ser que quieras considerar añadir otros elementos a tus reuniones como música, películas cortas, dramas, segmentos de alabanza o presentaciones multimedia. Pero solo agrega lo que encaja con el tema, lo que se pueda hacer con excelencia, y lo que se va a relacionar con el grupo. Nunca agregues elementos solo por tener más elementos. Sería mejor extender el tiempo de narración de historias o de enseñanza.

Oradores invitados

Conferenciantes ajenos al grupo pueden ser una adición importante, o un detrimento, dependiendo de a quién traes. Tienes un número limitado de oportunidades para animar a este equipo, así que elije elementos y maestros para la reunión con mucho cuidado. Un conferenciante invitado puede ser bien conocido e influyente en otras arenas, pero no necesariamente encajar con tu ministerio de Primera Línea. Busca los maestros correctos que entenderán y se relacionarán con los desafíos únicos de alcanzar a otros para Cristo.

¿Dónde puedes encontrar buenos oradores? Pueden haber algunos en tu grupo de Primera Línea o en tu iglesia. Pueden haber otros en diferentes iglesias de tu ciudad o región. Tal vez conoces a un líder en tu denominación que sería perfecto (pero no asumas que alguien encajará solamente porque esa persona tiene un título en «evangelismo»). Otra posibilidad es un profesor cristiano en una universidad o seminario del área. Yo trato de mantener mis ojos abiertos para aprovechar las actividades que ocurran en el área. Tal vez viene de gira un escritor o un maestro evangelístico a dar una conferencia o a participar en un evento. Tal vez a él o ella le gustaría pasar una hora animando al equipo de evangelistas en ciernes. Recuerda, no digas no por la persona sin darle la oportunidad para decir, ¡sí! También, especialmente cuando tan solo estás comenzando, no pases por alto la opción de usar charlas efectivas en video.

Mi regla general cuando invito a conferenciantes es que primero tengo que haberlos escuchado hablar yo, al menos mediante CD o video. Una vez le pedí a un orador que estaba considerando invitar a charlar con nuestro grupo, que me mandara un video de su enseñanza. «¿Qué es esto? ¿Una audición?» reprendió. «Bueno, sí, creo que en cierto sentido lo es», le dije, rápidamente añadiendo: «Solo quiero estar seguro de que será adecuado para todos… ¿cuándo me puede mandar un video?». Él mandó uno, lo invitamos a dar la charla, la cual nos sirvió bastante, ¡y todavía hoy somos amigos!

Esto puede ser un poco incómodo, pero es mucho mejor que pasar una agonizante hora escuchando mientras la persona incorrecta desperdicia la oportunidad para fortalecer a este importante grupo de defensores del alcance. También, después de escuchar una grabación del potencial orador, puede ser que lo puedas preparar para que encaje mejor con las necesidades de tu grupo.

Hagas lo que hagas en términos de enseñanza, mantén el estándar alto y asegúrate de que responda directamente a las necesidades de los miembros de tu equipo.

La noticia tras bastidores de próximas oportunidades

Uno de los aspectos más estratégicos de tener a tus evangelistas clave juntos, es la oportunidad de destacar el entrenamiento evangélico futuro o las actividades de alcance. En algunas situaciones, tú vas a querer que lo miembros participen para su propio desarrollo. Otras veces, vas a querer que tengan la información de antemano para que sepan cómo invitar a sus amigos no cristianos. O, tal vez quieras que se involucren en la preparación de la actividad, desde la planificación hasta la promoción y ejecución. Las reuniones de Primera Línea proveen un grupo de candidatos precalificados para una gran gama de iniciativas estratégicas. Permite que los miembros participen en la acción. Ellos te agradecerán por haberles dado un papel.

Destaca los recursos redentores

Una de las cosas que más me gustan es presentar instrumentos de alcance a personas que en realidad los van a usar. Casi todos los libros y las revistas que se encuentran en las librerías cristianas están diseñados para cristianos, pero de vez en cuando, se encuentra un recurso que se publicó teniendo en mente a los buscadores espirituales. Cuando encuentres uno, ¡asegúrate de contarle al grupo! Mejor aún, dale a cada miembro copias y ayúdales a pensar de qué manera las pueden usar. En nuestras reuniones también hemos entregado copias de la revista *Outreach*,[2] [Alcance] una muy buena publicación llena de ideas e inspiración para cada cristiano con mentalidad hacia el alcance.

También destacamos recursos valiosos tales como:

- *El camino: Una Biblia para los curiosos espirituales*, una Biblia de referencia NVI designada específicamente para los buscadores espirituales y para los nuevos creyentes[3]
- *El caso de Cristo, El caso de la fe, El caso del Creador*, y *The Case for the Real Jesus* [El caso del Jesús verdadero] por Lee Strobel[4]
- *Más que un carpintero* por Josh McDowell[5]
- *The Reason Why* [La razón porqué] por Robert Laidlaw[6]
- *Tough Questions* [Preguntas difíciles], un comprobado plan de estudio para grupos pequeños, por Garry Poole y Judson Poiling[7]

Este tipo de recursos no solamente son magníficos instrumentos que el equipo debería de tener disponibles para entregar a las personas una vez que han comenzado la conversación; son en realidad catalizadores para ayudarlos en primer lugar a comenzar a hablar con gente acerca de cuestiones espirituales. Viajaba en avión, por ejemplo, y justo antes de aterrizar, inicié una conversación con una mujer sentada a mi lado. Mientras hablábamos recordé que tenía un extracto de la Biblia *El camino* en mi maletín. El hecho de saber que lo tenía conmigo, me dio la confianza para llevar este pequeño intercambio amistoso hacia una dirección más significativa, diciendo: «Por cierto, tengo algo aquí que creo que te gustaría leer. Me gustaría dártelo». Al parecer lo apreció, y eso nos condujo a una conversación acerca de cuestiones espirituales. Estoy bastante seguro de que esto no hubiera ocurrido si yo no hubiera tenido ese recurso en mi maletín. La clave es ayudarle a todos los miembros de Primera Línea a mantener instrumentos de alcance apropiados en sus maletines, bolsos, mochilas, gavetas y guanteras. Es una manera tangible de ayudarles a estar «siempre preparados para responder a todo el que les pida razón de la esperanza que hay» en ellos (1 Pedro 3:15).

Oración en grupo

Las reuniones de Primera Línea también sirven para recordarle a las personas, y para darles una oportunidad, de que oren por sus amigos perdidos. La oración es casi siempre solo un segmento de un programa de reunión mucho más extenso, pero ocasionalmente es bueno convertirla en el tema central, con enseñanza acerca de la oración, ánimo para seguir orando, y tiempo extra para que los miembros oren por sus amigos no cristianos.

Tal vez quieras también establecer un equipo exclusivo de oración dentro de este ministerio (o conectarte con el equipo de oración de la iglesia). El equipo puede recoger pedidos durante reuniones y antes de ellas a través de correos electrónicos o llamadas telefónicas, y de manera dedicada y consistente traerle a Dios las necesidades y pedidos de los activistas del evangelismo en tu iglesia. Cuando oramos de esta manera, ¡Dios se deleita en responder a nuestra oraciones!

Responsabilidad sana

Un flujo natural de las interacciones del grupo es un incremento de responsabilidad. Algunas veces, con solo saber que otra persona en el ministerio nos puede preguntar acerca de nuestros esfuerzos evangélicos nos impulsa a hacer más cosas correctas para alcanzar a otros y guiarlos hacia Cristo. Aunque pudiéramos desear ser siempre motivados a la acción por motivos nobles, el resultado final es aun lo que queremos que pase en y a través de nuestras vidas.

La responsabilidad también puede incrementarse formando grupos pequeños. Estos grupos permiten la conversación continua y el ánimo para mantenerse activo en orar por aquellos que esperamos influenciar y alcanzarlos para Cristo.

Sin embargo, existe una situación delicada en este aspecto de la responsabilidad. A menudo la gente ya siente culpabilidad excesiva e insuficiencia acerca del evangelismo, así que debemos de tener cuidado de no retarlos severamente o avergonzarlos. Si lo hacemos, solamente se sentirán peor y probablemente comenzarán a eludirnos en vez de moverse hacia la oración y la actividad evangélica. Los retos directos tienen su lugar, pero casi siempre es mejor quedarse con el estímulo y con discretos recordatorios.

Apreciación y agradecimiento

Desafortunadamente, como lo mencionamos antes en este capítulo, las personas en la iglesia que son más dotadas por el Espíritu Santo para cumplir la Gran Comisión son con frecuencia algunas de las más abandonadas en la iglesia. Esto es extremamente contraproducente. El evangelismo puede ser una actividad difícil y aislante, y las personas involucradas en él necesitan mucho estímulo y afirmación, especialmente de los líderes de la iglesia. Las reuniones de Primera Línea son un buen lugar para hacer esto, y también te ayudan a identificar a quienes tal vez quieras reconocer y agradecer frente a toda la iglesia.

Estas personas son líderes. Con sus palabras y sus acciones llaman a todos en la iglesia a tomar riesgos por el bien del evangelio. En la batalla espiritual por las almas, necesitamos destacar y animar a todos estos héroes que encontramos y dejar que sus acciones inspiren a la congregación entera.

ENCONTRAR EL NÚCLEO EVANGÉLICO DE LA IGLESIA

Tú puedes estar pensando, *Sí, ¿pero dónde están estas personas? Como lo dijiste antes, ¡ellos no se van a poner de pie e identificarse a sí mismos!*

El método «Burbuja ascendente»

Podemos y tenemos que encontrarlos. La etapa 4 (entrenar a la iglesia) causa que el diez por ciento de los miembros de la iglesia con dones y pasión por el evangelismo aparezca de manera que otras etapas no lo logran. Las primeras tres etapas, vivir vidas evangelísticas, inculcar valores evangelísticos, y autorizar a un líder de evangelismo, son lo prerrequisitos que hacen posible involucrar a estas personas en una situación de entrenamiento que puede activar su don de evangelismo. Y después de todo eso, a menudo vienen de forma indecisa. Está bien. Si puedes involucrar a todo el mundo en un entrenamiento evangelístico, será beneficioso para todos, todos descubrirán su estilo natural y obtendrán habilidades para comunicar su fe, y aquellos con el don tenderán a resurgir hacia la superficie.

Mi amigo Karl Singer inventó una muy buena descripción de esto. Él dijo: «Lo que estás haciendo es arrojando a todo el mundo al agua y enseñándoles cómo nadar. No obstante, observas a quiénes de verdad les gusta, quiénes son los nadadores naturales, y entonces elijes a esos para tu equipo de natación».

Karl tiene razón. Cada iglesia tiene por lo menos unos cuantos de estos campeones potenciales, pero tienes que buscarlos, matricularlos, y desarrollarlos.

Usa campañas de entrenamiento y seminarios

Según vas enseñando a la gente en la iglesia a comunicar su fe, sea en seminarios o en una *Campaña Contagiosa*, verás cómo estos potenciales especialistas comienzan a cobrar vida. Se arriman a la orilla de su sillas, escuchan intensamente, y apuntan varias notas. Durante los descansos y después de las sesiones (y a veces hasta durante las sesiones) no pueden esperar para hablar contigo, hacer preguntas y contar historias. Estas son las personas que al final de la última sesión preguntan porqué tiene que ser tan corto el curso. *¡Estas son las personas correctas!*

En el libro *Conviértase en un cristiano contagioso* hablamos de un hombre llamado Fred que fue convencido por un miembro del personal de la iglesia para que tomara el curso de entrenamiento. La reacción inicial de Fred fue negativa. «Yo no soy ningún evangélico», le aseguró al miembro del personal. De todos modos asistió al entrenamiento, aunque bajo un poco de coacción. Y durante las próximas semanas lo vi revitalizarse. De hecho, ¡nunca me dejaba descansar durante los descansos! Era como acercar un fósforo al líquido para encendedor, este hombre estaba encendido. Este fue el principio de una amistad continua con Fred, incluyendo muchas discusiones por teléfono y en persona cuando me pedía, como su «entrenador», consejos acerca de varias oportunidades para testimonio.

El ministerio de Primera Línea fue el siguiente paso para Fred. En los años que siguieron, él guió a más personas a Cristo de lo que podíamos llevar la cuenta. Pero Fred nunca hubiera aparecido si simplemente hubiéramos anunciado: «Todas las personas con el don para evangelizar por favor reunirse este sábado por la mañana». Tuvimos que buscarlo, y esto se ha cumplido con muchas otras personas que se unieron después al grupo de Primera Línea.

Busca con propósito

Cuando observes este tipo de personas, aprovecha el momento. Llévalos aparte y cuéntales que puedes ver su pasión cada vez mayor por el evangelismo y que tienes una oportunidad para continuar con otra etapa en un lugar llamado Primera Línea (pero no los asustes con demasiada conversación acerca de la «palabra E» o el don espiritual del evangelismo). Anótales la fecha o dales un boletín con los detalles de la próxima reunión. Asegúrales que lo disfrutarán porque estarán con otros que comparten su pasión por alcanzar amigos para Cristo. Asegúrate de anotar sus nombres, dirección, número de teléfono y dirección electrónica y agrégalos a tu base de datos de evangelismo para que les puedas mandar información acerca de futuras actividades y oportunidades. Es muy importante desarrollar medios para comunicarse directamente con estas personas porque son clave para el resto del proceso. No te puedes convertir en una iglesia verdaderamente contagiosa sin estos especialistas contagiosos.

Aprovecha las oportunidades durante los servicios

Un día, después de que nuestra iglesia había completado una serie de enseñanza sobre el evangelismo, hicimos algo para aprovechar la motivación y la emoción que sentía la gente. Les pedimos a aquellos que querían aprender como involucrarse y tomar pasos adicionales para alcanzar a otras personas, que se reunieran con nosotros por unos cuantos minutos inmediatamente después del servicio.

Lo que ocurrió fue increíble. Más o menos una de cada diez personas en el servicio fueron al cuarto de reuniones, ¡el evasivo diez por ciento! De manera breve, los retamos a hacer tres cosas:

1. Si todavía no habían tomado el curso de «entrenamiento básico», les pedimos que se matricularan para el siguiente curso de *Conviértase en un cristiano contagioso* que comenzaba en pocas semanas o podían hacerlo a través de su grupo pequeño. (Esto fomentó la etapa 4, entrenar a todo creyente).

2. Los desafiamos a que no se perdieran nuestra próxima reunión de Primera Línea, que se llevaría a cabo en cuatro semanas (etapa 5, movilizar a los especialistas del evangelismo a través de la iglesia).

3. Los animamos a que consideraran servir como líderes de un grupo pequeño de buscadores, lo cual comenzaría con su asistencia al entrenamiento de líderes de buscadores, que comenzaba en dos semanas (un ejemplo de la etapa 6, ministerios y eventos de alcance, la cual exploraremos en el próximo capítulo).

Esta serie y reunión enfocada en la enseñanza produjo el resultado deseado, es decir, el haber encontrado muchos nuevos miembros de Primera Línea y líderes de evangelismo.

Asóciate con los ministerios de la iglesia

Otro aspecto vital de desarrollar este ministerio es obtener la confianza y el apoyo de los directores de los múltiples ministerios a través de la iglesia. Ellos deben ver a Primera Línea como su aliado, no como su rival.

Para mayor claridad, digamos que el nombre de tu líder evangélico es Steve. Idealmente, Steve necesita ayudar a los directores de ministerios a encontrar y a nombrar a su propio líder de evangelismo desde dentro de su propio contexto. Este líder de ministerio será entonces el contacto principal con quien Steve debería de trabajar, así como con los propios directores, para trazar estrategias de cómo su ministerio se puede dirigir hacia el cumplimiento de su parte en la misión evangélica de la iglesia.

Estos líderes evangélicos de los múltiples ministerios deberían asistir todas las reuniones de Primera Línea y animar constantemente a las personas adecuadas en sus propios círculos para que asistan a las reuniones con ellos. Gradualmente, esto los ayudará a desarrollar equipos de evangelismo dentro de sus ministerios, y todos esos miembros de equipos deberían, por su parte, ser activos en Primera Línea.

Estos líderes de evangelismo también deben asegurarse de mantener al director del ministerio informado de todas las actividades evangelísticas. Además, deben asegurarse de que se hagan apropiados anuncios verbales y escritos dentro del ministerio para ayudar a maximizar todas las oportunidades orientadas hacia el alcance. En efecto, estos líderes deberían reflejar dentro de sus propios ministerios los tipos de actividades en las que participa Steve.

Un comentario más para obtener la confianza y la cooperación de los múltiples ministerios. Steve debe explicar a los directores del ministerio, y luego comprobarlo a través de sus acciones, que él no hará daño a sus ministerios tratando de quitarles voluntarios. Al contrario, él está tratando de servirles entrenando, animando e informando a su gente, convirtiéndolos en personas más eficientes en su ministerio particular. Él quiere que asistan a las reuniones de Primera Línea para que se fortalezcan en sus ministerios y por lo tanto también la iglesia entera.

Esto no significa, por supuesto, que la gente nunca se mudará del servicio primario en ese ministerio para servir en otros ministerios evangélicos dentro de la iglesia. Siempre existirá algún movimiento y migración, los cual es natural y saludable. Pero esto no debería ser la intención de Steve ni tampoco debería convertirse en la reputación del ministerio de Primera Línea. Adicionalmente, ese patrón de migración debe tener doble vía, con concesiones de ambos, el ministerio evangélico y los otros ministerios, todo con la meta de consolidar la iglesia y el reino de Dios.

Además, los directores de estos ministerios deberían de saber que Steve y su equipo, durante las reuniones de Primera Línea, están buscando activamente medios para proveer más publicidad y apoyo a sus ministerios y a las iniciativas de alcance de éstos. Por ejemplo, si el ministerio de mujeres está patrocinando un desayuno evangelístico o el ministerio de deportes está organizando una carrera de 5 kilómetros con fines de alcance, Steve no debería dejar que estos ministerios se las arreglen como puedan. Estos son ministerios más amplios para los cuales el evangelismo es solo uno de muchos valores, así que cuando participan en este tipo de esfuerzos, necesitan todo el estímulo que puedan obtener. Sus actividades de alcance proveen grandes oportunidades para que el equipo de Primera Línea se una y, en un papel de apoyo, ayude a que sus esfuerzos sean un éxito.

Así que, por ejemplo, Steve y su equipo tienen que hacer un esfuerzo especial para obtener los detalles del desayuno de mujeres. Deben entonces promover el desayuno durante la reunión de Primera Línea, distribuir boletines, animar a las mujeres del grupo a asistir con sus amigas, destacar las oportunidades que hay para voluntarios, y orar por la actividad. Luego, durante la próxima reunión de Primera Línea, deben dejar que la directora o líder evangelístico del grupo de mujeres presente un reporte de la actividad, narrando historias de cómo Dios lo usó.

Este tipo de cooperación, repetida una y otra vez, obtendrá el apoyo entusiasta de los ministerios dentro de la iglesia. Presentará a Primera Línea como un ministerio que no solo desarrolla a su propio equipo y sus actividades de alcance, sino que también sirve para maximizar los esfuerzos evangelísticos de los ministerios dentro de la iglesia. Pronto se dará a conocer que los miembros de este equipo quieren estar en la línea de frente de la acción donde sea que se esté peleando la batalla.

Haz anuncios convincentes

Durante tus servicios de alabanza, el líder del evangelismo u otro líder listo que tiene pasión por el evangelismo y está involucrado con Primera Línea, debería de hacer un anuncio convincente y optimista para estimular el interés en este equipo. Esta persona debería de explicar lo que es el ministerio e invitar a cualquier persona interesada en alcanzar a sus amigos para Cristo a que asista. Este presentador debe usar lenguaje en primera persona, diciendo: «*Nosotros* estamos haciendo esto y esto... *Yo* espero verte ahí».

El pastor principal también debe hacer anuncios para el ministerio de evangelismo regularmente (y por lo tanto tiene que mantenerse informado de lo que está haciendo el ministerio y en ocasiones asistir personalmente a una reunión). Además, el pastor debería considerar como un punto importante, la asistencia a las reuniones de Primera Línea cuando predica acerca de alcanzar a la gente. ¡Ataca de todo ángulo!

No te olvides de agregar un atractivo anuncio impreso como parte del boletín. Evita el típico provocador de bostezos: «El equipo de evangelismo estará patrocinando un desayuno el próximo sábado por la mañana. Si tomas parte de este equipo o quiere unirte, nos vemos después del servicio».

En vez de eso, intenta algo así:

¡PARTICIPA EN LA ACCIÓN!

Si tienes pasión por la aventura de alcanzar amigos y familiares para Cristo, o si quieres contagiarte de esa pasión, únete a nosotros el próximo sábado por la mañana en el desayuno de Primera Línea. Disfrutaremos de una gran comida, escucharemos historias increíbles de cómo Dios está usando a gente en esta iglesia, e infórmate de las noticias internas acerca del programa de alcance de Semana Santa. Para más detalles o para inscribirte, pasa por el puesto de información de Primera Línea después del servicio o llama la iglesia antes del jueves. ¡No querrás perderte esta oportunidad!

Es importante difundir la información de forma amplia. Dile a los oyentes de manera clara que tus reuniones son para cualquiera que quiera crecer en el aspecto del evangelismo y que no tienen que tener un don espiritual para el evangelismo para asistir a la actividad.

Aquellos que asisten son un grupo autoselectivo, sin duda una mayoría de ellos tiene el don, ¡pero permite que lo descubran por sí mismos! Hablar acerca del don de antemano, podría impedir que muchos asistan. De hecho, conozco a algunos miembros que han venido a nuestro grupo durante años y les encanta, pero que aun insisten en que no tienen el don espiritual para el evangelismo. Yo solo sonrío. Su pasión y participación continua revelan la verdad. Además, lo que es importante es que estén entrenados, conectados, creciendo y tomando riesgos por el bien del evangelio. Llámalo como lo quieras llamar, don o no don, ¡Dios lo usará!

Manda invitaciones a toda la iglesia

Cuando estás a punto de comenzar una nueva iniciativa como el curso de entrenamiento *Conviértase en un cristiano contagioso* o el grupo de Primera Línea, una carta dirigida a la congregación entera puede ser de mucha utilidad para crear entusiasmo y participación. Idealmente la carta debería de provenir tanto del pastor como del líder de evangelismo. Házla positiva y optimista, pero con un tono formal. La gente tiene que entender que esto no es solamente otra clase o programa más; esto es parte de una forma nueva de vivir que hace que la iglesia regrese a su antigua misión bíblica.

Este mensaje encajará, por supuesto, con la enseñanza y la visión que la gente está comenzando a notar en los servicios de alabanza, reuniones, entrenamientos a grupo, Escuela Dominical y en todas partes de la iglesia. ¡Todo es parte de la conspiración evangelística glorificadora de Dios!

Relaciónate con las personas en las clases de dones espirituales

Mencioné previamente la importancia de que cada iglesia entrene a sus miembros en el aspecto de los dones espirituales. Cursos como *Network* los ayuda a descubrir a quien formó Dios y lo que él lo ha hecho hacer. Y como el diez por ciento de ellos se darán cuenta de que tienen el don espiritual del evangelismo. ¡Búscalos!

¿Cómo? El líder de evangelismo u cualquier otra persona de este ministerio debería de asistir a la clase cuando el tema a tratar es: el don del evangelismo. Como parte de la enseñanza o justo antes del descanso, dile a los participantes que si tienen este don, están bendecidos, ¡porque es el don más importante! (Las personas que poseen diferentes dones espirituales piensan que el suyo es el mejor, ¿entonces por qué no nosotros?) Luego guíalos hacia el entrenamiento de evangelismo y el ministerio de Primera Línea. Para aprovechar la oportunidad, distribuye invitaciones y luego quédate para hablar con cualquier persona que quiera saber más.

Con un poco de suerte, el ministerio que enseña estas clases también lleva la cuenta de quién asiste y cuáles son sus dones espirituales. Si es así, puedes mandar mensajes electrónicos de seguimiento o le puedes pedir a un voluntario que llame a las personas que enumeraron al evangelismo como uno de sus dones.

Desafía a los miembros de Primera Línea a ampliar el equipo

Otro lugar fácil de pasar por alto cuando se busca desarrollar el ministerio Primera Línea es durante las reuniones del propio equipo. Si la gente está disfrutando de una gran experiencia, van a querer traer a otras personas. Anímalos para que lo hagan y provee invitaciones que ellos les puedan dar a sus amigos para que asistan a la próxima reunión. Diles que entre todas las personas, ellos, como evangelistas, deben ser capaces de traer a otros. No existe otra forma más poderosa para hacer crecer el equipo que a través del estímulo entusiasta de sus miembros activos, ¡porque todos son sumamente contagiosos!

UN COMENTARIO ACERCA DE PROPORCIÓN

Es importante que agreguemos que el ministerio Primera Línea no es de ninguna manera limitado a un tamaño particular de iglesia. Digamos, por ejemplo, que eres miembro de una congregación de ochenta personas. Tú proyectas la visión, vives e inculcas los valores, les das poder espiritual a un líder, y comienzas a entrenar la iglesia. Muchas personas comienzan a interesarse en alcanzar a otros, pero una persona en particular se emociona muchísimo y quiere ir más allá. Créelo o no, ¡ya tienes los ingredientes para un ministerio Primera Línea!

Ustedes dos comienzan a reunirse ocasionalmente para desayunar, allí intercambian historias, ideas, se animan el uno al otro y oran juntos. Una de las cosas por las que oran es por más miembros para el grupo.

El próximo mes, ofreces un seminario de entrenamiento de evangelismo. Se corre la voz acerca del entrenamiento, y nueve personas de la congregación asisten. Al final de la última sesión, cuando hablas del grupo Primera Línea (el cual, le aseguras al grupo, «aun tiene campo para más miembros»), dos personas muestran interés. Ahora el grupo consiste de cuatro.

Entonces la primera persona guía a un amigo hacia Cristo. Siendo el evangelista fanático que es, él le dice a este nuevo converso que una parte normal de la vida cristiana, junto con la oración y el estudio bíblico, es asistir a las reuniones Primera Línea. ¡Ahora tienes cinco miembros!

Uno de ellos pierde interés, pero dos más se unen. ¡Tu equipo se está convirtiendo en algo contagioso! Después de un tiempo, otra gente comienza a escuchar acerca de este grupo, y quieren tomar parte de la acción. Diles que *tal vez* lo dejes unirse al grupo si ellos pueden comprobar que lo tomarán en serio. Algunos de ellos insisten, entonces lo dejas que participen, ¡y ahora se ha puesto un movimiento contagioso en marcha!

Puede ser que quieras considerar juntar los recursos con otras iglesias en la ciudad y organizar juntos algunas actividades de Primera Línea. Es una buena manera de lograr apoyo y comenzar a ver el impacto en toda tu región.

Cualquiera que se la cantidad con que comienza tu equipo, eso no importa. No se necesita muchos para «estimularnos al amor y a las buenas obras» (Hebreos 10:24). Pero siempre mantén en marcha el engranaje del reclutamiento. Según aumentan los niveles de participación y actividad de este equipo de líderes, de igual forma aumenta el factor contagio de la iglesia entera.

UNA PALABRA DE ESTÍMULO INOLVIDABLE

Nuestro equipo Primera Línea había tenido un año titular. Los miembros habían narrado muchas historias de cómo Dios usó sus esfuerzos a lo largo del año. Muchas personas habían llegado a Cristo a través de ellos.

Debido a que iniciaba el mes de diciembre y esta sería la última reunión del año, decidimos usar un método nuevo para animar, agradecer y celebrar con el equipo. Nos organizamos para que ocho de las personas que habían hecho compromisos con Cristo durante ese año principalmente a través de los esfuerzos de los miembros de Primera Línea, se reunieran con nosotros durante la reunión de desayuno. Estos ocho cristianos nuevos se sentaron a mi lado frente al grupo, y yo brevemente los entrevisté acerca de las actividades que los llevaron a confiar en Cristo. En particular, ellos describieron lo que un miembro de Primera Línea había hecho para alcanzarlos con las buenas noticias de Jesús. Entonces, al final de cada historia, le pedimos al correspondiente miembro del equipo que se parara para ser reconocido por permitir que Dios trabajará a través de él o ella. Un hombre dio las gracias a su esposa, un niño a su madre y otras personas a sus amigos. En cada caso, el resto del equipo respondió con afirmación sincera y aplauso. Estaban celebrando con sus compañeros de equipo a la vez que decidían que *ellos* tomarían pasos similares durante el próximo año para traer a algunos de sus propios amigos y familiares a Cristo.

Por si acaso eso no era suficiente estímulo, ¡lo siguiente fue el momento culminante! Le habíamos pedido al Dr. Gilbert Bilezikian, el teólogo que inspiró el inicio de la iglesia *Willow Creek Community* que estuvo presente en la reunión, que dijera unas cuantas palabras acerca de lo que había observado esa mañana.

Con ojos llorosos y con voz temblorosa de emoción, el Dr. Bilezikian se paró frente al grupo y dijo con su simpático acento francés:

Yo en realidad no sabía hacia qué me dirigía hoy. He sido emboscado. Ustedes me han hecho trozos. Estaba sentado ahí hecho pedazos, porque de esto se trata. Los programas, los horarios, las reuniones. *De esto se tratan.*

Ustedes me han recordado de uno de los días más impactantes de mi vida. Cuando era niño, vivíamos en París. Ese era mi hogar, pero mi padre tenía una casa de verano en el campo en la parte oeste de Francia.

Un día en París, cuando tenía doce años, vi a las tropas alemanas. Era el ejército de Hitler. Permanecieron en Francia durante cuatro años.

Ellos eran el enemigo. Los opresores. Los ocupadores.

Pero entonces el 6 de junio de 1944, encendí la radio y sintonicé a la BBC, lo cual teníamos prohibido hacer. Fue así como me enteré que las tropas Aliadas habían desembarcado en la costa no muy lejos de nosotros en Normandía y que la invasión había comenzado.

Fue uno de los mejores días de mi vida; tan solo escuchar las noticias. Y sabía que era real, porque durante dos o tres semanas escuchamos el rugido de la batalla a la distancia. Las bombas, los cañones, el ruido constante, que se hacía más fuerte según se acercaba la batalla.

Entonces un día escuchamos a los tanques entrar, y yo me fui corriendo hacia el pequeño pueblo. Y por primera vez en mi vida vi norteamericanos. Eran soldados norteamericanos, listos para hacer retroceder al enemigo.

Ellos eran la primera línea de la invasión, y hoy todos ustedes me recuerdan a ellos. Eso es lo que ustedes están haciendo, haciendo retroceder las puertas del infierno y lo están haciendo para toda la eternidad.

Entonces simplemente terminó en oración.

Todo el mundo se quedó en silencio asombroso. Dios nos había visitado de manera especial, inspirando y motivando a todos los que estaban ahí. La interacción, las historias, y ahora las palabras poderosas de este líder apasionado, esto era Primera Línea en su mejor momento, y aquellos que estábamos ahí, nunca olvidaremos su impacto.

Todos necesitamos momentos de estímulo como este. Yo los necesito, tú también, así como todos aquellos en nuestras iglesias con dones o pasión por el evangelismo. Con la ayuda de Dios, hagamos todo lo posible para proveerlos de medios creativos y efectivos.

ETAPA 5: IDEA CLAVE

Inspira y moviliza especialistas contagiosos a través de tu iglesia: el diez por ciento.

Por tanto, como sabemos lo que es temer al Señor, tratamos de persuadir a todos … El amor de Cristo nos obliga, porque estamos convencidos de que uno murió por todos. (2 Corintios 5:11,14)

PARA REFLEXIONAR Y DISCUTIR

1. ¿Cuáles dos o tres miembros de la iglesia podrías invitar para tomar parte de un nuevo ministerio Primera Línea? ¿Qué piensas tú que tienen ellos que los hace el tipo correcto de personas?
2. ¿De qué manera puedes comenzar a reunir informalmente a estas personas para ver si la temperatura evangelística del grupo comienza a subir?
3. ¿Dónde están algunas de los aspectos más amplios y oportunidades que puedes usar para comenzar a promover e invitar a otros a este nuevo ministerio?
4. ¿Quiénes son algunas de las personas dentro o fuera de tu iglesia que podrías usar como recursos para ayudarte a enseñar e inspirar este grupo Primera Línea?
5. Considera dos o tres temas que crees serían útiles para discutir con los entusiastas del evangelismo de tu iglesia.

CAPÍTULO SIETE

ETAPA 6: DESATA UNA SELECCIÓN DE MINISTERIOS Y ACTIVIDADES DE ALCANCE

—HOLA, MARK. ¿ME RECUERDAS?

Quería decir sí. Forcé mi memoria para justificar decir sí. Abrí mi boca esperando que saliera un «sí». Pero sinceramente no podía decirle que la recordaba.

—Eeee, me va a tener que ayudar un poco —le dije a la muchacha parada frente a mí cerca del estanque de la iglesia, con su cabello empapado.

—Nos conocimos brevemente hace como cuatro años cuando tú y tu esposa buscaban un apartamento en Streamwood —me informó. —Yo trabajaba con la compañía de bienes raíces que enseñaban los apartamentos. Pero ustedes nunca regresaron…

—Sí disculpa, terminamos mudándonos hacia otra área —le dije, aún tratando de hacer memoria.

—Está bien —dijo ella—. ¡Hiciste lo que fuiste enviado a hacer!

—¿Lo hice? —pregunté, sintiendo una mezcla de alivio y curiosidad.

—Claro que sí. ¿No recuerdas que me contaste acerca de esta iglesia? Me dijiste que era un gran lugar para conocer nuevos amigos y para aprender sobre la Biblia.

—Estoy comenzando a recordar…

—También me entregaste una invitación tamaño tarjeta de presentación para asistir a la iglesia. Recuerda, tenía un mapa también —me dijo.

—Por supuesto, trato de llevarlas conmigo todo el tiempo —le contesté, silenciosamente intensificando mi resolución de continuar con el hábito.

—Bueno, Dios usó esa conversación, así como la que tuve después con otra persona de la iglesia, para obligarme a visitarla. Después que estuve aquí durante un tiempo, entendí el mensaje, le pedí a Jesús que perdonara mis pecados, ¡y hoy fui bautizada! Cuando te vi aquí durante el servicio de bautismo, decidí ponerte al día con lo que había pasado. ¡Gracias por permitir que Dios te usara!

—De nada —le dije entusiasmadamente, mientras la abrazaba y la felicitaba una vez más—. ¡Eso es verdaderamente asombroso!

EL PODER DEL ESFUERZO COMBINADO

La experiencia de esta muchacha fue un gran ejemplo de la sinergia que se puede desarrollar entre los esfuerzos evangelísticos individuales, en este caso mis propios limitados esfuerzos, y eventos más grandes de alcance. He visto muchos de estos ejemplos a través de los años, algunos de mi propia experiencia, y muchos más en las vidas de amigos.

Por ejemplo, soy amigo de una pareja, Tom y Lynn, que junto con las dos hermanas de Tom han tratado una y otra vez de ayudar a los padres de Tom a entender el evangelio. Insistieron con sus esfuerzos evangelísticos por años, incluyendo varias conversaciones y múltiples invitaciones a los servicios de nuestra iglesia. Pero no fue hasta un servicio en particular, cuando el evangelista Luis Palau estaba hablando, que los padres de Tom estaban finalmente listos. Durante esa misma noche ambos, una pareja de más de 60 años de edad, hicieron a Cristo su perdonador y líder. De nuevo, fue el evangelismo personal combinado con esfuerzos más amplios de equipo que los condujo a cruzar la línea de fe. Más o menos un año después, tuve la emoción de celebrar con ellos cerca del estanque mientras eran bautizados.

Recientemente llamé a mi padre, Orland Mittelberg, y le pedí detalles de cómo él se había convertido en cristiano. Como era de esperar, fue la combinación del testimonio personal de su suboficial de marina, un hombre llamado Bill Abraham, con una «actividad de alcance» en Memphis, Tennessee, en los años 40. Esa actividad era una reunión de reavivamiento patrocinada por Juventud para Cristo, en la que habló el famoso evangelista Charles E. Fuller. Bill le insistió a mi papá que fuera, así como también a su madre, Effa, quien oraba diariamente por la salvación de su hijo. Me contó que se sentaron bien arriba en la platea alta «para mantener una distancia segura». Pero cuando se hizo la invitación a final de la noche, él levantó su mano, y Charles Fuller lo señaló y dijo: «Veo tu mano en la platea alta, marinero. ¡Que Dios te bendiga!». Antes de que mi padre entendiera por completo lo que estaba ocurriendo, él estaba parado al frente, orando con un consejero para recibir a Cristo. Su vida, al igual a que la vida de su familia, ¡nunca ha sido igual desde ese día!

¿Comienzas a ver porqué a menudo describo esta combinación entre los esfuerzos de evangelismo individuales y eventos más grandes como un golpe un-dos? ¡El impacto puede ser increíble! El poder de esta combinación ha sido comprobado una y otra vez, desde la mujer samaritana en Juan 4, que le contó a sus amigos lo que había dicho Jesús (evangelismo personal) y luego los trajo al pozo para que ellos mismos lo escucharan (evangelismo en equipo), hasta hoy día, en las cruzadas de Graham y Palau, y en los servicios evangelísticos patrocinados por muchas iglesias.

LA INCONVENIENCIA DE OBLIGAR A LOS MIEMBROS A TRABAJAR SOLOS

Ahora permíteme exponer la otra cara de la moneda. Como lo ilustré a través de mis propias experiencias en el primer capítulo, es difícil evangelizar solo, sin el respaldo de una iglesia o ministerio. De hecho, se ha vuelto cada vez más difícil según nuestra cultura se vuelve más y más secular y la gente se aleja de la verdad y de las enseñanzas de Jesús. Entre nosotros y las personas que queremos alcanzar se encuentran muros de confusión, desinformación, ideologías competidoras, y atracciones del pecado, todos los cuales conspiran para mantener a la gente lejos de Dios y continuamente encaminados en la dirección equivocada.

Es contra ese trasfondo que muchas iglesias mandan a su gente a pelear completamente solos. «Tú puedes hacerlo», les dicen. «Si Dios es para ti… *¿entonces por qué necesitas nuestra ayuda?*». De manera que, mandan a sus ovejas sin preparación entre los lobos hambrientos y esperan el mejor resultado.

Como resultado, muchos cristianos sinceros, con temor y temblorosos, vagan sin ningún estímulo o liderazgo por los alrededores de alguna iglesia evangélica, etapas 1 a la 3. También carecen del entrenamiento del que hablamos en la etapa 4, la camaradería y el apoyo que discutimos en la etapa 5, y definitivamente los esfuerzos en grupo que exploraremos en la etapa 6, mientras «DESATAMOS una selección de ministerios y actividades de alcance».

¿El resultado? Trágicamente, aunque no es de sorprender, en la mayoría de los casos los lobos están almorzando un banquete de ovejas. Necesitamos preparar mejor a nuestra gente, respaldar sus esfuerzos con un equipo, y estratégicamente unirnos a ellos desarrollando ministerios y actividades de alcance suplementarios.

Debemos trabajar juntos para llevar a cabo lo que ninguno de nosotros puede o debería de hacer solo.

EL IMPACTO DEL EVANGELISMO EN EQUIPO

Los eventos de alcance más grandes en la etapa 6 se pueden convertir en motores que conducen los valores y las habilidades que hemos tratado de desarrollar en nuestra gente durante las primeras etapas. Fue, por ejemplo, el hecho de que la iglesia tenía un servicio semanal de alcance lo que facilitó a mi esposa y a mí hablar con la mujer en el complejo de edificios. La actividad repetitiva se convirtió en una oportunidad para una invitación natural y para un tema de conversación.

George Barna señaló hace años que, según sus estudios, uno de cada cuatro adultos en los Estados Unidos asistiría a la iglesia si un amigo lo invitara.[1] (Desde entonces se ha sugerido que la cifra es más alta aún). Esto es emocionante por dos razones. Primero, si tu iglesia hiciera el esfuerzo para ofrecer servicios o actividades bíblicamente relevantes y de alta calidad, muchos de tus amigos estarían dispuestos a asistir. Pero, y en segundo lugar, por cada cuatro invitaciones, tres personas dirán no, ¡lo que significa que tu actividad generó tres conversaciones acerca de cuestiones espirituales que probablemente no se hubieran producido de ninguna otra manera!

Les decimos a los participantes en el curso *Conviértase en un cristiano contagioso* que si invitan a un amigo a una actividad y son rechazados, eso está bien, solo conviértela en una oportunidad para hablar. Di algo como: «Que lástima que tu familia no pudo asistir a nuestro servicio de víspera de la Navidad. Sin embargo, estoy curioso por saber ¿de qué manera celebra tu familia? ¿Qué representa ese día para ustedes?».

Cualquiera que sea la actividad, desde un servicio navideño hasta un concierto de música cristiana contemporánea, puede ser el catalizador para cientos de conversaciones a través de tu comunidad, así como para ser usado por Dios para dar fruto.

Pero la pregunta natural es: ¿De qué manera podemos organizar estas actividades especiales? ¿Y con quién? ¿Quién tendría el tiempo, la energía y la creatividad para desarrollar y promover tales programas? La respuesta se encuentra en el vínculo entre las etapas 5 y 6. Permíteme explicar.

UN BUEN EJEMPLO DE MINISTERIO

Hace varios años, algunos de nosotros en nuestra iglesia comenzamos a considerar el establecer grupos evangelísticos pequeños. En esa época teníamos un pequeño ministerio fuerte en nuestra iglesia, pero los grupos estaban diseñados para discipular a los creyentes, no para alcanzar nuevos. Estábamos intrigados por la idea de que podíamos armar grupos principalmente para los buscadores espirituales.

Alrededor de esa época, entrevistamos a un pastor joven de Indianápolis llamado Garry Poole, que nos contó que quería dirigir su enfoque más hacia el evangelismo, el cual, dijo, era su don y pasión principal. Así que hablamos acerca de esta idea de formar lo que llamábamos grupos pequeños de buscadores. Garry inmediatamente se emocionó con la idea y nos habló de un grupo similar que él había iniciado cuando estaba en la universidad. En poco tiempo, Garry estaba en nuestro equipo como encargado principal de iniciar estos grupos pequeños enfocados en el alcance. Pero inmediatamente después de unirse a nosotros, Garry se enfrentó con la pregunta que hicimos antes: ¿Dónde comienzo y con quién?

«Los sospechosos habituales»

En la mayoría de las situaciones de la iglesia, tendrías que partir de cero para poder establecer un ministerio de buscadores. Puede que ya tengas algunas personas enseñando en grupos pequeños que podrían «trasladarse» y tratar de guiar grupos evangelísticos. Pero esto general-mente no funciona bien porque fueron sus dones como pastores los que los introdujeron a ese papel en primer lugar, y la gente con dones para pastorear usualmente no tienen dones para evangelizar también.

También podrías tratar de reclutar personas del equipo evangelístico de visitas con que cuentas. Sin embargo, la gente en estos equipos a me-nudo carece de la paciencia y el método interpersonal que se necesita para mantener amistades duraderas, reunirse semanalmente y dulcemente en-caminar a la gente en su viaje de fe. Si ese fuera su método, probablemente no encajarían muy bien con un equipo de visitas tradicional.

¿Dónde más podrías buscar? En la mayoría de los ambientes de las iglesias, no existen muchas otras opciones. Podrías hacer anuncios ge-nerales, pero lo más seguro es que recibirás una respuesta pobre. Y aquellos que sí responderían, en muchos casos, carecen de las habilida-des y el entrenamiento necesario. Así que tus oportunidades de lograr-lo serían muy limitadas.

La nueva perspectiva

Pero ¿y si estuvieras en una iglesia que hubiera inculcado el valor del evangelismo a sus miembros durante mucho tiempo? ¿Un lugar donde los corazones se hicieran más piadosos por las personas perdidas? ¿Un entorno donde cada miembro haya sido entrenado para el evangelis-mo relacional, y donde aquellos con dones o pasión por el alcance ha-yan sido reunidos y animados regularmente? ¿Y si esos nombres y números de teléfono estuvieran fácilmente disponibles en una base de datos? ¡Eso sería una posibilidad completamente diferente!

Un equipo en espera

Haciendo una pausa, recuerda que la gente involucrada en el evange-lismo son *personas de acción*. No te atreves a entrenarlas ni a reunirlas en equipo, y entonces fracasas en darles algo que hacer. Estos hombres y mujeres están ansiosos, y si no les das un lugar significativo para gas-tar toda esa energía espiritual, ¡se pueden volver peligrosísimos! De una manera u otra, ellos crearán algún tipo de acción.

Esto es una buena imagen de lo que estaba pasando en nuestra si-tuación. Teníamos este grupo increíble llamado Primera Línea, pero oportunidades limitadas en cuanto a papeles específicos en el ministerio. Este es uno de los aspectos más desafiantes de enfatizar el evangelismo personal, ¡es tan *personal*! No es fácil desarrollar esfuerzos en grupo alrededor de ello.

Nuestras tropas estaban entrenadas y buscando un frente de batalla nuevo. No es mentira, un miembro me llamaba a menudo y me decía: «Dame algo que hacer, Mark. Quiero acción. ¡Estoy listo para sangrar por Dios!»

¡Basta! Realmente había llegado el momento para ofrecer algunas buenas oportunidades.

¿Ves lo que se estaba desarrollando? Tanto la oferta como la demanda crecían rápidamente. La *oferta* era un equipo listo para hacer algo; la *demanda* era, entre otras cosas, un ministerio de grupo pequeño orientado hacia el alcance que desesperadamente necesitaba líderes. Solo teníamos que reunir ambas partes, que era en primer lugar uno de los propósitos principales del ministerio Primera Línea.

El siguiente paso lógico

Entonces durante nuestra próxima reunión Primera Línea, presenté al nuevo miembro de personal, Garry Poole, y juntos Garry y yo asignamos la visión para este nuevo pequeño ministerio.

Expliqué como queríamos servirles a los visitantes que no estaban aun en una relación con alguien en la iglesia. Describí la manera en que estos nuevos grupos proveerían un lugar para que estas personas pudieran conocer a otros con dudas similares, así como a un par de cristianos eruditos (es decir, *ellos*) con quienes pudieran desarrollar confianza, hacer preguntas, y moverse juntos espiritualmente hacia el punto de confiar en Cristo. Entonces, después de darle la bienvenida a estos visitantes, planeábamos ampliar el círculo y alcanzar a nuestros vecindarios y lugares de trabajo para atraer a estos grupos gente que aun no habían venido a la iglesia.

Garry entonces comunicó el potencial increíble de este método contando historias de cómo había establecido grupos de buscadores en los dormitorios de su universidad y, después de un tiempo, vio a varios de sus amigos, incluyendo algunos candidatos poco probables, unirse a la familia de Dios. Él especificó cómo planeaba entrenar a muchos de los miembros de Primera Línea y ayudarles a atraer buscadores hacia los grupos que estarían estableciendo.

Al final de esa reunión el equipo estaba inspirado y listo para el llamado a la acción. No tuvimos que persuadirlos de que el evangelismo es importante o de que Dios los podía usar para hacer una diferencia. Ese trabajo preliminar ya estaba listo. Estas personas estaban listas para construir sobre esos fundamentos y ver los resultados.

Así que Garry invitó a todos los interesados en ser parte de este nuevo ministerio a inscribirse para el entrenamiento de buscadores en grupos pequeños. Cerca de una tercera parte de ellos se registró para dar el próximo paso. En los días siguientes, Garry entrevistó a estas personas, seleccionó a las que él pensaba eran las adecuadas para cada papel, y las comenzó a entrenar. En cuestión de un par de semanas, tenía a treinta líderes recién entrenados.

De nuevo, lo importante aquí es el *proceso,* no la cantidad particular. Pudimos haber obtenido treinta candidatos calificados de un gran número de personas en Primera Línea; en tu situación puede ser cuatro personas de dieciséis. ¡Pero cuatro líderes calificados que ya poseen los valores y que han pasado por el entrenamiento básico es un buen comienzo!

Así fue como arrancó nuestro ministerio de buscadores, y no se ha reducido la velocidad desde entonces. A través de los años desde su inicio, cientos han llegado a la fe a través de los esfuerzos de sus fieles líderes. De hecho, la gran mayoría de las personas que permanecen en sus grupos terminan confiando en Cristo, usualmente en cuestión de un año. Muchas iglesias están ahora comenzando el mismo tipo de ministerios basándose en la guía del libro que Garry luego escribió, *Seeker Small Groups* [Pequeños grupos de buscadores].[2] Él también desarrolló su método básico en un plan de estudios único para grupos pequeños llamado *Though Questions* [Preguntas Difíciles], diseñado para grupos de buscadores así como para cristianos que luchan con sus creencias.[3]

Los ministerios de alcance fluyen naturalmente de un ministerio sólido de evangelismo como el que recomendé en la etapa 5. En tu iglesia esto puede incluir cosas como un equipo de visitas, un ministerio de llamadas a los visitantes, un tipo nuevo de Escuela Dominical para los buscadores, grupos Alfa, o un ministerio pequeño para los buscadores como el que he estado discutiendo aquí. Las posibilidades son innumerables.

Además de apoyar a estos grandes ministerios, el ministerio Primera Línea también debería patrocinar una variedad de actividades de alcance de alta calidad a los cuales tus miembros pueden invitar a sus amigos. Algunos de estos serán para todas las iglesias, como un concierto evangélico, una película o una presentación de teatro. Otros serán específicos al ministerio, como un desayuno de mujeres o la carrera de 5 kilómetros que mencioné antes. Serán aun más convenientes específicamente, tales como actividades dirigidas a ciertas edades o grupos de interés particulares, como un evento para estudiantes de secundaria o un seminario diseñado para alcanzar gente judía.

Esta amplia selección de ministerios de alcance constituye la idea central de la etapa 6.

LA ESTRUCTURA DEL MINISTERIO PRIMERA LÍNEA: UN MINISTERIO DE EQUIPOS MÚLTIPLES

Primera Línea es el ministerio central que puede ayudar a inspirar, formar, autorizar y ejecutar estas actividades de alcance a través de la iglesia. Esto incluirá esas actividades y equipos directamente bajo el propio control del ministerio de evangelismo, así como aquellos que ayuda en cooperación con los otros ministerios de la iglesia. Previamente describí eso como inter-departamental. La figura 7.1 ilustra la manera en que se ve la estructura.

Primera Línea funciona mejor como un ministerio paraguas con dos tipos de equipos y actividades debajo. El primero, mostrado al lado izquierdo, son los propios ministerios especializados y actividades del departamento de evangelismo. Este incluiría cosas como un ministerio pequeño de buscadores, equipos visitantes orientados al alcance, y muchos otros. La segunda categoría, al lado derecho, incluye todos los otros ministerios y actividades de la iglesia relacionadas al evangelismo.

Así que, cuando el ministerio de mujeres patrocina un desayuno de alcance, se convierte de interés vital para el ministerio Primera Línea. El líder del ministerio de evangelismo y su equipo no está a cargo de él;

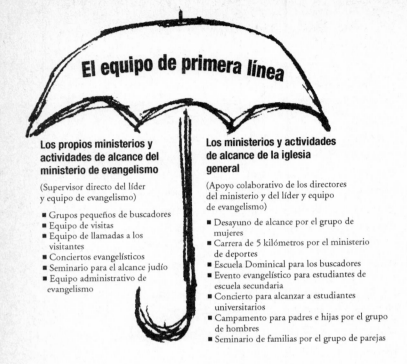

El equipo de primera línea

Los propios ministerios y actividades de alcance del ministerio de evangelismo

(Supervisor directo del líder y equipo de evangelismo)

- Grupos pequeños de buscadores
- Equipo de visitas
- Equipo de llamadas a los visitantes
- Conciertos evangelísticos
- Seminario para el alcance judío
- Equipo administrativo de evangelismo

Los ministerios y actividades de alcance de la iglesia general

(Apoyo colaborativo de los directores del ministerio y del líder y equipo de evangelismo)

- Desayuno de alcance por el grupo de mujeres
- Carrera de 5 kilómetros por el ministerio de deportes
- Escuela Dominical para los buscadores
- Evento evangelístico para estudiantes de escuela secundaria
- Concierto para alcanzar a estudiantes universitarios
- Campamento para padres e hijas por el grupo de hombres
- Seminario de familias por el grupo de parejas

pero pueden ofrecer ideas, apoyo y posiblemente hasta personal para que todo salga bien. El grupo de mujeres aun dirige la actividad, pero sus esfuerzos son fortalecidos por el equipo más grande de personas que tienen experiencia y la pasión por el alcance.

Como puedes ver, el ministerio Primera Línea es mucho más que solamente una reunión de entusiastas del evangelismo. Es la expresión primordial del propio ministerio de evangelismo. Aquí es donde se proyecta la visión, se presenta la enseñanza y se intercambian las historias; pero también es el lugar donde se forman equipos nuevos, donde se fundan nuevos ministerios y donde se promueven eventos de alcance. Este grupo y su liderazgo debería entonces ser una parte natural de todas las demás actividades evangelísticas de la iglesia.

Desde el punto de vista del personal, toda área del gráfico en la figura 7.1 debería de tener el nombre de alguien. El nombre cerca de las palabras

«Ministerio Primera Línea» en el subtítulo previo a este gráfico, será el del líder de evangelismo, junto con algunos miembros de su liderazgo y equipos administrativos. La dirección estratégica de las reuniones y las actividades de Primera Línea caen bajo la dirección de este líder y su grupo. Además, el resto de las partes de ambos lados del gráfico, deben tener también los correspondientes nombres de los activos miembros de Primera Línea.

Mira la figura 7.1, la cual incluirá el líder a cargo de los grupos pequeños de buscadores, así como el nombre de la persona a cargo del evangelismo para los ministerios de mujeres, incluido su desayuno dirigido al alcance. Además, incluirá nombres de los líderes clave de todos los demás ministerios y actividades que finalmente sean nombrados en ambos lados del gráfico.

Este grupo colectivo está conformado por la gente más importante con la cual el líder de evangelismo debe de pasar tiempo, aprender de ellos, y ya sea guiarlos (si están al lado izquierdo: los propios ministerios del departamento de evangelismo) o colaborar con ellos (si están al lado derecho: otros ministerios con énfasis en el alcance). Es de este amplio grupo de líderes orientados hacia el alcance que él o ella puede naturalmente formar un equipo de liderazgo esencial al cual se puede unir para ejecutar todo lo que el papel requiere, desde entrenamiento de evangelismo, hasta Primera Línea y una selección de ministerios y actividades de alcance.

DIEZ PRINCIPIOS PARA MINISTERIOS Y EVENTOS DE ALCANCE CON GRAN IMPACTO

Analicemos diez principios para planear y guiar ministerios y actividades de alcance con un impacto máximo:

1. Define tu propósito y tus metas

La primera pregunta que hay que hacer es: «¿Qué estamos tratando de hacer?». Muy a menudo asumimos que lo sabemos cuando la realidad es que no. El propósito debe estar claro para tanto para los líderes como para el equipo.

Bill Hybels cuenta de tres hombres que decidieron reunir sus recursos para crear un nuevo restaurante. La visión parecía clara hasta que llegaron al punto del diseño interior:

—Vamos a necesitar varios abanicos orientales y dragones en las paredes —dijo el primer hombre—. ¡No podemos tener un restaurante chino sin ellos!

—¿De qué estas hablando? —le respondió el segundo hombre —. ¡Esto no va a ser un restaurante chino! Va a ser italiano, ¡el único restaurante con buena comida!

—Considero que ambos están equivocados —dijo el tercer hombre—. Lo que estamos construyendo es un restaurante de barbacoa tejana, con muchas botas de baquero y sillas de montar e imágenes de caballos en las paredes… ¡y con música country también!

¿Ves el problema? A menudo esperamos demasiado tiempo para declarar lo que cada uno quiere lograr. Cuando se trata de alcance religioso, el principio es el mismo: Necesitamos hablar acerca de lo que queremos hacer hasta alcanzar claridad y consenso. ¿Es esto una actividad pequeña que esperamos pondrá a las personas en camino hacia su viaje espiritual, o es una actividad de mediano alcance, diseñado para ayudar a los buscadores a progresar en sus viajes espirituales? ¿O tal vez es una actividad de gran alcance, diseñada para ayudarle a las personas a tomar la decisión de cruzar la línea de fe y comprometer sus vidas a Cristo?

Estos tres propósitos, aunque cada uno legítimo, ¡son igual de diferentes el uno del otro como los restaurantes chinos, italianos o de barbacoa tejana!

También es importante, una vez que se determina el propósito general, dar un paso más allá y dejar saber cuáles son las metas específicas para la actividad. ¿Qué se considerará un éxito? ¿Esperas presentar una cierta cantidad de personas ante la iglesia? ¿Estás tratando de ayudar a un número particular de buscadores a dar el próximo paso en sus viajes espirituales? ¿Te gustaría lanzar un número predeterminado de estudio bíblicos evangélicos o grupos pequeños de buscadores? ¿Es tu meta ver a cierto número de individuos depositando su confianza en Cristo antes de que regresen a sus hogares? Es difícil dar en un blanco que no puedes ver y difícil evaluar tus esfuerzos y mejorar la próxima vez si no tienes un blanco o meta definida.

2. Conozca a quién estás tratando de alcanzar

Es importante decidir ¿a quién tratan de servir tus esfuerzos de alcance:

niños, solteros, casados, retirados? ¿A cierto grupo de la comunidad, residentes en el complejo de apartamentos, estudiantes universitarios, un grupo internacional o étnico, roqueros de punk, la reunión social en el café local? Una vez que sepas a quién quieres alcanzar, podrás comenzar a planear tu método. Como lo dijo Rick Warren: «La Biblia determina nuestro mensaje, pero nuestra audiencia determina cuándo, dónde y cómo lo comunicamos».[4]

Una vez que sepas cuál es el grupo de personas que quieres impactar, ¡es vital también que *conozcas a unos cuantos de ellos*! Averigua qué los motiva. ¿Qué preguntas tienen? ¿Qué les interesa? ¿Contra cuáles cuestiones luchan? Conoce su herencia. Aprende su lenguaje; averigua cuáles palabras y conceptos se conectan con ellos y cuáles hacen que pongan ojos de mirada ausente por el aburrimiento. Luego habla con ellos, presentándoles la verdad de Dios, pero en su propio lenguaje. Diseña ministerios y actividades que sintonizarán con ellos.

Por ejemplo, cuando invité a Stan Telchin, el autor del poderoso libro, *¡Betrayed!* [Traicionado],[5] a hablar a un grupo de personas judías, él me ayudó a entender que una palabra que uso con frecuencia distanciaría a muchos judíos. ¿El término? *Cristo.* Stan me explicó que esta palabra es problemática porque personas crueles a veces se refieren a los judíos como «aborrecedores de Cristo», o aun peor, «asesinos de Cristo». Así que, me explicó, puedes pasar toda la vida tratando de corregir sus malentendidos de quién era verdaderamente Cristo, o puedes eludir el problema refiriéndote a él solo como «Jesús». ¡Stan me recomendó la segunda opción!

Una lección muy valiosa, que trato de poner en práctica cada vez que hablo con judíos. Y es un buen ejemplo del tipo de aprendizaje que necesitamos adquirir para poder relacionarnos con la gente que esperamos alcanzar.

Conoce a tu objetivo. Conviértete en «todo para todos» (1 Corintios 9:22) para que los ministerios y las actividades que planees den en el blanco.

3. Comunica tu propósito y tu público destinado

Una vez que has determinado tu propósito y a quien esperas alcanzar, es crucial comunicarle esta información al resto del equipo y a todo el cuerpo de la iglesia, especialmente a los oradores invitados que estarán involucrados en la actividad.

Una vez casi tuvimos un desastre debido a la falta de claridad en la comunicación durante una actividad deportiva de alcance. Varios días antes de dicha actividad, Lee Strobel y yo decidimos ir a una estación de radio y reunirnos con el locutor de deportes que habíamos invitado a hablar. Solo habíamos querido ponernos en contacto y asegurarnos de que todo estaba listo para el sábado. Pero mientras hablamos todos juntos, este hombre casualmente mencionó que estaba planeando hacer un fuerte llamado al final de su charla e invitar a la gente al frente para recibir a Cristo.

¡Qué bueno que estábamos teniendo esa conversación! Le aseguramos que nuestra meta, igual que la de él, era ayudarle a la gente a alcanzar el punto de responder al evangelio y darle la bienvenida a Cristo. Pero también le explicamos que no veíamos a esta actividad deportiva como el lugar para tratar de hacer que esto ocurriera. Por el contrario, veíamos esta actividad como un eslabón en la cadena, uno de los primeros, que naturalmente conduciría a más pasos, incluida la asistencia a los servicios de la iglesia.

Él entendió y apoyó nuestras metas y, al igual que nosotros, se alegró de que hubiésemos hablado antes de la actividad. Y, para terminar la historia, su mensaje durante el desayuno fue todo un éxito, y escuchamos historias después de cómo la actividad ayudó a algunos de los que asistieron a dar pasos hacia delante en sus viajes espirituales.

Nunca es demasiado lo que hagas para asegurarte de que tu equipo entero entiende y apoya tus metas y propósitos para cada actividad y ministerio de alcance.

4. Innova con métodos nuevos

Hace muchos años algunos amigos y yo tratamos de rentar el auditorio principal de la universidad local para un concierto de alcance. Pero descubrimos que el lugar estaba bajo construcción y por lo tanto no disponible. Nos sentimos tentados a rendirnos pero en vez de hacerlo, rentamos la zona del frente y el jardín del edificio y tuvimos un concierto al aire libre. El impacto de esa actividad terminó siendo mayor de lo que lo hubiera sido dentro del auditorio.

Cuando ayudé a traer a nuestro pueblo a un cristiano experto en lo oculto y en las sectas, Kurt Van Gordon, para hablar sobre las enseñanzas no bíblicas de *The Way International*, me sentí decepcionado de que ninguna de las personas de quien me había hecho amigo estaba dispuesta a venir a escucharlo. Así que después de que terminó su seminario, llevé a Kurt a la casa de los líderes del grupo. No se veían muy contentos de vernos pero nos dejaron entrar. Terminamos hablando con ellos y debatiendo sus aberrantes enseñanzas por más de una hora. Esta era una de las maneras en que mis amigos y yo resistíamos sus influencias en nuestra comunidad, y en cuestión de meses su equipo entero se fue de la ciudad.

Cuando Lee Strobel y yo decidimos por primera vez patrocinar un debate entre un cristiano y un ateo, nuestra idea fue inicialmente rechazada. Me habían dicho otros creyentes con buenas intenciones que un acontecimiento de este tipo nunca se debería de llevar a cabo dentro de una iglesia debido al daño que le podría producir a la reputación de la iglesia. Reflexioné y oré por esto durante mucho tiempo, y finalmente decidí ignorar la convención y organizar la actividad en nuestro auditorio principal. Resultó, por la gracia de Dios, ser uno de los eventos más poderosos en la historia de la iglesia.

Una vez invitamos a Phillip Johnson, célebre profesor de leyes en la Universidad de California en Berkeley, a que viniera y presentara un seminario relacionado a su libro, *Juicio a Darwin*.[6] Sabíamos que sería un reto lograr que las personas correctas vinieran a escuchar acerca de este tema en una iglesia, pero de todos modos decidimos concentrarnos en los maestros de nuestra comunidad. Así que, en asociación con la casa editorial del libro, les dimos a cada uno de los estudiantes líderes del ministerio de jóvenes de nuestra iglesia una copia de *Juicio a Darwin* para que se la dieran a sus maestros junto con una invitación personalizada para el seminario. Luego mandamos por correo una carta a cada maestro de ciencias en cada una de las comunidades alrededor de nuestra iglesia invitándolos a asistir al seminario y a disfrutar de asientos reservados para personas importantes. También les aseguramos que podían hacer las primeras preguntas, durante el periodo de preguntas y respuestas, al final del seminario. Finalmente, les informamos a los medios de comunicación acerca de todo lo que habíamos hecho, ¡y les advertimos que se podría convertir en una reunión controversial! Bueno, eso los emocionó mucho, e imprimieron algunos artículos hablando acerca de esto y debatiendo los méritos de este seminario.

¿El resultado? Un evento que tal vez hubiera atraído a un número pequeño de personas terminó atrayendo a una multitud de 4.300; y la evidencia para un Diseñador Inteligente se le comunicó a multitudes de personas, muchas de las cuales nunca se hubieran acercado a las puertas de una iglesia.

Estos solamente son unos cuantos ejemplos de mi propia experiencia que prueban que no tienes que mantenerte dentro de los confines de la convención cuando planeas actividades de alcance. En vez de eso, reúne a las personas creativas y pregúntales: «¿Cómo podemos llevar esto a cabo de una manera nueva y emocionante? ¿Qué podemos intentar que nadie está intentando? ¿Qué tipo de innovación puede captar la atención de la comunidad y resultar en un golpe de estado para el reino?».

Un evento puede ser arriesgado, pero si está dentro de los parámetros y parece ser un método sabio y que honra a Dios, ¿por qué no intentarlo? ¿A quién se le hubiera ocurrido colocar a varios seguidores de Cristo en medio de Jerusalén, la ciudad en la cual había sido crucificado Jesús solo unas cuantas semanas antes, y pedirles que hablen a la multitud acerca de él? ¿Qué tipo de estrategia era esa? ¿Poco convencional? ¿Controversial? Sí, todo eso y según Hechos 2, ¡fue guiado y usado poderosamente por Dios!

5. Planea la actividad para cumplir con el propósito y alcanzar la meta

El salón contaba con temperatura agradable. Los himnarios de letra grande estaban al alcance. Cantamos cantos familiares con palabras como: «¡O día feliz cuando Jesús lavó mis pecados! Él me enseñó a lavar, luchar y rezar y me enseñó a vivir en gozo cada día».[7] El santuario estaba limpio, la luz brillante, el sonido claro y bastante alto, facilitando escuchar todo lo que se decía. El ministro llevaba puesta una toga y hablaba lentamente y con parsimonia. El mensaje era sacado directamente de la Biblia, franco pero sencillo. Antes de que terminara el servicio, recitamos el Credo de los Apóstoles y el Padrenuestro. Luego cantamos: «Como Jesús no hay otro amigo» y escuchamos la bendición, y así acabó el servicio.

De todos los servicios a los que he asistido, este fue uno de los más importantes.

¿Por qué? Porque fue el servicio de capilla en la casa de reposo para personas de la tercera edad de mi abuela Effa Mittelberg, y la mayoría de las personas que asistieron tenían más de noventa años y habían crecido en iglesias tradicionales. Conocieran o no a Cristo, sabían que así era como debían ser las iglesias. El mensaje era claro, y el método de presentarlo era directo. Intentar algo remotamente contemporáneo hubiera sido irrelevante y hasta ofensivo.

Dos semanas después entré a un gimnasio atestado. Me dieron una bolsa de palomitas de maíz junto con un programa que decía: «Alianza en las películas». El cuarto estaba oscuro, ruidoso, energético, y lleno de música que salía de un poderoso sistema de sonido. Pronto se encendieron las luces del escenario y el sonido de la música subió otro decibel más durante la porción del servicio titulado «Sesión de Banda». En la secuencia rápida que siguió, líderes jóvenes nos saludaron, nos guiaron en cantos de alabanza alegres, montaron una obra de teatro y mostraron fragmentos de una película reciente. Entonces, un maestro vestido con ropa casual, se puso de pie y presentó un mensaje honesto e implacable acerca de cómo podemos todos buscar la verdad, y encontrarla, en la Biblia y finalmente en Cristo.

Este también fue uno de los servicios más relevantes que jamás he experimentado.

¿Por qué? Porque este fue un ministerio diseñado para alcanzar a gente en sus veintes que crecieron con este tipo de medios de comunicación y que necesitaban escuchar la enseñanza bíblica en un lenguaje que pudieran entender.

La relevancia es un concepto relativo. Públicos diferentes, actividades diferentes; ambos diseñados para la gente que pretenden alcanzar. El mensaje era el mismo, pero los métodos totalmente diferentes. Este es el principio misionero de contextualización, el cual dice que necesitamos comunicar el inflexible evangelio, pero en un lenguaje y con ilustraciones que se lo aclararán a las personas con quienes hablamos. O, como lo explica Pablo en 1 Corintios 9:22-23, tenemos que ser «todo para todos ... por causa del evangelio».

Tomará mucho esfuerzo y muchos ajustes en el proceso, pero

asegúrate de que las actividades que planeas y promueves se adaptan con la gente y con el propósito para los cuales los estás creando.

6. Haz solo lo que puedes hacer bien

He tenido una gran cantidad de conversaciones con líderes de iglesias que me han dicho: «Estamos más comprometidos a acercar la gente a Cristo, así que vamos a comenzar a ofrecer servicios de alcance de alto impacto cada sábado por la noche, comenzando el próximo mes».

Algo dentro de mí me abochorna. «Mmm, estoy curioso: ¿Alguna vez han organizado un servicio como el que están planeando ahora, uno del cual tu equipo se sintió orgulloso después? Y si lo han hecho, ¿han tratado de organizar dos o tres servicios seguidos, con solo seis días entre ellos para alistarse para el próximo?».

A menudo estos líderes ni siquiera habían organizado uno solo, o si lo habían hecho, no estaban muy felices con él. ¡Y ahora se están preparando para hacer cincuenta y dos de ellos cada año! Mi consejo es disminuir un poco la velocidad. Organiza una sola actividad de alcance. O, como máximo, comienza con una serie de dos o tres. Considéralos rigurosamente. Prepárate a fondo. Invierte oración, recursos, personal, creatividad y energía para estar seguro de que estás listo. Reúne toda la excelencia que puedas para hacerlo lo mejor que se pueda. Esto te ayudará a cumplir con Colosenses 4:5, el cual dice: «Compórtense sabiamente con los que no creen en Cristo, aprovechando al máximo cada momento oportuno».

A pesar de que necesitamos evitar paralizarnos por el perfeccionismo, vivimos en una cultura donde, a pesar de todas sus errores morales, se asume la excelencia técnica. En cada aspecto de la vida, sea en los negocios, el tiempo libre o el entretenimiento, la gente está acostumbrada a que se hagan bien las cosas. Así que si quieres participar en un tipo de alcance que imponga atención y respeto, comienza con menos actividades y organízalas de forma maravillosa. Hazlas tan buenas que aquellos que asistan sin amigos, ¡se arrepientan por semanas! Entonces amplía gradualmente el número y la variedad de actividades mientras que simultáneamente haces crecer y avivas al equipo que lo hace todo posible.

7. Integra tus esfuerzos con otras actividades y oportunidades

No veas tus actividades de alcance como algo aislado. Míralos como hilos importantes en la totalidad de la tela que es tu iglesia. Discute algunas preguntas clave con tu equipo de planificación: ¿De qué manera encaja este esfuerzo con la misión y las metas de la iglesia? ¿Cómo puedes coordinar la actividad para ayudar a crear más sinergia con otros ministerios y con la iglesia en general? ¿Qué lo precederá que tú puedas usar como base? ¿Qué ocurrirá luego de esta actividad que pudiera ser utilizado?

Por ejemplo, la actividad de *Juicio a Darwin* que discutí previamente fue parte de un plan más grande. Habíamos programado una serie de sermones dominicales llamados «Cristianismo: ¿hecho o ficción?» y sabíamos que el enfoque de la última semana sería la evidencia para un Creador divino. Así que para desarrollar y extender el impacto de esa serie, organizamos la actividad para la noche del domingo de la última semana.

Estábamos bastante seguros de que el impulso de la serie, combinado con las preguntas que tenía la gente acerca de los orígenes del ser humano, haría de esta actividad una de gran interés. Pero queríamos guiar a la gente para que tomara más pasos en la dirección correcta. Estos incluían: (1) la oportunidad para hacerle preguntas a Phillip Johnson durante el programa; (2) un lugar para anotar preguntas y así, recibir una llamada de seguimiento de uno de nuestros miembros; (3) un impulso fuerte de la plataforma para unirse a un grupo pequeño diseñado para discutir sus preguntas y preocupaciones, con una lista de inscripción disponible esa misma noche; y (4) ánimo para asistir a la nueva serie comenzando el próximo domingo.

El último paso era importante porque sabíamos que habrían varias personas allí que aún no habían asistido a un servicio. Así que trabajamos para ayudarles a entender que esta es una iglesia donde la gente con dudas y preguntas son bienvenidas, y que el nuevo tema del fin de semana era importante para ellos. Nuestra meta no solo era servirles esa noche sino también servirles de maneras adicionales, ¡hasta llegar al punto de la salvación!

Otro ejemplo de integrar tus esfuerzos es desarrollando un plan general de alcance alrededor de tus servicios de Navidad y de Pascua. Aunque estas son épocas de gran asistencia, muchas iglesias fallan en pensar estratégicamente acerca de lo que ocurre inmediatamente después. Carros a su máxima capacidad de amigos y familiares visitantes asisten al servicio del día festivo, del cual probablemente disfrutan y aprenden. Pero entonces escuchan un anuncio aburrido para el siguiente domingo: «La próxima semana continuaremos nuestra serie de doce partes acerca de los profetas menores», les dicen, «mientras que el pastor Bob nos enseña más acerca de la repetida rebelión del pueblo de Dios y el horrible castigo que recibieron. Esperamos que se unan a nosotros a las 9:00 o a las 11:00 de la mañana». El visitante regular aprecia la advertencia. Un fin de semana en el lago, o incluso simplemente en casa limpiando el garaje, ¡comienza a sonar mejor que nunca!

¿Cuánto más efectivo podría ser comenzar una nueva serie la semana próxima que fuera interesante para tus amigos visitantes? Puede que *sea* en realidad un estudio de los profetas menores, presentado de tal manera que demuestre su importancia en la vida cotidiana. Puede incluir un título como: «Aprende de los errores de los demás», o «Desarrolla una fe en el mundo real». Anúncialo de manera agradable y pon una invitación atractiva en las manos del visitante que presente el tema, las horas del servicio y el lugar con direcciones claras (ya que puede ser que un amigo o un familiar los haya llevado y no sepan como regresar a la iglesia).

Admitido, no todos regresarán. Muchos esperarán la próxima Navidad o evento especial para regresar. Pero, ¿y si cinco de cada cincuenta visitantes regresan? ¿Y qué se vuelves a hacer lo mismo durante los próximos servicios navideños y algunas de estas cuarenta y cinco personas, junto con unos cuantos invitados nuevos, comienzan a ver que tu iglesia es un lugar para aprender acerca de cosas realmente importantes? La próxima vez puede que retengas a ocho personas más. ¡Ahora estás alcanzando buen ímpetu!

Entre más pronto introduzcas este pensamiento integrado a tus planes de actividades, mejor podrás desarrollar lo que haces para obtener la máxima sinergia e impacto.

8. Promueve tus actividades con precisión y poder

Primero, promueve tus actividades con precisión. Ten cuidado de no caer en lo que se conoce en los círculos empresarios como «enganche y engaño». El término viene de una práctica de ventas poco ética donde, por ejemplo, un electrodoméstico de baja calidad se promociona a un precio bajísimo, aunque en realidad el electrodoméstico no está disponible. La meta es atraer clientes para venderles algún electrodoméstico más caro y más provechoso.

Lo mismo ocurre con demasiada frecuencia en círculos cristianos. Decimos: «vengan y participen en un desayuno patrocinado por el grupo de deportes», cuando en realidad será una mal disfrazada reunión de evangelismo. Los buscadores perceptivos se sienten engañados y se alejan enojados. Muchos no regresarán nunca.

La promoción debe hacerse con integridad. Si una actividad se anuncia como un desayuno del grupo de deportes, entonces pasen la mayor parte del tiempo hablando acerca de deportes. Entreteje un poco de contenido espiritual, pero mídelo con cuidado. Si quieres hacer la reunión más evangelísticamente intensa, entonces comunícalo de manera que no esconda tus intenciones. No estoy diciendo que necesitas decir en los afiches: «¡Una actividad diseñada para que te conviertas a Cristo!» pero una pista discreta es suficiente, como por ejemplo: «Conoce los pormenores de la emocionante carrera de [un reconocido atleta cristiano], y escucha entre bastidores todos los detalles de su fascinante viaje espiritual». Es mucho mejor que lleguen pocas personas que entienden a lo que vienen, a que asistan muchas personas que salen de la reunión sintiéndose engañadas.

Algo más acerca de la precisión en comunicación: Ten cuidado de promocionar actividades como algo nuevo cuando en realidad son la misma cosa con unos cuantos cambios cosméticos. Recuerdo cuando Lee Strobel me llamó exasperado a la casa un domingo por la tarde. «Acabo de llegar de una iglesia que se anunciaba como relevante y orientada hacia las personas que nunca asisten a ninguna iglesia», me dijo. «Pero increíblemente, ¡nunca dieron al blanco!». Este era un tono raro para Lee, que normalmente es optimista y alegre, pero esta vez estaba indignado. ¿Por qué? Porque él había llegado a Cristo en gran parte a través de servicios que de verdad eran relevantes y se habían diseñado para forasteros. No podía imaginarse como este lugar había descarrilado su propio camino espiritual. Él simplemente se estaba poniendo en el lugar de cualquier buscador engañado por los anuncios de esta iglesia.

Lee describió esta experiencia en su libro *Inside the Mind of Unchurched Harry and Mary* [Dentro de la mente no creyente de Harry y Mary]:

> El servicio comenzó con alguien pidiéndole a la congregación que cantara un coro para el cual no se proveyó su letra. Los asistentes regulares, por supuesto, se sabían la letra pero yo me sentí incómodo. Otros himnos, acompañados por un órgano, de los años 1869, 1871 y 1874, con letras tales como, «Portales celestiales alto con hosannas canten». Los micrófonos eran minúsculos y el sonido iba y venía, causando que un vocalista pausara con una sonrisa avergonzada en medio de una canción.
>
> Durante el tiempo destinado a los anuncios, un pastor le dijo a los visitantes que llenaran una tarjeta «para que los podamos añadir a nuestra lista de direcciones postales». Él también, humorísticamente pero con un aire de desesperación, ofreció $100 de recompensa si los miembros de la junta de la iglesia asistían a una reunión esa tarde para que finalmente pudieran tener quórum. Él agregó con frustración: «Necesitamos aprobar que se pinte la iglesia este año, algo que debió haberse hecho el año pasado, y también mi casa, la cual debió haberse pintado el año pasado también».
>
> El sermón, parte de una serie llamada «Temas en el discipulado cristiano»… se trató de negarse uno mismo para seguir a Cristo, pero no hubo mucha explicación de lo que significaba eso a nivel práctico y diario. Si mencionó, que la vida cristiana tiene sus beneficios, aunque no elaboró acerca de cuáles eran. Para concluir, ofreció a las personas solo dos pasos a dar: O le entregas tu vida a Cristo, o te comprometes a un discipulado más profundo.[8]

Tal vez podamos salir impunes con este tipo de cosas entre los creyentes. *Tal vez.* Pero estas tácticas nunca serán aceptadas por visitantes que están considerando el cristianismo. Los dejaremos confundidos y perplejos, y entonces se alejarán de nosotros.

No prometas relevancia hasta que estés listo para presentarla. Sé preciso y sincero con lo que promocionas porque puede ser tu única oportunidad.

También, asegúrate de promocionar con *poder*, sin importar cuán poderosa será tu actividad; no va a tener el máximo impacto si no asiste la gente correcta. Tienes que poner la misma cantidad de energía en comunicar el mensaje que la que pones en planificar la actividad.

Hay muchas maneras de hacer esto. Envíos por correo postal, páginas web, mensajes electrónicos, anuncios por radio y televisión, carteleras, letreros, folletos y cartas a la gente que se muda al área, pueden tener un gran impacto. Pero aquí hay una opción que es a menudo pasada por alto: artículos impresos bien escritos y de buena calidad para que tus miembros usen como instrumentos para invitar amigos. Este tipo de «publicidad» frecuentemente tiene más impacto que el estilo impersonal porque viene con la aprobación y el ánimo de un amigo cercano, ¡sin mencionar la invitación para un desayuno o una pizza deliciosa antes o después de la actividad! (Y mantén presente que *Outreach, Inc.* te puede ahorrar mucho tiempo y esfuerzo con los diferentes instrumentos de comunicación que ofrecen; ver: www.outreach.com).

Además, recomiendo imprimir algunas invitaciones tamaño tarjeta de presentación de alta calidad donde liste el nombre, la dirección, el número de teléfono y la página web de la iglesia así como las horas de servicio y un mapa en la parte de atrás para ayudarle a las personas a llegar. Mantén estas tarjetas a la vista en una caseta de información afuera de tu iglesia y anima a todos los miembros, incluyendo a los visitantes, a que las usen para invitar a sus amigos. Fue una de estas tarjetas la que entregué yo a la mujer que mencioné al principio del capítulo.

Reúne a tu equipo alrededor de una mesa para considerar maneras creativas, efectivas y sinceras de difundir el mensaje a la mayor cantidad de personas posible. Esto multiplicará el impacto de todos tus esfuerzos.

9. Mide y evalúa los resultados, para mejorar la próxima vez

No consideres tu actividad de alcance completa hasta que hayas conversado acerca de ella con tu equipo para ver qué se puede aprender de la experiencia y qué se puede mejorar para la próxima vez. Esto involucra humildad, gentileza, y un nivel alto de confianza entre los miembros del equipo. Necesitan saber que el propósito de evaluación no es juzgar o hacer a alguien sentirse mal. De hecho, la mayor parte será celebración por lo que se llevó a cabo, junto con mucha risa por las cosas que ocurrieron durante el proceso. Pero al mirar atrás, se pueden obtener lecciones invalorables que pueden aplicarse para que la próxima actividad sea más efectiva. Si no evalúas, seguirás cometiendo los mismos errores una y otra vez, y limitarás severamente tu habilidad para maximizar tus esfuerzos de equipo en el futuro.

Más que evaluar los elementos de programación o enseñanza, necesitamos medir los resultados reales en términos de la cantidad de personas afectadas, y luego comparar estos resultados con nuestros propósitos originales para la actividad. ¿Fue este una actividad introductoria diseñada con la esperanza de presentar cien personas nuevas a la iglesia? Si es era la meta, entonces asegúrate de contar cuántas personas asistieron y de comparar los números. Si en realidad llegaron ochenta y cuatro, ¿qué piensa el equipo acerca del número? ¿Era muy alta la expectativa de que llegaran cien o hubo un problema con la planificación o la promoción de la actividad? ¿Qué se puede mejorar para la próxima vez?

¿Fue esta actividad diseñada para atraer buscadores espirituales e inscribirlos en grupos pequeños de buscadores? Si fue así, ¿cuántos buscadores habían, y cuántos dieron pasos para unirse al grupo? ¿Qué esperabas tú? ¿Qué puedes celebrar? ¿Qué puedes aprender y mejorar?

Si fue una actividad evangelística diseñada para guiar a la gente a confiar en Cristo, ¿cuántos en realidad lo hicieron? Sabemos que el Espíritu Santo tiene que hacer su trabajo y atraer a las personas al punto de compromiso, ¿pero hiciste todo lo posible para producir el ambiente correcto para que él trabajara? ¿Oraste y le pediste liderazgo al Espíritu mientras planificabas la actividad? ¿La diseñaste de forma que ayudaría a las personas a relajarse y a recibir el mensaje? ¿Comunicaste claramente el mensaje del evangelio? ¿Hiciste todo lo que podías para promover la actividad y atraer a las personas correctas?

Es muy importante que midamos los resultados actuales, que los comparemos con nuestras metas originales y determinemos cómo podemos mejorar la próxima vez.

Un último pensamiento acerca de la evolución: Ten cuidado con lo que yo llamo la «Gran racionalización evangélica». Esto es lo que sale de la boca de alguien que está tratando de que el equipo se sienta mejor acerca de un infructuoso intento. Todos saben que la actividad no cumplió con las expectativas que tenías para él. Pero en vez de admitir los problemas y resolver hacer cambios para la próxima vez, alguien sale con: «Bueno, por lo menos una persona se entregó a Cristo. Fue un trabajo duro y gastamos mucho tiempo y recursos, ¡pero todo valió la pena por esa alma!».

La última línea es la indiscutible: «Todo valió la pena por esa alma». ¿Quién quiere debatir eso? ¿Quién quiere considerar el valor de una vida que ha sido impactada por el resto de la eternidad, pero dejar escapar que la actividad fue un fracaso? Eso es difícil de hacer. Pero si la meta era guiar a muchos hacia Cristo y solo se alcanzó una persona, tiene que hacerse.

La Gran racionalización evangélica ha parado en seco las sesiones de evaluación. El problema es que enfoca al grupo en la pregunta equivocada. El alma de una persona no hay duda de que tiene un valor inconmensurable, ¡pero la pregunta no es cuánto vale una alma! La pregunta debería de ser: «¿Qué pudimos haber hecho para alcanzar a mucho más gente?» y, «¿Qué podemos hacer la próxima vez para alcanzar a cinco o a cincuenta personas, o hasta quinientas, en vez de solamente a una?» O, si era más que una actividad introductoria, «¿Qué se pudo haber hecho para presentar más personas a la iglesia?» O, «¿Qué pudo haber ayudado más a los buscadores para dar el próximo paso en sus viajes espirituales?». Estas son el tipo de preguntas que producirán conversaciones constructivas entre tu equipo y, finalmente, mejores resultados.

Así que la próxima vez que alguien en el grupo comience a interrumpir el tiempo de evaluación con una interpretación elocuente de la Gran racionalización evangélica, míralo o mírala a los ojos y dile: «Sí, ese es un buen punto. Antes de ocuparnos tanto pensando en cómo mejorar para la próxima vez, reconozcamos lo que Dios hizo esta vez por esta persona. Pero entonces, después de orar y agradecerle a Dios, creo que deberíamos explorar algunas ideas acerca de qué podemos hacer la próxima vez que nos ayudr a alcanzar a los amigos de esta persona también».

Se necesitará valor, pero asegúrate de que tu equipo aprenda del pasado y aplique las lecciones en el futuro. ¡Y luego observa a Dios trabajar!

10. Impregna todo el proceso con oración

Es difícil saber dónde colocar la oración en una lista como esta. Podría enlistarse como un punto paralelo a cada una de las otras ideas, así como de cada etapa en el Proceso de 6 etapas. Pero sin importar dónde o no se menciona, por favor entiende lo importante que es para cada parte y para cada etapa. *La oración tiene que impregnar el proceso completo.*

Individualmente y como equipo, deberías de orar durante la fase de generación de ideas, pidiéndole a Dios que te de entendimiento de dónde está él trabajando para que puedas alinear tus esfuerzos con los de él. Entonces en la etapa de planificación y promoción, pídele a Dios consejo sobre cómo difundir mejor el mensaje, y ora por su bendición en esos esfuerzos. Y durante la actividad, pídele a Dios que atraiga a las personas correctas y que abra sus corazones para que escuchen y acepten su mensaje. Pídele que proteja todo aspecto de la reunión y que la use para cambiar vidas y fortalecer su reino. Finalmente cuando se acabe tu actividad de ministerio, agradécele a Dios por todo lo que has logrado y pídele que continúe con lo que ha comenzado a hacer en las vidas de aquellos que asistieron.

Para ilustrar, cuando yo estaba considerando llevar a cabo el debate «El ateísmo frente el cristianismo», recuerdo que busqué a Dios para obtener sabiduría y orientación con la misma diligencia con que siempre lo buscaba. Sabía que si organizábamos esta actividad, llamaría mucha atención así como mucho escrutinio. Lo último que quería hacer era accionar el gatillo de manera presuntuosa, y luego informarle a Dios que estaba contando con que él hiciera lo requerido. Seguía llegando a mi mente la imagen de Satanás tentando a Jesús a que se lanzara desde el templo y que confiara en que Dios lo protegería de la caída. Jesús le contestó: «No pongas a prueba al Señor tu Dios» (Lucas 4:12).

Yo estaba tan preocupado que demoré la decisión de patrocinar la actividad como por dos semanas. Durante este tiempo oré a solas y con amigos bien informados sobre la actividad, y busqué el consejo de muchos cristianos mayores y sabios. Después de obtener varias confirmaciones, finalmente dije sí y puse el plan en movimiento pero siempre con un sentido profundo de dependencia en Dios. Durante las próximas semanas, previas a la propia actividad, el equipo y yo oramos fervorosamente por la protección y la bendición de Dios.

Durante el debate, los miembros del equipo de oración se sentaron solos en un cuarto, observando por un monitor de video, pidiéndole a Dios que permitiera que su verdad prevaleciera, que atrajera buscadores a su reino, y que desarrollara la confianza de los creyentes que estaban presentes. Por coincidencia divina, el único cuarto con video disponible después de que la multitud se había distribuido en los otros cuartos, estaba directamente debajo del escenario en nuestro auditorio principal, donde se llevaba a cabo el debate. Como lo describe ahora Lee Strobel: «¡Los ateos nunca supieron que teníamos un arma secreta debajo del escenario!».

«Entonces, ¿*cumplió* Dios con lo requerido?» preguntas. Sí, si lo cumplió, de maneras increíbles (¡como lo puedes ver en el video!⁹). Él protegió y ungió todo aspecto de lo que ocurrió esa noche, ¡aparte de las palabras del defensor principal del ateísmo!

El potencial durante las actividades de alcance es enorme, pero solamente si somos guiados por Dios y autorizados a través de la oración sumisa y persistente.

LLEGAR A CONCRETAR

Ahora tienes el esquema y el personal en su lugar para desatar una selección de actividades de alcance; y dadas las necesidades críticas en la cultura que estamos tratando de alcanzar, no hay mejor momento para ponerlo todo en acción que ahora mismo. Pero existe una pregunta todavía: ¿Qué tipo de ministerios y actividades de alcance deberías de iniciar?

Varias pistas te pueden ayudar a contestar esa pregunta. Primero, ¿qué necesidades tienen las personas que estás tratando de alcanzar? ¿Con qué tipo de actividades se relacionarían ellos y estarían dispuestos a asistir? Segundo, devotamente busca la dirección de Dios para saber dónde gastar tus esfuerzos. Inspecciona las necesidades y las oportunidades que ves, y pídele a Dios que te guíe, ya sea a enfocarte en una de esas o a buscar nuevas. Ora para que él te de a ti y a tu equipo pasión para desarrollar ministerios y para llevar a cabo el alcance exactamente donde él quiere que trabajes.

LIBERA EL EQUIPO SEGÚN LOS ESTILOS DE EVANGELISMO

Otra pista importante para nuestra lista de criterio es investigar lo que mejor concuerda con tu estilo personal de evangelismo.[10]

Cuando exploras tus propias inclinaciones naturales de alcance, lo más probable es que encontrarás que fluyen según tu estilo de evangelismo. Así que, en vez de resistirte a tu estilo dado por Dios, considera donde puede concordar con algunas de las necesidades en tu comunidad. Si Dios te ha formado en *quien* eres hoy, y si te ha guiado *adonde* estás, entonces probablemente te colocado cerca de oportunidades que están deseando obtener lo que ofreces.

Una vez que descubrí mi propio estilo de evangelismo, inmediatamente comencé a ver las necesidades a mi alrededor para las que Dios me había diseñado para resolver. Ya que tengo el Estilo Intelectual, estas necesidades eran naturalmente de una naturaleza intelectual. Es por eso que si repasas los capítulos de este libro observarás que he compartido varias historias acerca de personas con preguntas, y he hablado acerca de seminarios y debates diseñados para ayudar a personas con dudas espirituales. Incluso la historia introductoria del libro fue acerca de un hombre con serias objeciones. ¡No me puedo controlar! Soy como Dios me hizo, y él me ha dado oportunidades para expresar este método, responder las preguntas de la gente, y usar mi estilo de evangelismo para guiarlos hacia la cruz de Cristo. Cuando tengo la oportunidad de trabajar dentro de este diseño, me siento naturalmente motivado y energético. Y cuando me reúno con personas que tienen el mismo estilo, las conversaciones fluyen, las ideas vuelan, abundan los argumentos, ¡y los pasamos muy bien!

Ahora, sé que cinco de cada seis lectores se están rascando la cabeza en este momento. Ahora estás pensando: *¿Pasas «un tiempo bonito» hablando acerca de todas esas cosas fuertes e intelectuales? ¿De verdad? ¿Qué te pasa?* Bueno, ¡aparentemente tú tienes un estilo de evangelismo diferente! Tienes alguno de los otros cinco estilos, o una combinación de dos o tres de ellos, o tal vez uno que aun no hemos descubierto. Pero si estuviéramos discutiendo tu método particular en este momento, tú corazón también estaría latiendo rápidamente.

¿Qué podemos aprender de esto? Que encontrar nuestro propio estilo de evangelismo tiene valor más allá de la etapa 4, donde entrenamos a todos en la iglesia a comunicar su fe de manera natural para cada uno. Va más allá de la etapa 5 también, donde podemos ayudar a todos en el ministerio Primera Línea a desarrollar y crecer en su estilo natural. También tiene implicaciones poderosas para la etapa 6, donde podemos desarrollar ministerios de alcance y actividades enteras alrededor de estos seis estilos. Cuando hacemos esto, vamos a tener un ministerio dinámico porque le estaremos dando a la gente permiso, instrumentos y plataformas para hacer aquello para lo que Dios los creó.

Una vez les pedimos a todos durante una reunión Primera Línea que volvieran a tomar el cuestionario de la sesión dos del curso *Conviértase en un cristiano contagioso* solo para confirmar cuál era su estilo dominante. Luego los llevamos a secciones designadas del cuarto donde pudieron interactuar con aquellos que compartían su estilo. Esto les dio la oportunidad para encontrar sus similitudes y luego compararlas con los rasgos de la gente en otros grupos. También les ayudó a identificar cuáles miembros del equipo, por virtud de sus estilos diferentes, podrían ser buenos socios para alcanzar a los no cristianos en sus propias comunidades. Por ejemplo, evangelistas con Estilo Interpersonal se dieron cuenta de que podían trabajar en equipo con los miembros con Estilo Intelectual para alcanzar a los amigos o vecinos que tienen preguntas difíciles.

Después de interactuar dentro de estos seis grupos y dejarlos resolver algunas preguntas que les habíamos hecho, el portavoz de cada grupo dio a conocer las respuestas de su grupo al equipo entero. Nos divertimos con la primera: «¿Por qué es tu estilo el más importante de los seis?» La segunda pregunta fue: «¿De qué manera tu estilo es a veces malinterpretado?» Y la tercera fue: «¿Dónde crees que tu estilo puede utilizarse más efectivamente?».

Después de que cada grupo dio sus respuestas, Garry Poole y yo tuvimos las oportunidad para animar y retar a la gente con ese estilo particular y darles ideas para desarrollar su método. Esto también nos dio la oportunidad para destacar ministerios y actividades a través de la iglesia donde necesitábamos contribuciones específicas.

Al final les pedimos a los miembros del equipo que anotaran en una tarjeta su nombre y sus dos estilos de evangelismo principales y nos la entregaran para anotar esa información en nuestra base de datos. Desde entonces he incorporado esta idea en el curso actualizado de *Conviértase en un cristiano contagioso* para que cada iglesia pueda tener a mano cuáles miembros tienen cuál estilo. De esta manera, cuando necesites a alguien para servir en un aspecto en particular, rápidamente puedes identificar y hablar con la gente que mejor se ajustaría. Y como de verdad existe un ajuste, ¡descubrirás que ellos *quieren* saber acerca de la oportunidad tanto como tú quieres encontrar personas para ayudar!

UN MODELO DE ALCANCE DE VARIOS ESTILOS

Corinth Reformed Church, en Byron Center, Michigan, llevó esto un paso más allá y estructuraron su equipo completo de evangelismo alrededor de los estilos de evangelismo. Kevin Harney[11], el pastor principal de la iglesia durante esa época, describe lo que hicieron:

> Repetidamente ofrecimos el curso *Conviértase en un cristiano contagioso*, con la meta de preparar a todos los miembros de nuestra iglesia. Al hacer esto, les ayudamos a cada uno a descubrir su estilo principal de evangelismo. También reunimos a todos los que tienen disposición a ser parte de nuestro ministerio de evangelismo y comenzamos Primera Línea.
>
> Luego, identificamos a una persona líder para cada estilo de evangelismo. Cada uno de estos hombres y mujeres trabajan bajo nuestro líder principal de evangelismo. Intencionadamente, cada uno se reúne con otros que tienen el mismo estilo y forjan un equipo de personas que están listas para salir y evangelizar de la manera en que Dios los creó para hacerlo. Ellos elevan el valor de ese estilo, planifican actividades y crean estrategias para producir el mayor impacto usando este método particular.
>
> Vimos que cuando reúnes a un grupo de personas alrededor de cada uno de los estilos de evangelismo y les pides que anhelen, que planifiquen estrategias y que oren, se genera increíble energía

y entusiasmo. Quieren pararse de sus sillas, salir del cuarto y tomar acción, ¡ya mismo!

Descubrimos que al crear nuestro equipo intencionalmente alrededor de los diferentes estilos de evangelismo, nos hemos enfocado más en cómo planear actividades que alcanzarán a nuestra comunidad y al mundo para Cristo.

HERRAMIENTAS VARIADAS EN LA CAJA DE HERRAMIENTAS

Es emocionante saber que los seis tipos de evangelismo nos proveen seis conductos a través de los cuales puede fluir el ministerio de alto impacto. Permíteme terminar este capítulo y esta discusión de la etapa 6 con un reto y con una idea.

El reto es el siguiente: No limites sin necesidad el alcance de tu iglesia a solamente uno o dos ministerios o actividades, ni tampoco pienses que necesitas terminar uno para comenzar otro. A menudo las iglesias se vuelven demasiado lineales en su pensamiento y dicen cosas como: «Tuvimos un equipo de visitantes, pero lo disolvimos y en su lugar comenzamos un pequeño grupo de evangelismo». ¿En serio? ¿Existe alguna ley contra los métodos múltiples? Es como decir: «Fui a la ferretería y compré un destornillador, así que cuando regresé a casa, ¡tiré el martillo a la basura!» ¿Por qué? ¿No se necesitan herramientas diferentes para llevar a cabo tareas diferentes? Bueno permíteme declarar, en este momento, ¡que soy defensor del uso de cajas de herramientas llenas de una variedad de herramientas para una variedad de propósitos importantes! Es por eso que la etapa 6 dice: «Desata una *selección* de ministerios y actividades de alcance», y no solamente uno o dos.

¿La idea? Seguir el liderazgo de Kevin Harney y nombrar líderes para cada uno de los estilos de evangelismo, y después de un tiempo desatar una gran cantidad de esfuerzos de alcance de alto impacto. Inventa nuevos donde sean necesario, ¡pero no pierdas tiempo reinventando métodos donde ya existen modelos probados que fácilmente puedes adoptar y usar!

Por ejemplo, considera enviar a tus evangelistas con Estilo Directo a *Evangelism Explosion, Continuing Witness Training* [Explosión de evangelismo: entrenamiento continuo de testimonio] (CWT), o el programa

FAITH que mantiene juntos para que impacten la comunidad de maneras diferentes. Otra herramienta que enseña un método directo y efectivo es *The Way of the Master* [El estilo del maestro] por Kirk Cameron y Ray Comfort.

Pon en acción a tus miembros con Estilo Intelectual dirigiendo clases y seminarios acerca de diferentes religiones, sectas y desafíos seculares a la fe. Aquellos que desarrollen una habilidad verdadera en algún aspecto del estudio se pueden convertir en parte de un equipo de consultores apologéticos disponibles para enseñar y entrenar a los miembros de la iglesia, o para hablar con buscadores espirituales después de los servicios religiosos.

Anima a tus miembros con Estilo de Testimonio a escribir y pulir sus historias para ser usadas en los servicios religiosos apropiados y en actividades de alcance, así también como para hacer más interesante el boletín y la página web de la iglesia (dos aspectos en la mayoría de las iglesias que podrían beneficiarse con historias interesantes).

Miembros con el Estilo Interpersonal a menudo hacen grandes líderes de grupos pequeños de buscadores o de reuniones grupo Alfa. O únete a ellos para abrir y proveer de personal a un «cuarto de hospitalidad» o un «centro de bienvenida» para los visitantes. Otros ministerios para este estilo podrían incluir el establecimiento de un ministerio de club de cenas (no estoy seguro cómo funciona, ¡pero estas personas lo entenderán!) o un almuerzo de negocios para alcanzar a nuevas personas.

La gente con Estilo de Invitación pueden ayudar a darle forma a las herramientas de comunicación que el resto de la iglesia puede usar para invitar a amigos y vecinos a servicios de alcance clave o actividades del ministerio, incluyendo la sexta semana de la *Campaña contagiosa*, diseñada para presentar el evangelio a los visitantes. Y estos miembros pueden dar el ejemplo al llenar sus automóviles con la gente que van a traer.

Y, finalmente, las personas con Estilo de Servicio pueden servir con su propias despensas de comida, refugios para desamparados, ministerios para reparar automóviles, equipos de visitas a los hospitales, etc., supliendo múltiples necesidades mientras apuntan hacia el amor y el cuidado del verdadero Dios que los motiva.

Para resumir: ¡ni siquiera el *cielo* es el límite! Desata a tu iglesia para alcanzar la comunidad de maneras variadas, anímalos y apóyalos mientras Dios los usa para guiar a otros a la iglesia y, finalmente, a una relación con Dios.

ETAPA 6: IDEA CLAVE

Desata una selección de ministerios y actividades de alcance de alto impacto.

Compórtense sabiamente con los que no creen en Cristo, aprovechando al máximo cada momento oportuno (Colosenses 4:5).

PARA CONSIDERAR Y DISCUTIR

1. Basándote en las necesidades u oportunidades que ves en tu comunidad, ¿cuáles son algunos ministerios o actividades de alcance que te gustaría comenzar en tu iglesia?
2. Según tu propio estilo de evangelismo, ¿hay algún ministerio o actividad de alcance que te emocionaría mucho emprender?
3. ¿Cuáles son algunas ideas para establecer comunicaciones y alianzas claras entre el liderazgo de evangelismo (o el equipo Primera Línea si ya has comenzando uno) y el resto de los ministerios en tu iglesia?
4. Elige una próxima oportunidad de alcance específica y discute de qué manera puedes aplicar los diez principios discutidos en este capítulo.
5. ¿Cuál de los diez principios tiende a ser pasado por alto por tu equipo? ¿Qué puedes hacer para asegurarte de que este «eslabón perdido» se tome en cuenta en el futuro?
6. ¿Qué puedes hacer para aumentar la práctica de la oración en cada etapa del Proceso de 6 Etapas?

VISIÓN CONTAGIOSA

HEMOS VISTO LA NECESIDAD CRÍTICA de establecer y expresar nuestra misión evangelística (Primera Parte). Hemos explicado el Proceso de 6 Etapas para poner esta misión en acción y para aumentar el impacto evangelístico general de nuestra iglesia (Segunda Parte). Los elementos parecen estar en su lugar. ¿Qué nos queda por discutir en la Tercera parte?

Dos cosas: *valentía* y *acción*.

Valentía: comunicar el mensaje de la cruz de Cristo de forma audaz y sin ninguna pena. Vivimos en una cultura, en el mundo y a veces hasta en la iglesia, donde somos presionados a moderar lo que decimos acerca de temas bíblicos tales como el pecado, el juicio y el infierno. Existe una poderosa tentación, una que puede afectar a líderes de todo tipo de iglesias, de sustituir con historias emocionales y temáticas obvias las quebrantadoras y eternas verdades del evangelio. Así que el capítulo ocho nos recuerda que si hacemos todo el resto correctamente pero fracasamos en esto, hemos fracasado en general. Debemos predicar el mensaje del evangelio fielmente y con valentía, recordando que hoy y siempre «el poder de Dios es para la salvación de todos los que creen».

Acción: la expresión externa de la valentía. Tenemos de ir más allá de solamente entender las necesidades y oportunidades evangelísticas que nos rodean. Tenemos que comenzar a dar los pasos, hacer los cambios e iniciar las actividades necesarias para alcanzar a más y más personas perdidas para Cristo. El capítulo nueve reúne todos los principios del libro, añade unas últimas ideas, y nos insta a seguir adelante confiando en el poder de Dios para seguir convirtiéndose en una iglesia contagiosa.

CAPÍTULO OCHO

COMUNICAR EL EVANGELIO SIN COMPROMISO

ERA AUDAZ, IMPLACABLE, DIRECTO y hasta casi peligroso. Definitivamente no recibiría una crítica favorable en *El diario de lo políticamente correcto*.

El escenario: *Domingo de Pascua*. Muchos visitantes estaban presentes, incluido un número de buscadores espirituales y escépticos. La música era alegre y festiva. Las personas en los asientos estaban en general contentas, sonrientes, y vestidos con su «ropa de domingo», ropa que en muchos casos había permanecido en el closet desde, bueno, la Pascua anterior. Las familias estaban sentadas juntas listas para disfrutar un servicio dominical placentero y después disfrutar de un delicioso almuerzo. ¡Hasta el sol brillaba!

Entra el pastor. Caminó silenciosamente hacia el podio con una expresión un poco sombría. Le dio la bienvenida al público, dijo una oración corta, y luego, después de una muy breve introducción, comenzó su sermón: «Quiero comenzar diciendo lo siguiente: si Jesús era quien alegaba ser y si de verdad resucitó, entonces el cristianismo bíblico es cierto, ¡y el resto de las religiones en el mundo son falsas!».

¿Comenzar con esto? ¿Y luego qué, realmente ponerse serio?

¿En qué estaba pensando este pastor? ¿Se levantó con el pie izquierdo? ¿Bebió demasiada cafeína en la cafetería por la mañana o tal vez no lo suficiente? ¿No se daba cuenta de que era Domingo de la Pascua, el día que todo el mundo viene a la iglesia a sentirse bien?

Si pudiéramos haber visto dentro de su cabeza hubiéramos entendido lo que estaba pensando, ¡y hubiéramos estado de acuerdo! Él se paraba al frente de estas personas con una conciencia profunda de que algunos de ellos no conocían a Dios y eran por lo tanto culpables frente a él, pero se engañaban a sí mismos con juegos religiosos y haciéndose ilusiones. Él sabía que, aparte de una fuerte intervención espiritual, ellos enfrentaban una eternidad sin Cristo en un lugar muy real llamado el infierno. Él se estaba diciendo a sí mismo: «Esta es la única oportunidad durante todo el año, y tal vez la única oportunidad para siempre, de darle una sacudida a algunas de estas personas y sacarlas de la autocomplacencia espiritual, el pensamiento confuso y las esperanzas falsas y enfocarlas en la realidad de qué posición tienen frente a un Dios justo y santo». Él simplemente estaba tratando de honrar el mandamiento bíblico de 2 Timoteo 4:2-5 que dice:

> Predica la Palabra; persiste en hacerlo, sea o no sea oportuno; corrige, reprende y anima con mucha paciencia, sin dejar de enseñar. Porque llegará el tiempo en que no van a tolerar la sana doctrina, sin que, llevados de sus propios deseos, se rodearán de maestros que les digan las novelerías que quieren oír. Dejarán de escuchar la verdad y se volverán a los mitos. Tú, por el contrario, sé prudente en todas las circunstancias, soporta los sufrimientos, dedícate a la evangelización; cumple con los deberes de tu ministerio.

LA ESENCIA EVANGELÍSTICA

Hemos hablado acerca de muchas cosas relacionadas con convertirse en iglesias evangelísticas efectivas. Hemos considerado como la prioridad evangelística debe impregnar nuestra misión. Hemos examinado el Proceso de 6 Etapas para realzar y expresar esta prioridad. Hemos detallado la expresión práctica de este proceso al describir varios ministerios y actividades de alcance para tomarlos en cuenta y utilizarlos. Estoy convencido, y estoy seguro de que tú lo estás también, de que todos estos son elementos importantes para alcanzar nuestra meta y alcanzar a más y más personas perdidas en nuestras comunidades.

Pero estemos bien claros: Ninguno de estos planes o métodos harán a nuestras iglesias contagiosas si el mensaje principal que proclamamos, tanto a nivel personal como público, no es el evangelio real de Jesucristo y su sangre derramada para pagar por nuestros pecados.

Si tú crees que se necesita un mensaje moderno para alcanzar a gente moderna, creo que estás equivocado. El mensaje del evangelio es constante y aplica a todas las personas en todos los lugares y en todos los tiempos. El apóstol Pablo lo dijo bien en Romanos 1:16: «A la verdad, no me avergüenzo del evangelio, pues es poder de Dios para la salvación de todos los que creen: de los judíos primeramente, pero también de los gentiles».

Ahora, puede ser que se necesite un *método* moderno para comunicar con eficacia el antiguo mensaje del evangelio. Pablo dijo en 1 Corintios 9:22 : «Me hice todo para todos, a fin de salvar a algunos por todos los medios posibles». Pero luego inmediatamente siguió este comentario con palabras que afirman en el próximo versículo que «hacerse todo para todos» es siempre e inquebrantablemente sumiso para proclamar el mensaje constante de Dios. Él dijo: «Todo esto lo hago por causa del evangelio, para participar de sus frutos».

Nosotros, igual que Pablo, debemos de tener cuidado de cómo aplicamos este principio de relevancia, siempre asegurándonos de que nuestro deseo de relacionarnos con la gente nunca deforme o altere nuestro mensaje bíblico. Como lo he escrito previamente: «Las iglesias contagiosas han aprendido que tienen que comunicarle *a* su cultura sin comprometerse *con* su cultura. Saben que si el mensaje de la cruz de Cristo es diluido o escondido, entonces la batalla ya se ha perdido. ¿De qué nos sirve hablar el idioma de la gente secular si perdemos nuestro mensaje en el proceso?».[1]

Pablo dejó claro su propio compromiso para proclamar el evangelio inalterado en 1 Corintios 2:2: «Me propuse más bien, estando entre ustedes, no saber de cosa alguna, excepto de Jesucristo, y de éste crucificado». Él se enfocó intencionalmente en esa simple pero fundamental verdad, negándose a agregar o eliminar elementos. Bajo la guía del Espíritu Santo, él también nos retó a seguir su ejemplo: «Pero aun si alguno de nosotros o un ángel del cielo les predicara un evangelio distinto del que les hemos predicado, ¡que caiga bajo maldición! Como ya lo hemos dicho, ahora lo repito: si alguien les anda predicando un evangelio distinto del que recibieron, ¡que caiga bajo maldición!» (Gálatas 1:8-9).

Esta es una advertencia severa acerca de una cuestión vitalmente importante. La Escritura no anda con rodeos cuando se trata de alguien que alega ser maestro del evangelio pero que interfiere con el mensaje. Si tú o tu iglesia se sienten algún día tentados a modificar o suavizar el mensaje, aunque sea un poquito, con la esperanza de ganar aceptación y admiración de la audiencia no creyente, piénsalo de nuevo. Hacer eso sería olvidar la misión que nos dio Jesús y adulterar el mensaje que tiene el poder para salvar.

Después de que Pablo dio la admonición en Gálatas 1:8-9, concluyó en el versículo 10 con estas palabras fuertes: «¿Qué busco con esto: ganarme la aprobación humana o la de Dios? ¿Piensan que procuro agradar a los demás? Si yo buscara agradar a otros, no sería siervo de Cristo».

Tenemos un mandato de complacer solamente a Dios comunicando el mensaje puro del evangelio, sea que este agrade o no a la gente. Lo irónico es que la mayoría de los verdaderos buscadores buscan un creyente con la valentía de mirarlos a los ojos y decirles la verdad acerca de su aprieto espiritual, y alguien que después les pueda mostrar el camino hacia el Único que los puede ayudar. E incluso cuando la gente no quiere escuchar acerca de la cruz, como es el caso de algunos, necesitamos de todos modos presentar con cuidado, pero claramente, a Cristo, pidiéndole a él que use nuestros esfuerzos, bendiga su mensaje y atraiga a gente a hacia sí mismo. Muchas veces nuestros oyentes se sentirán ofendidos inicialmente por el evangelio; pero una vez que reflexionan sus alegaciones aparentemente audaces, y una vez que el Espíritu Santo los condena por su pecado y los atrae a la verdad, llegarán a confiar en Cristo.

AFIRMA TU CONFIANZA

Experiencia nueva

Tal vez te guste lo que estoy diciendo pero en realidad carezcas de confianza en el poder del evangelio. Tal vez necesitas pasar algún tiempo cerca de otros ministerios que Dios está usando para que tu fe crezca. Te haría muy bien a ti y a tu equipo ir a otra iglesia o conferencia donde puedas escuchar historias y puedas ver evidencia de cambios continuos en las vidas de otros. No solo obtendrás ideas prácticas, sino que ganarás esperanza y visión nueva para la potencial redención de tu propia iglesia.

Hechos nuevos

Considera también que en algún momento del recorrido tu confianza en la Biblia ha sido sacudida, tal vez debido a palabras cínicas de un profesor universitario o hasta de un profesor de un seminario. O tal vez un amigo elocuente y escéptico lanzó algunos obstáculos en tu camino que no supiste superar. Pudo haber ocurrido recientemente o hace muchos años, pero si nunca aceptaste el reto y no te dispusiste a encontrar las respuestas, estas cosas pueden intimidar tu fe y robarte la confianza en la fiabilidad de la Biblia y el poder del evangelio.

Si esta es tu situación, ¡te comprendo! Durante la universidad llevé una clase de filosofía en la cual el profesor, un ministro protestante, sistemáticamente asediaba lo que él consideraba ser la confianza poco sofisticada de los estudiantes cristianos en la «teología tradicional» e «interpretación literal de la Biblia». Cuando estos ataques surgen de maestros respetados y elocuentes con credenciales impresionantes y mucha literatura en su resumé, son difíciles de desviar. Tú puedes mantener el rostro imperturbable y pretender que tu fe no ha sido afectada, pero muy probablemente afectará tu nivel de convicción cuando después mires a un buscador o a una congregación a los ojos y trates de explicarles por qué necesitan confiar en Cristo y seguirlo.

Pero recuerda lo siguiente: personas inteligentes han estado equivocadas antes, ¡incluido un profesor aparentemente sabio! Y otras personas inteligentes no están de acuerdo con estas personas inteligentes, ¡y no todo el mundo puede tener la razón! La verdad no se puede establecer sumando el número de profesores o el número de pastores que aceptan la misma posición. Tú tienes que hacer tu propia tarea. Tienes que llegar a la raíz de los asuntos. Escucha los argumentos y manténte alerta a las suposiciones y los prejuicios. Lee las defensas de la fe escritas por apologistas destacados. Ora por sabiduría y por respuestas genuinas mientras estudias. Busca y encontrarás. ¡Y sentirás tu seguridad espiritual elevarse de minuto a minuto!

Este es el proceso por el que tuve que pasar cuando era un estudiante universitario. Durante ese tiempo, me enteré que mi profesor escéptico nunca había leído ninguno de los impactantes libros que defienden la ortodoxia bíblica. Él estaba demasiado ocupado examinando sus revistas teológicas liberales como para molestarse con los maestros que podrían responder sus objeciones. Yo comencé a leer lo que él no leía y encontré respuestas penetrantes a los desafíos que él había presentado. Entre más estudiaba, más se elevaba mi nivel de confianza hasta el punto en que llegué a tener mucha más fe en las verdades del cristianismo histórico que jamás había tenido. De hecho, me sentí tan envalentonado que fui adonde los líderes del ministerio local y coordiné con ellos para enseñar durante dos de sus reuniones con grupos grandes. Quería comunicar mis descubrimientos a otros estudiantes cuyas jaulas teológicas también habían sido sacudidas.

¿Y tú qué? ¿Necesitas reforzar tu fundamento de hechos y evidencia? Si es así, haz tu tarea. Comprométete en serio. Por tu propio bien y por el bien de aquellos que influyes, persíguelo con vigor. Lee los libros, ten las conversaciones, ve a las clases y a los seminarios, y haz todo lo necesario para reforzar tu fe. Si no sabes dónde comenzar, trata de leer libros tales como *El caso de Cristo*, *El caso de la fe*, y *The Case for the Real Jesus* [El caso del verdadero Jesús] por el ex escéptico Lee Strobel.[2] Los clásicos apologéticos *Más que un carpintero* por Josh McDowell[3] y *Know Why You Believe* [Ten claro porqué crees] por Paul Little[4] también pueden servir de gran ayuda, aunque están orientados más hacia un nivel principiante. Comienza ahí, y luego continúa a obras más avanzadas por pensadores como J.P. Moreland, William Lane Craig, Gary Habermas y Norman Geisler. Leer de cubierta a cubierta el libro de Geisler y William Nix, *Una introducción general a la Biblia*,[5] hizo maravillas en mi fe durante mi época inquisitiva universitaria. Entre más profundo investigues los fundamentos de nuestras creencias cristianas, más seguro te sentirás.

Fe nueva

Un principio para fortalecer tu confianza en la Biblia, con frecuencia pasado por alto debido a su simplicidad, es *leerla regularmente*. Las dudas pueden surgir con facilidad si no nos mantenemos en el Libro y no les damos la bienvenida a las oportunidades de inspiración, perspicacia e instrucciones del Dios que lo inspiró.

No quiero ser legalista al respecto pero a veces, incluso como cristianos comprometidos, necesitamos que se nos recuerde que la fe «viene como resultado de oír el mensaje, y el mensaje que se oye es la palabra de Cristo» (Romanos 10:17). Yo necesito, y tú también, dejar «que habite en [nosotros] la palabra de Cristo con toda su riqueza» (Colosenses 3:16). Necesitamos saturarnos tanto con las verdades de la Escritura que, con el tiempo, obtengamos «la mente del Señor» (1 Corintios 2:16) y comenzamos, como lo llama John MacArthur, «a ver el mundo a través de ojos de capítulo y versículo». Es por eso que mi viejo amigo y compañero, Brad Mitchell, y yo nos hemos puesto de acuerdo para preguntarnos el uno al otro con frecuencia si nos hemos mantenido activos leyendo las Escrituras. Queremos reforzar la lectura de la Biblia como un patrón habitual y de por vida.

El enfoque en el Libro aumenta nuestra confianza y valentía espiritual, haciéndonos más audaces para proclamar su mensaje a otros.

COMUNICA EL EVANGELIO SIN TRANSIGIR

Con nuestros niveles de confianza fortalecidos, ¿cómo podemos comunicar el mensaje de Cristo de maneras que sean claras y que de verdad se conecten con personas que viven en el extremo opuesto del espectro secular? Bueno, ya hemos hablado de ello, y ahora quiero presentar un ejemplo. Una de las mejores maneras para aprender a comunicar el mensaje claramente a los no cristianos es ser testigo de alguien que lo haga bien.

Lo siguiente es un mensaje llamado «La idea central», presentado por Bill Hybels durante uno de los servicios de fin de semana de *Willow Creek*, diseñado para enseñar a los creyentes y para alcanzar a los buscadores espirituales.[6] Espero que te sientas animado por el contenido e inspirado por su método para comunicar una colección compleja de verdades bíblicas de manera relevante y a un nivel claro y de introducción.

Siempre que estoy aprendiendo algo nuevo, con frecuencia me siento un poco confuso hasta que logro entender la idea central de cualquiera que sea el tema. Pero una vez que logro entender bien la idea, me puedo relajar y disfrutar del proceso de aprendizaje.

Cuando tenía dieciséis años y comenzaba a llevar lecciones de vuelo, recuerdo estar sentado en un cuarto contiguo a un hangar en Kalamazoo, Michigan, preguntándome a mí mismo si yo era la única persona en la clase que no entendía como se mantenían los aviones en el aire. Me sentía ansioso hasta que el instructor sacó un rotafolio y comenzó a dibujar algunos diagramas. Nos dijo que los gemelos enemigos del vuelo son la *gravedad* y la *resistencia*. La gravedad jala el avión hacia abajo y la resistencia no lo deja desacelerar. «Pero», nos dijo, «un buen diseño de la estructura y ala y un motor bien propulsado le permitirá al avión derrotar a esos enemigos con dos cosas llamadas *elevación* y *velocidad*».

Una vez que vi eso, entendí: *la idea central del vuelo*. Fue entonces que pude relajarme y disfrutar del resto del entrenamiento. He volado aviones desde entonces, e incluso hoy llevo a cabo los vuelos con esa idea central en mente.

Lo mismo aplica en los aspectos académicos. Si estás estudiando ciencia política en la universidad y escuchas términos como *fascismo*, *socialismo*, *comunismo* y *democracia*, probablemente te sientes nervioso hasta que un instructor reduce cada complicado proceso de gobierno a una idea central. Entonces dices: «Ah, no es tan complicado. ¡Lo entiendo!»

Ahora, hoy, antes de que salgan de este lugar, mi meta es que lleguen a entender la idea central del cristianismo. Realmente espero que salgan por esa puerta con la seguridad completa de que la entienden, de que entienden la idea básica tras el cristianismo.

Para algunos de ustedes, esto va a ser un repaso. Va a reforzar lo que ya saben, y eso es algo bueno. Para otros, esto les servirá como aclaración. La neblina se va a disipar un poco y van a ver la idea central con nueva nitidez y definición. Y aun para otros, esto les va a caer como un relámpago. Nunca has escuchado el cristianismo explicado en términos que pudieras entender. Hoy puede ser que cambie todo en tu vida ahora y por el resto de tu eternidad.

Para encaminarnos en esa dirección, ¿han escuchado acerca del descubrimiento de la cinta de video de Richard Speck? Él es el tipo que atacó y asesinó a ocho enfermeras de Chicago en 1966. Esta fue una de los primeras masacres de mi generación, y traumatizó a la ciudad de Chicago durante meses. Cada día se escuchaba el clamor del público pidiendo que pagara Richard Speck por su crimen. Recuerdo la indignación de la ciudad entera.

Bueno, él fue juzgado y condenado. Fue entonces encarcelado en la *Stateville Prison*, cerca de Joliet, por ocho cadenas perpetuas consecutivas. ¡Y así terminó el caso! Luego murió en 1991.

Sin embargo, recientemente se dio a conocer un video mostrando la manera en que Richard Speck había pasado los últimos años de su vida viviendo como un principito en la cárcel. Tenía acceso gratuito a drogas y alcohol cuando se le antojaba. Tenía varios amantes homosexuales que entraban y salían de su celda. Había básicamente forjado una vida de club campestre en *Stateville Prison*.

Pero todo se había documentado en video y este cayó en manos de un periodista, y se ha convertido en un gran escándalo. La gente está indignada otra vez. ¿Por qué? Porque al parecer no pagó de manera apropiada por su crimen. Y esto es algo característico de las sociedades: no pueden olvidar un crimen hasta que el pago apropiado se haya cumplido.

Pago apropiado. Recuerda ese concepto. De hecho, llamémoslo *expiación* porque es esencialmente el mismo concepto. La expiación es satisfacer las demandas de la justicia cuando se ha cometido un crimen. Y todos nosotros cargamos un entendimiento intuitivo de esta noción en nuestras mentes.

¿Tienes una idea de lo que es la expiación ahora? Es satisfacer las demandas de la justicia cuando se ha cometido un crimen.

La segunda parte de la idea central del cristianismo proviene de otra palabra familiar: *sustitución*. Usamos esto mucho en nuestra cultura. ¡Es la persona que entra al juego de baloncesto cuando expulsan a Dennis Rodman!

Sustitución. Tomar el lugar de otro. Creo que entendemos esto. ¿Recuerdan como tratábamos a los maestros sustitutos? ¡Aún siento un poco de culpa acerca de eso!

Ahora unan esas dos palabras. *Expiación sustituta*: alguien tomando el lugar de otra persona y satisfaciendo las demandas de la justicia cuando se ha cometido un crimen.

Quiero aclarar este concepto un poco más guiándolos a través de la Biblia y mostrándoles la manera en que esto tiene que ver con el cristianismo y con tu vida. Vamos a comenzar con el libro de Génesis. Poco después de que Dios creó a Adán y a Eva, les dijo: «Les he dado vida. Pueden tomar todo tipo de decisiones, ustedes son inteligentes y yo los amo. Estaremos en comunión, y va a ser una muy bonita experiencia. Pero yo soy un Dios santo y justo. Si comienzan a pecar y a violar leyes y a rebelarse contra mí, les tengo que dejar saber algo: Este maravilloso regalo de la vida que les he dado se detendrá repentinamente. Van a morir».

Él lo dejó todo bien claro pero como ya saben, Adán y Eva creyeron la mentira del Malvado y con descaro desobedecieron a Dios. Entonces ahora toda la creación aguanta la respiración preguntándose: ¿Qué va a hacer Dios? ¿Los matará por su rebelión? O tal vez la advertencia era solamente una broma y Dios va a guiñar el ojo diciendo: «¡Era una broma! Comerse una manzana es difícilmente un crimen que merezca la pena de muerte. Muchachos serán muchachos; muchachas serán muchachas. Ningún problema. Voy a dejar esta situación en paz».

¿Qué va a suceder? ¿Recuerdan lo que hace Dios? Él no los mata pero tampoco ignora la situación.

Primero, él explica que el universo entero se contaminará debido a la acción de Adán y Eva. Han abierto la puerta y ahora el pecado está en el mundo. El trabajo humano se afectará, dar a luz será doloroso, las relaciones humanas se complicarán por el ego y los cuerpos humanos se envejecerán y eventualmente morirán.

Y Dios explica que la gente que continúe viviendo en patrones de rebelión y de resistencia a él pagarán. Tendrán que expiar por sus delitos contra Dios en esta vida y durante la eternidad en el infierno.

El pecado es algo serio. Pero al final de la explicación que da Dios de las consecuencias del pecado, leemos en Génesis 3:21 que Dios hace algo que seguro les sacó el aire a Adán y a Eva, que se encogían de vergüenza y culpabilidad por lo que habían hecho. El texto dice que Dios cubrió su vergüenza y su desnudez con piel de animal. La mayoría de la gente lee eso y dicen: «Bueno, no es nada del otro mundo». Pero *sí* lo es. Creo que es nuestro primer vistazo de la organización que Dios está diseñando para proveerle a los pecadores un camino alternativo para expiar sus pecados.

Imagínense de nuevo el dilema de Dios. Él es el Dios absolutamente santo y recto. Él no puede permitir que no se expíe el pecado; tiene que ser pagado. Al mismo tiempo, él es un Dios tierno y cariñoso cuyo corazón ha sido capturado por estas dos personas y por todo el resto que vendrá después. La imagen de Adán y Eva expiando sus propios pecados durante el resto de sus vidas y durante toda la eternidad en el infierno le quebranta el corazón a Dios. Lo conmueve tanto que lo lleva a tomar la responsabilidad de proveer una manera alternativa para que el pecado pueda ser legítimamente pagado sin que el pecador tenga que pasar una eternidad expiando por su propio pecado y sin comprometer la santidad de Dios.

Miren lo que hace Dios en el jardín del Edén. Toma un animal, a un animal inocente, y lo mata. ¿Se pueden imaginar a Adán y Eva gritando en horror mientras presencian la muerte por primera vez? Escuchan el chillido del animal que Dios está matando. Ven sus movimientos torpes mientras agoniza. Primero el balido, el desgarre, el temblor y después la tranquilidad. Y luego Dios toma la piel del animal y cubre la vergüenza y la culpa y la desnudez de Adán y Eva como quien dice: «Para poder cubrir tu pecaminosidad, para poder expiar tus maldades, un ser inocente tendrá que soportar el castigo que justamente era tuyo».

Y, amigos, esto era un tipo de preestreno. Era el principio del desarrollo de esta idea de expiación sustituta: el plan de Dios para que un inocente ocupe el lugar del pecador y reciba la penalidad que le corresponde a ese pecador, de modo que satisfaga las demandas de la justicia. Y el culpable queda libre.

Tiempo después en la historia del pueblo de Dios, leemos la historia del éxodo. ¿La recuerdan? ¡La has visto por televisión en películas viejas! El pueblo de Dios, los israelitas, se han convertido en un pueblo sin fe, y están cautivos por los egipcios, que lentamente los están matando con el trabajo fuerte que los obligan a hacer. Los egipcios están pecando contra los israelitas, y los israelitas están pecando contra sí mismos y contra los egipcios; y todo el asunto se convierte en un desorden colosal y pecaminoso.

Esto lleva la paciencia de Dios al límite. La Escritura nos muestra que Dios no se enoja fácilmente; pero si lo provocas por suficiente tiempo, su ira justificada finalmente se enciende. Esto es lo que ocurre en esta situación. Dios dice: «¡Ya basta!». Dios le anuncia a todos los israelitas y egipcios que él va a traer juicio. Lo traerá sobre todos por sus pecados. Él anuncia que un ángel de la muerte va a circular durante una noche determinada y tomará la vida del hijo primogénito de todos los hogares de la tierra. El precio del pecado es la muerte. No habría ninguna excepción.

Sin embargo, Dios añade, casi como una posdata: «Ofreceré una opción. Haré una disposición para el que esté interesado. Cualquier persona que tome el mejor cordero macho y lo mate, derrame su sangre y la rocié sobre el marco de la puerta del frente de su casa, el ángel de la muerte, durante esa noche, honrará la sangre del cordero y no tocará esa casa. El hijo primogénito en ese hogar no será sacrificado». Dios dice: «Ese es mi trato. Así que todos ustedes pueden decidir por sí mismos, ¿qué van a hacer durante esa noche determinada?».

Bueno, como suele suceder, la mayoría de la gente ignora la opción por completo. Dicen: «No creo que Dios va a traer justicia. Yo no creo que él sea ese tipo de Dios. Creo que podemos pasar sobre él y vivir como queramos, y él ni siquiera va a levantar un dedo».

No obstante hubo unas cuantas personas que decidieron lo opuesto. Dijeron: «Sabes que, yo creo que Dios es Dios, él es cariñoso y justo y santo. Creo que de vez en cuando traerá justicia». Así que obedecen y van a buscar una oveja.

Me imagino a un chico de quince años acompañando a su papá a buscar entre su rebaño. Él encuentra la mejor oveja y comienza a levantar el cuchillo para matarla cuando el chico dice: «¡Oye, papá! ¿Por qué estás matando la mejor oveja? ¿Qué hizo ella para merecer eso?» solo para escuchar la respuesta de su padre: «Bueno, hijo, es la oveja o eres tú. Es el momento de la expiación. El pecado va a ser pagado esta noche. Un Dios santo ha dicho: "Ya basta". O la oveja o tú».

Leemos que al día siguiente cada hogar que había sacrificado una oveja inocente y rociado la sangre en el marco había sido librado del juicio. La oveja murió, y los hijos fueron librados. Pero el hogar que no ofreció la oveja pagó con la vida de su primogénito.

El pecado es algo serio. Y cuando llega la época de la expiación, el pecado se paga.

¿Puedes ver el principio de la expiación sustituta en la historia del éxodo? Una oveja inocente recibe el golpe por la maldad de otros, y los culpables son liberados.

Más adelante en el Antiguo Testamento, vemos el sistema de sacrificio. También presagia la idea de la expiación sustituta. Siempre que alguien pecaba gravemente, se hacía un sacrifico animal; se mataba a una oveja inocente. Solo después de la muerte de una oveja era que el sacerdote le daba al pecador culpable la seguridad de que su pecado había sido expiado, y entonces podía la persona quedar libre.

Entonces un profeta llamado Isaías anunció algo que causó que las cabezas giraran y los corazones casi se detuvieran. En una de sus profecías dice: «Fue traspasado por nuestras rebeliones, y molido por nuestras iniquidades… pero el Señor hizo recaer sobre él la iniquidad de todos nosotros». La gente no sabía como entender esta profecía porque sonaba como que algún día, en algún lado, Dios iba a mandar un sacrificio humano para hacer la expiación máxima por los pecados del mundo.

Y entonces, tiempo después, nace Jesús. Y nace en medio de todas las milagrosas circunstancias de su nacimiento. Él crece, y hay todo tipo de indicación de que es el Hijo de Dios.

Un día, cuando tiene como treinta años de edad, se dirige hacia donde otro profeta se encuentra predicando. El nombre de este hombre es Juan el Bautista y un gran número de personas están ahí escuchándolo. Jesús se coloca al margen de la muchedumbre; Juan el Bautista lo ve, deja de predicar y dice: «¡Vean todos!» y señala hacia Jesús y dice: «Aquí tienen al Cordero de Dios, que quita el pecado del mundo».

Aquí está, decía Juan, en el que todos nosotros hemos pensado, aquel que Isaías profetizó que vendría. Él es la provisión máxima de Dios para la expiación. La oveja perfecta que será ofrecida como la sustitución máxima para el pecado. Él es quien miles de ovejas de sacrificio han presagiado todos estos años.

La gente hacía gran esfuerzo para entender, así como muchos de ustedes, buscadores, hacen el esfuerzo para entenderme a mí ahora. Están pensando, *¿Podrá ser cierto? ¿De qué manera encaja todo?*

Cuando Jesús inició su ministerio de enseñanza, comenzó a referirse a sí mismo en estos términos de sacrificio. Él daba una gran predicación y la gente aplaudía. Entonces añadía: «Pero tienen que saber algo. Dentro de poco tiempo, voy a ser sacrificado por todos sus pecados». Y la gente decía: «¡No, no no!».

Entonces él daba otro mensaje, y la gente decía: «Oh, genial. Nos encanta escucharte predicar, Jesús». Entonces decía: «Voy a entregar mi vida por ustedes», y «Soy la Oveja de Dios que va a eliminar el pecado del mundo». Y créanme cuando les digo que la gente no lograba entender.

Pero, en efecto, después de seguir una vida pura y libre de pecados, él fue arrestado y falsamente condenado. Fue golpeado y maltratado. Todos los santos y ángeles en el cielo observaron en horror mientras Jesús era clavado en la cruz fuera de la ciudad de Jerusalén. ¿Tú crees que Adán y Eva se encogieron al presenciar la muerte por primera vez? ¿Crees que el chico de quince años durante la época del éxodo no le repugnó ver a su padre matar una oveja en su propio patio? Imagínense lo que ocurría en el cielo mientras Jesús, el inocente segundo miembro de la Trinidad, sangraba poco a poco frente a un grupo de curiosos que en vez de inclinarse para alabarlo por lo que hacía, estaban ocupados subastando su ropa al postor más alto. Pueden estar seguros de que hubo mucho dolor y llanto en el cielo cuando Jesús, la inocente Oveja de Dios, finalmente gritó: «¡Todo se ha cumplido! He expiado los pecados del mundo». En el cielo esto no era fácil de entender. El precio parecía muy alto. Los pecadores culpables no merecen un sustituto como el que había provisto Dios. Deben pagar por sus propios pecados.

¿Y saben qué? *¡Deberíamos de pagarlos!* *Yo* debería pagarlos porque soy quien los cometió. *Tú* deberías porque tú eres quien los comete. Nosotros somos los que fallamos. Nosotros somos los que sabemos las reglas de Dios y las rompemos de todos modos. Nosotros somos los que mentimos cuando deberíamos decir la verdad. Nosotros somos los que odiamos cuando deberíamos de amar. Nosotros somos los que retenemos cuando deberíamos de dar. Nosotros somos los que menospreciamos cuando deberíamos de inspirar. Nosotros somos los que deberíamos de incluir a todos. Tú sabes que a Dios le importa cada persona. Pero algunos de nosotros excluimos a ciertas personas simplemente por el placer perverso de evitar su entrada a nuestros círculos. Ese es el tipo de personas que somos. Y deberíamos de expiar por ese tipo de delitos. Yo lo debería de hacer y todos ustedes también.

Pero la Biblia dice, en esas palabras que ustedes han escuchado desde su niñez: «Porque tanto amó Dios al mundo». Saben que, con todo lo santo, recto y justo que es Dios, él siente algo por ti. Tú le importas. Él sabe tu nombre. Y siempre que piensa en ti, su corazón se conmueve con amor. Así que la Biblia nos dice que tanto amó Dios al mundo que aunque nosotros tenemos que pagar por nuestros propios pecados, él envió a su propio Hijo para tomar nuestro lugar, para pagar la penalidad que deberíamos pagar nosotros, para hacer expiación sustituta por nuestro pecado.

¿Puedes ver la idea central del cristianismo? Jesucristo tomando tu lugar y el mío, satisfaciendo las demandas de la justicia para que los culpables podamos continuar libres. Podemos ser perdonados y presentarnos intachables frente a Dios según el mérito de la Oveja de Dios que pagó nuestro precio. ¡Qué idea! Cada sistema religioso está basado en una idea central diferente. Cada sistema religioso establece algún tipo de expectativa de comportamiento. Si haces un gran esfuerzo y luchas y peleas y das dinero y haces un montón de cosas, te dicen que, *tal vez* puedas elevar tu estatus lo suficiente para alcanzarlo.

Y las personas que sí se esfuerzan a menudo se enorgullecen y miran con desprecio a los que no les va tan bien. Y entonces aquellos que no les va tan bien, finalmente se rinden y dicen: «Más me vale pagar por lo que sea que tengo que pagar».

El cristianismo es la única religión en el mundo cuya idea central está basada en la expiación sustituta en la cual los pecadores culpables son librados bajo el mérito de la provisión que ha hecho Dios en Jesús, su Hijo, que paga el precio en nuestro nombre. Es algo increíble. Ciertas personas me han preguntado: «¿Cómo haces para entusiasmarte tanto y mantenerte entusiasmado acerca del cristianismo?» Les cuento, amigos, que esta es la tercera vez que he presentado este mensaje durante este fin de semana. Siempre que hablo de él, no puedo olvidarlo. No existe nada en el mundo como esto.

La Biblia dice que durante el día del juicio, te vas a parar frente a un Dios santo, y no habrá ningún tipo de argumento acerca de si eres un pecador o no. ¡Esa va a ser la discusión más corta del mundo! Lo vas a saber de inmediato.

Al principio de los años ochenta, cuando yo era un hombre mucho más joven, me gustaba jugar fútbol americano para el distrito de parques. Veía a los Chicago Bears por la televisión los domingos por la tarde y decía: «Saben, yo podría jugar con ellos. ¡De verdad que podría! Yo podría pararme frente a unos cuantos de esos jugadores y defender mi lado bien».

Después fui invitado a ser el capellán para los Bears. Recuerdo conducir por primera vez hacia Lake Forest donde entrenaba el equipo para dar mi estudio bíblico. Una vez allí, di la vuelta por un pasillo y vi a Richard Dent. ¡Estaba mirándolo directamente a su ombligo! Observé el tamaño de todos esos hombres y entendí algo: Cuando se observa de lejos, uno comienza a imaginarse cosas que no son ciertas. Pero cuando logramos acercarnos, ¡la *realidad* te sorprende!

Desde lejos algunos de nosotros decimos: «Me defenderé cuando me encuentre frente a Dios. He llevado una vida bastante buena». Pero párate cinco segundos en la llameante y brillante santidad de Dios y dirás: «Oh, oh, ¡estoy en un lío!» Vas a saber así de rápido, quién es el Santísimo y quién es el pecador. En el día del juicio la cuestión no es quién es el pecador; le pregunta es, ¿quién hace la expiación? Porque en la economía de Dios, el pecado será pagado. Solo es cuestión de quién paga la cuenta.

La Biblia dice que a partir de ahora y hasta ese día, tienes que tomar una decisión. Si vas a aceptar las consecuencias y proveer tu propia expiación, entonces lo harás para siempre, separado de Dios en un lugar llamado infierno. Es tu decisión. Pero tienes otra opción disponible: la expiación sustituta. Es Jesucristo, que por amor, dice: «Cargaré con tu culpa. Que me den el golpe a mí. Yo pagaré la penalidad. Y tú, el culpable, por mis méritos, serás librado, perdonado, adoptado en la familia de Dios, bendecido en amor y llevado al cielo para siempre. ¡Tu decisión!».

Cuando ustedes entraron hoy, en sus boletines había una tarjetita. ¿La podrían sacar por un minuto? Todos, no solo los buscadores, porque vamos a hacer algo todos juntos.

En ella dice que la idea central del cristianismo es la expiación sustituta: Jesucristo cargando voluntariamente el peso de mis pecados para que yo pudiera ser libre. Ahora, esto es lo que quiero que hagan. Quiero que escriban su nombre o sus iniciales bajo el primer espacio donde dice: «Entiendo la idea principal de la expiación sustituta. *La entiendo*». También, ¿en donde te encontrabas y cuando fue que la entendiste por primera vez?

Yo anoto: «Agosto 1968». Tenía diecisiete años y me encontraba en un campamento bíblico en el sur de Wisconsin cuando alguien me lo explicó. Yo dije: «*¡Lo entiendo!*».

Ahora, si aun no lo entiendes, no firmes nada. Algunos de ustedes pueden decir: «Bueno, lo entiendo en este momento. Me lo acaban de explicar». Entonces escriban la fecha de hoy y «*Willow Creek Community Church*».

Después pueden todos charlar y mostrarse sus tarjetas y decir: «Ahí era donde estaba yo». Y muchas personas, durante las últimas horas, han escrito la fecha de hoy o la de ayer. ¡Es algo muy emocionante!

Aquí está la segunda parte, igual de importante. La Biblia dice que tú puedes entender la idea central del cristianismo y aun terminar expiando por tus propios pecados en el infierno durante la eternidad porque solo *entenderla* no es suficiente. Tú tienes que, en humildad y con un espíritu arrepentido, decir: «No solo lo entiendo sino que lo necesito, lo quiero y lo busco. Pido que lo que hizo Jesús se aplique a mi vida y a mi pecado. Coloco mi confianza en su expiación sustituta solamente para mi esperanza en el cielo».

La Biblia dice en Juan 1:12: «Mas a cuantos lo *recibieron*...» Tú lo tienes que invitar a tu vida como tu Salvador y Amigo. Dice en Romanos 10:13: «porque "todo el que *invoque* el nombre del Señor..."». Tienes que hacer eso.

Así que la segunda cosa que les pido que hagan es que pongan las iniciales dónde y cuándo ocurrió eso. ¿Cuándo te apropiaste de eso? Solo anota tus iniciales si has recibido la muerte de expiación sustituta de Cristo. Anótalo.

Para mí, «Agosto 1968». Como quince segundos después de entenderlo, dije: «¡Lo necesito!» Y lo traté de alcanzar. La obra de expiación de Cristo se hizo realidad en mi vida, y abandoné la rutina de tratar de ganar mi puesto en el cielo. Dije: «No me lo puedo ganar. Cristo lo compró por mí. Lo recibo como un regalo»; y eso cambió todo en mi vida.

¿Cuándo te ocurrió eso a ti? Si estás pensando, *Oh, oh, no sé*, entonces puede ser que en realidad nunca te apropiaste de la obra sustituta de Cristo.

Las buenas noticias es que lo puedes arreglar en este momento. Si estás listo, solo anota tus iniciales y di: «Pido que la obra de expiación de Cristo tome efecto en mi vida. La necesito. La quiero. La alcanzo por fe. La pido». Y Cristo hará eso por ti hoy. Él *murió* para hacer eso por ti.

Para algunos de ustedes, todo esto se les hace muy repentino. Están pensando: *Un momento, ¡me está dando vueltas la cabeza! ¡No sé que estoy haciendo aquí!* Entonces no hagas nada en este momento. Lo tienes que entender primero. Tiene que ser genuino para que sea significativo. Solo sigue regresando, sigue buscando, sigue haciendo preguntas. Puede ser de aquí a una semana, o de aquí a un mes, o cuando sea. Pero algunos de ustedes están listos ya. Así que tomemos un minuto para escribir cuándo y dónde lo recibimos, y luego terminaremos en oración [hace una breve pausa].

Ahora, ¿saben lo que mucha gente hizo durante las últimas horas? Inmediatamente después de que terminamos en oración, se mostraron las tarjetas los unos a los otros. Nos divertimos mucho. Dijimos: «Si alguien dijo "Lo entiendo todo y lo acepto hoy", entonces la persona a quien ellos le habían mostrado la tarjeta, ¡tenía que comprarles el almuerzo!» Y hay una gran cantidad de personas diciendo: «Con mucho gusto, ¡eso será la mayor emoción del mundo!».

Antes de cerrar en oración, quiero decir una cosa más. Cuando la logras «entender», la idea central, y Cristo entra en tu vida, y si tienes una visión clara de la vida y la eternidad, parece que lo único apropiado es que podrías reorganizar tu vida entera alrededor de la alabanza a Dios que te proveyó con una expiación sustituta para que no tuvieras que pagar. Tiene sentido que proclamarías este escandaloso mensaje de gracia a casi todas las personas que conoces y que pasarías mucho tiempo tratando de descifrar formas en que pudieras agradecerle a Dios por lo que ha hecho. Vamos a tener un servicio de bautismo en un par de semanas. Para aquellos de ustedes que han dado este paso recientemente, se pueden parar al frente y dar testimonio de que existió una época en que *ustedes* tenían que expiar, pero Cristo ya ha hecho esto en tu lugar. ¡Qué día de celebración será ese!

Oremos:

Padre, tu amor es tan alto, tan profundo, tan ancho, tan puro y tan fuerte que ofreciste a tu propio Hijo como expiación sustituta para nosotros los pecadores culpables. Deberíamos de pagar, pero hemos sido librados por Cristo. ¡Qué trato! ¡Qué Dios! ¡Qué Salvador! ¡Qué fe!

Oro que mientras terminamos el servicio de hoy lo hagamos asombrados por la gracia y comprometidos a difundir el mensaje por todo el mundo.

En el nombre de Jesús, Amén.

HACER EL MENSAJE COMPRENSIBLE Y CLARO

Se ha dicho que si un predicador le da la oportunidad a su congregación de malentender el mensaje, ¡la gente tomará esa oportunidad con ambas manos y huirá con ella! En ninguna parte es esto más cierto que con la idea central del evangelio. Lo puedes enseñar, predicar, y enseñar de nuevo, y algunas de las personas que lo han escuchado cientos de veces te mirarán a los ojos y dirán: «Bueno, yo creo que soy una persona bastante buena», o «Estoy bastante seguro de que Dios aprobará mis esfuerzos y me dejará entrar al cielo». Tú puedes explicar el regalo de gracia que nos hace Dios, y te dirán: «Gracias... creo que tendré que esforzarme aun más para ganármelo».

¡La gente parece estar empeñada en no entender! Esto también sucedía en la época de Jesús. Observa la confusión de Nicodemo en Juan 3, un líder y maestro religioso que tampoco lo entendía. Y, hoy, decenas de personas forman parte de congregaciones y se consideran cristianos verdaderos, pero su actitud dice: «He cumplido con el ejercicio religioso, cumplido con las clases, dicho las palabras correctas, obtenido el certificado. Estoy bien y tú estás bien, así que aceptémonos el uno al otro ¡y vivamos y dejemos vivir!».

Estas personas a menudo hablan como si tuvieran el aspecto espiritual completamente explicado, por lo menos cuando están en la iglesia, pero en lo más profundo, muchos de ellos no son verdaderos seguidores de Cristo. Pablo advirtió en Tito 1:16 que habrían aquellos que «profesan conocer a Dios, pero con sus acciones lo niegan». De hecho, un *Barna Report* [reporte Barna] dijo que, basándose en los estudios del equipo a través de más de una década, «casi la mitad de las personas que llenan los bancos de las iglesias durante un domingo típico no son cristianos... [y muchos en realidad son] ateos o agnósticos».[7]

Es importante entender que estas personas no son visitantes. Son personas que asisten regularmente y quienes todo el mundo piensa que son parte del grupo, ¡y como la mitad de ellos todavía no entienden! Son practicantes no cristianos que son a menudo personas amistosas y atractivas, y quienes le importan a Dios, pero están atrapados en rituales religiosos y una perspectiva errónea que en realidad los puede proteger de la verdad del evangelio. Por orgullo, continúan viviendo de la manera en que independiente han elegido vivir, pero nunca se inclinan frente a un Dios santo para reconocer sus pecados o su necesidad desesperada por el Salvador.

La pregunta importante para nosotros es esta: ¿Se los hemos advertido? ¿Hemos hecho todo lo posible para dejarles claro que es posible estar en una iglesia buena, como la tuya o la mía, pero no estar en Cristo?

¿Hemos instado a nuestros compañeros miembros y participantes a examinarse a sí mismos para ver si están realmente en la fe (como se nos insta a hacer en 2 Corintios 13:5)? ¿Los hemos amado lo suficiente como para arriesgar ofenderlos al proclamar que todos necesitamos humillarnos y arrodillarnos, con las manos vacías y quebrantados, al pie de la cruz de Jesucristo, y que esta es una actitud que marca a sus verdaderos seguidores a través de sus vidas?

En algunas iglesias este es un mensaje difícil de presentar; todo el mundo asume que todos están bien y no esperan que alguien cuestione esa suposición. Pero estas son las iglesias donde el peligro es más grave y la necesidad de advertencias claras es más severa.

Viví la mayoría de mi vida en una zona donde casi todo el mundo era moderadamente «religioso» y al menos iban a la iglesia ocasionalmente. Pero por lo que pude observar, eran pocos los que manifestaban un corazón transformado que se preocupa por seguir y servir a Cristo en sus vidas diarias. Y en muchos casos sus iglesias reforzaban la noción de que estaban bien así como eran.

El problema finalmente causó gran efecto cuando un adolescente murió en un accidente. Él había sido conocido por su estilo de vida imprudente y malvado. Hasta lo que nosotros podíamos observar, su vida no mostraba ninguna señal de alguna relación verdadera con Cristo, pero sí mostraba evidencia de lo contrario. No obstante, durante su funeral, el pastor les aseguró a todos que debido a que este muchacho había participado de los rituales tradicionales de la iglesia cuando era niño, él estaba ahora en el cielo disfrutando de la presencia y las recompensas de Dios. Esto por supuesto causó que sus amigos y familiares suspiraran en alivio, e impidió que miraran sus propios corazones y vidas para estar seguros de que estuvieran de verdad «en la fe». No puedo dejar de pensar que durante ese día se perdió una oportunidad en el cielo, y todo el infierno se burló.

Pablo le advirtió a Timoteo (en 2 Timoteo 1:7) acerca del peligro de la timidez. El liderazgo evangelístico no es para los débiles. Requiere valentía.

Mi gran temor como maestro del evangelio no es que pueda ofender a alguien, sino que le permita a cualquier persona que influyo continuar viviendo con seguridades religiosas falsas; permitirles que continúen, día a día, año tras año, pensando que todo está bien solo para después sufrir el peor horror y decepción imaginable durante el día del juicio. Jesús habló claro acerca de este peligro en Mateo 7:21-23: «No todo el que me dice: "Señor, Señor", entrará en el reino de los cielos, sino sólo el que hace la voluntad de mi Padre que está en el cielo. Muchos me dirán en aquel día: "Señor, Señor, ¿no profetizamos en tu nombre, y en tu nombre expulsamos demonios e hicimos muchos milagros?" Entonces les diré claramente: "Jamás los conocí. ¡Aléjense de mí, hacedores de maldad!"».

Jesús dejó claro que la gente puede ser sumamente religiosa, decir todo lo correcto, hablarle a él y participar en actividades y servicios religiosos, y a pesar de todo, seguir sin conocerlo a él y sin conocer a su salvación y, como resultado, terminan separados de él para toda la eternidad.

Así que, los insto a que tengan las agallas evangelísticas para ignorar lo eclesiásticamente correcto y romper con la tradición para poder cariñosamente dar a conocer a las personas la verdad pura, sabiendo que algunos se ofenderán mientras que otros serán redimidos. Que Dios te de a ti y a aquellos que sirven contigo, la valentía y la sabiduría para hacer lo que sea necesario para superar la confusión espiritual, para confrontar el pecado y para llevar a otros a Cristo y a su gracia, que está disponible para todos los que se aparten de sus pecados y lo sigan.

Para muchos de nosotros, el evangelismo necesita comenzar en nuestros propios bancos de iglesia. Nuestras iglesias necesitan volverse contagiosas *por dentro* antes de que puedan volverse altamente contagiosas *por fuera*.

DIFUNDIR EL MENSAJE

Pero sí tenemos que difundir este poderoso mensaje afuera también, y cuando lo hagamos, ¡tendrá impacto! Mientras nos acercamos al final de este importante capítulo, permíteme narrar unas cuantas inspiradoras historias de cristianos apasionados que dieron pasos tenaces para comunicar el evangelio a otros.

Un amigo le pidió a su empleador unos días de vacaciones, condujo solo desde Chicago hasta Iowa para recoger a un viejo compañero universitario y pasaron casi toda una semana visitando diferentes partes de la región norte-centro de los Estados Unidos. ¿Por qué? Porque él quería tiempo ininterrumpido para explicarle a su amigo las buenas noticias que había descubierto desde que se habían graduado de la universidad. El evangelio se presentó de forma clara, el Espíritu Santo hizo su obra y durante la última noche del viaje, ¡su amigo comprometió su vida a Cristo!

Una mujer que conozco estaba tan preocupada acerca de la salvación de su enfermo y envejecido padre que hizo planes especiales para que su extremamente ocupado pastor viajara cientos de kilómetros para hablar con este hombre acerca de Cristo. Ella sabía que su pastor era eficiente en el evangelismo; y como ella no había podido hacerle entender a su padre, decidió convencer a su pastor para que fuera y reforzara el mensaje del amor y el perdón de Dios. Creo que si esta mujer hubiera decidido que necesitaba que Billy Graham o Luis Palau hablara con su padre, ¡hubiera encontrado una manera de lograrlo! Su pastor fue, y ayudó al padre de esta mujer a dar por lo menos unos cuantos pasos en dirección a la cruz.

Tengo otra amiga, Wende, que en su primer año como cristiana habló del evangelio a su padre, Bob, y pronto lo encaminó hacia Cristo. Luego ellos dos comenzaron a planear como alcanzar otro miembro de su familia, el «tío Lynn», que envejecía con mala salud. Lo llamaron por teléfono. Le escribieron. Le mandaron libros y grabaciones evangelísticas, así como una copia de la Biblia *El camino*,[8] la cual incluye notas para buscadores espirituales, ¡algo que Lynn nunca había admitido ser! Bob hizo varios viajes para hablar con Lynn acerca de su necesidad de Cristo. Hasta planificaron para que un ministro en la zona de Lynn se reuniera con él para recordarle del mensaje de Dios. El término *tenaz* suena débil cuando pienso acerca de este equipo de padre e hija. Bob me llamó tiempo después para contarme que había hecho otros viajes para visitar a Lynn, ¡que finalmente había puesto su fe en Cristo! Entonces, solamente dos semanas después, Lynn murió. Hoy él está en el cielo porque, por lo menos desde una perspectiva humana, Bob y Wende conocían el mensaje, persistieron en presentarlo y se negaron a darse por vencidos.

¿Puede ver los patrones en estas historias? Cristianos comunes con insaciables espíritus evangelísticos, lúcidos acerca del evangelio y comunicándoselo con seguridad a la gente a su alrededor; y como resultado, vidas y eternidades impactadas. Necesitamos convertirnos en personas así, inspirar a los compañeros de la iglesia con nuestras vidas, y enseñarles para que a su vez vayan y den a conocer a otros el mensaje del amor y de la verdad de Dios.

SOLO DE JESÚS LA SANGRE

El evangelio, la idea central del cristianismo que dice que Cristo murió para pagar por mis pecados y por lo tuyos, se necesita por todo el mundo, dentro y fuera de las paredes de la iglesia. Tenemos que proclamar este mensaje claramente, sin excusas, y confiar en Dios para que lo habilite y lo aplique de maneras que cambiarán vidas y desarrollarán su iglesia.

Permíteme terminar con las palabras de una de mis canciones favoritas: «Solo de Jesús la Sangre»:

> ¿Quién me puede dar perdón? Solo de Jesús la sangre;
> ¿Y un nuevo corazón? Solo de Jesús la sangre.
> Precioso es el raudal que limpia todo mal;
> No hay otro manantial, solo de Jesús la sangre.
> Vuelve se hace eficaz: Solo de Jesús la sangre;
> Trajo sanidad y paz: Solo de Jesús la sangre.
> ¿Quien me puede dar perdón? ¿Y un nuevo corazón?
> Solo de Jesús la sangre.

PARA CONSIDERAR Y DISCUTIR

1. ¿Qué tan claramente entienden los miembros de tu iglesia la «idea central» del cristianismo? ¿Cuáles pasos podrías dar para profundizar el entendimiento de la expiación sustituta de Cristo?
2. ¿Ha sido alguna vez «sacudida tu jaula espiritual» por retos a tu fe que no pudiste fácilmente resolver? ¿Qué ocurrió y de qué manera te afectó?
3. ¿Has logrado resolver esas cuestiones en tu mente? ¿Existen pasos que tienes que dar o hay alguna «tarea» que necesitas completar para poder restaurar tu fiabilidad en la Biblia y en el mensaje del evangelio?

4. ¿Cuáles son algunos pasos a los que te comprometerás y harás de ellos una prioridad para fortalecer los fundamentos de tu fe?

5. ¿Necesitan las personas en tu congregación más enseñanza para reforzar su propia confianza en la fiabilidad de la Biblia o en el poder del evangelio? Si es así, ¿qué puedes hacer para remediar la situación?

CAPÍTULO NUEVE

IGLESIAS CONTAGIOSAS Y LA IMPARABLE DISEMINACIÓN DE LA FE CRISTIANA

Relaciones rotas, familias divididas, promesas incumplidas, valores rotos, corazones destrozados, vidas destrozadas en un mundo destrozado...

En medio de este desorden, permite que la iglesia local funcione como la iglesia imaginada por Jesucristo: un centro próspero e rebosante del amor cristiano que alcanza una preocupación auto-sacrificante hacia las necesidades de mujeres, hombres y niños contemporáneos. Permite que la iglesia sea en realidad la iglesia y obsérvala ejercer un poder sobrenatural de atracción que irresisti-blemente atraerá a nuestros contemporáneos seculares y privados de comunidad a su esfera de influencia, trayéndolos a Cristo de la manera más natural e integrándolos en su vida.

La mejor opción para el evangelismo es animar a las iglesias a convertirse y vivir como comunidades auténticas y bíblicamente definidas para que el propio Señor pueda convertirse en su Evange-lista Maestro.

Dr. Gilbert Bilezikian

¿Qué hace a una iglesia *verdaderamente* contagiosa? ¿Qué tipo de iglesia usa el Espíritu Santo para no solo atraer forasteros, sino también atraerlos al punto de confiar en Cristo y luego involucrarlos en la vida de la familia de Dios? Como estoy seguro de que ya lo sabes, ¡es más que una iglesia *evangelística*! Nos hemos enfocado en la estrategia y la actividad evangelística, donde ambas juegan un papel vital en ayudarnos a hacer conexiones, abrir puertas y exponer a la gente a la verdad del evangelio.

Pero una vez que estas personas aparecen, necesitan experimentar una iglesia vibrante y bíblica, el tipo de iglesia que genuinamente honra y alaba a Dios, enseña y se somete a su Palabra, es fiel en oración, experimenta y extiende la comunidad auténtica, se ocupa directamente con problemas y conflictos, y expresa amor altruista y servicio a la gente dentro y fuera de sus cuatro paredes.

Es este tipo de combinación que vemos en la sumamente contagiosa iglesia de Hechos 2:42-47:

> Se mantenían firmes en la enseñanza de los apóstoles, en la comunión, en el partimiento del pan y en la oración. Todos estaban asombrados por los muchos prodigios y señales que realizaban los apóstoles. Todos los creyentes estaban juntos y tenían todo en común: vendían sus propiedades y posesiones, y compartían sus bienes entre sí según la necesidad de cada uno. No dejaban de reunirse en el templo ni un solo día. De casa en casa partían el pan y compartían la comida con alegría y generosidad, alabando a Dios y disfrutando de la estimación general del pueblo. Y cada día el Señor añadía al grupo los que iban siendo salvos.

UNA INVERSIÓN DESPROPORCIONADA EN EL EVANGELISMO

La iglesia de los primeros tiempos tenía todos los elementos correctos, y estableció el estándar original inspirado por el Espíritu que todos nosotros deberíamos de luchar por alcanzar. Es esta mezcla bíblica que convierte a la iglesia en un imán absoluto para cualquier persona que tenga un gramo de sinceridad y receptividad espiritual. Así que es importante en nuestro esfuerzo para convertirnos en una iglesia contagiosa ponerle atención a la cuestión general de la *salud* de la iglesia y no enfocarnos solamente en nuestra misión de alcance.

Dicho esto, no pasemos por alto el hecho de que la iglesia en Hechos 2 tenía *un compromiso extraordinario al alcance*. Había surgido del evangelismo, como se documenta en los versículos inmediatamente previos al pasaje en Hechos 2:42-47 en referencia a los acontecimientos increíbles del día de Pentecostés, y el evangelismo era su prioridad principal. Esto se puede ver claramente en los próximos capítulos, donde Pedro y Juan sanaron a un hombre y luego usaron la plataforma que esto proveyó para proclamar el evangelio (Hechos 3:11-26). Cuando esto condujo a su arresto por las autoridades, ellos volvieron a sacar el mejor provecho posible de la situación y presentaron el mensaje de Cristo a las personas que los arrestaban (Hechos 4:8-12). Luego, después de haber sido severamente advertidos de que dejaran de predicar, fueron liberados. ¿La respuesta de la iglesia a todo esto? Oraron: «Ahora, Señor, toma en cuenta sus amenazas y concede a tus siervos el proclamar tu palabra sin temor alguno… todos fueron llenos del Espíritu Santo, y *proclamaban la palabra de Dios sin temor alguno*» (Hechos 4:29-31, énfasis personal).

¡Y eso solo era el principio! Después de que Esteban, uno de los líderes de la iglesia, fue ejecutado como seguidor de Cristo, «se desató una gran persecución contra la iglesia en Jerusalén, y todos, excepto los apóstoles, se dispersaron por las regiones de Judea y Samaria» (Hechos 8:1). ¿De qué manera reaccionaron los miembros de la iglesia, la mayoría de los cuales eran nuevos en su fe, a esta situación de vida o muerte? Hechos 8:4 nos dice que «los que se habían dispersado *predicaban la palabra por dondequiera que iban*» (énfasis personal).

¡Increíble! Hablando de una iglesia contagiosa, ¡esta comunidad de creyentes era *imparable*! La pasión evangelística era el combustible principal en que se movía. Yo creo que alcanzar a gente perdida fue el primer paso en términos de la misión y los valores de la iglesia de los primeros tiempos.

Asimismo, si queremos convertirnos en iglesias contagiosas, el evangelismo tiene que convertirse en muestra prioridad principal. No en nuestra única prioridad, porque tiene que existir un equilibrio bíblico sano, sino la prioridad que recibe nuestra mayor atención, creatividad, energía y recursos. Como lo descubrió Bill Hybels como pastor y líder de una iglesia sumamente contagiosa, tenemos que hacer lo que él llamó «una inversión desproporcionada en el evangelismo» si hemos de tener alguna esperanza de obtener y mantener este valor en el alto nivel necesario.

¿Por qué debemos hacer estos esfuerzos extra en este aspecto? En parte porque, como lo discutimos previamente, este es el valor que desaparece más rápido; es el antiguo problema dominante de la *entropía evangelística*. También, creo yo, que debido a todas las cosas en que nos podemos enfocar en nuestras iglesias, ésta es la que tiene menos «gratificación instantánea». En otras palabras, cuando te dispones y das pasos para alcanzar a gente perdida, ¡es probable que nadie se esfuerce para agradecértelo! Después, cuando el impacto es evidente puede ser que recibas algún tipo de estímulo, pero no en la proporción que cuando enseñas el mensaje a otros creyentes, guías un poderoso servicio de alabanza o una sesión dinámica con tu grupo pequeño. Invierte tu energía en el evangelismo y la mayoría de los no cristianos te ignorarán o te resistirán, ¡y muchos creyentes se preguntarán porqué no estás dándoles atención a ellos! Las únicas recompensas inmediatas son casi siempre silenciosas y ocultas, incluido silenciosos susurros de afirmación provenientes del Espíritu Santo. Definitivamente maravilloso, pero no el tipo de beneficio al cual nos podemos volver adictos fácilmente.

Finalmente, creo que necesitamos invertir más en el evangelismo porque este es el aspecto contra el cual lucha más Satanás, debido a que este es el que alimenta a los otros. Por ejemplo, ¿quieres tener una iglesia de enseñanza? El evangelismo provee una afluencia de personas que necesitan desesperadamente la enseñanza. ¿Quieres una iglesia de alabanza? ¡El evangelismo provee devotos recién redimidos! ¿Una iglesia de discípulos? El evangelismo llena tus rangos con reclutas nuevos que necesitan el discipulado. ¿Qué tal una iglesia de mensajeros? El evangelismo puede alcanzar un grupo de personas con los que puedes hacer llegar el mensaje. ¿Quieres ser una iglesia misionera? Cumple con la misión evangélica en casa de forma que prepararán a tu congregación para llevar esa misión a otros lugares. ¿Quieres ser una iglesia que honra a Cristo? Ayuda a tu congregación a honrar a Cristo imitando el ejemplo de él y convirtiéndote en amigo de pecadores que, como tú, trabajan para «buscar y salvar lo perdido».

Si los esfuerzos de Satanás, al igual a que las divisiones de la iglesia, las distracciones, la apatía o los obstáculos bloquean o apagan tus esfuerzos evangelísticos, afectará directa o indirectamente cualquier otra meta o propósito de tu iglesia; así que debemos consistentemente enfocar nuestra mayor energía en este aspecto.

UN PUNTO DE REFERENCIA PARA ALCANZAR

¿Pero cuánto esfuerzo es suficiente en el evangelismo? ¿Cómo podemos saber si estamos ganando o perdiendo en el dominio del alcance? Estas son preguntas difíciles que merecen nuestra atención.

Conforme he ido charlando con líderes de iglesias acerca de los elementos requeridos para convertirse en una iglesia sumamente contagiosa, he descubierto un problema serio: lo que se considera «sumamente evangelístico» o «contagioso» varía muchísimo de líder a líder y de iglesia a iglesia. Algunos tienen expectativas enormes, y tal vez hasta poco realistas, de lo que deberían de lograr con respecto a alcanzar gente perdida. Esto puede conducir a frustración verdadera cuando consistentemente no cumplen con sus elevadas metas.

Pero con más frecuencia me enfrento el problema opuesto: los líderes que se han acostumbrado durante mucho tiempo a no ver a nadie o a pocos acercarse a Cristo a través de sus esfuerzos de alcance pueden comenzar a pensar que esta situación es más o menos normal. Esto puede conducir a que se sientan muy fácilmente satisfechos con resultados levemente mejorados. Pero no debemos de rendirnos en nuestro intento por alcanzar el completo potencial evangelístico de nuestra iglesia, lo cual resultaría en el alcance de *un* hombre, mujer o niño menos de los que hubieras alcanzado si hubieras hecho lo contrario.

A través de estos pasajes he dicho muy poco acerca del «crecimiento de las iglesias» no porque estoy en contra de la idea de que crezcan las iglesias, sino porque es tan tentador sobreenfatizar los números. Cuando nos enfocamos demasiado en el crecimiento numérico, podemos sentirnos tentados a comenzar a buscar soluciones superficiales y a reclutar a cristianos de otras iglesias en vez de ejecutar el profundo trabajo preparatorio de examinar y fortalecer nuestros propios corazones y hábitos por el bien de las personas perdidas que necesitan a Dios. Así que hemos gastado la mayoría de la energía hablando del proceso de 6 Etapas diseñado para ayudar a resolver estas cuestiones más profundas, y luego guiar, entrenar y movilizar a nuestro grupo de manera que pueda impactar a muchos para Cristo.

Pero buenas noticias: cuando hacemos estas cosas, ¡generalmente aparece también en las tablas numéricas! La pregunta natural es, ¿cómo deberían de verse estas tablas? ¿Cuántas personas por año debería razonablemente esperar una iglesia que se acerquen a la fe? ¿Cuál sería un buen punto de referencia para por lo menos darnos una idea de lo que deberíamos de esperar?

Yo he pensado mucho y durante mucho tiempo acerca de estas preguntas. También he orado con gran seriedad acerca de si poner una medida específica en este libro, y si hacerlo, cual. Solo quería hacerlo si hubiera sido útil, lo que significa que tendría que ser lo suficientemente alta para inspirarnos a ser aun mejor dentro del alcance, de manera que nos motive.

Todos hemos escuchado posibilidades presunciosas como esta: Si alcanzaste a una persona hoy, y luego tú y esa persona alcanza cada uno otra persona más mañana, y luego los cuatro alcanzan a cuatro más al día siguiente, luego ocho el próximo día, etcétera, se alcanzaría una ciudad del tamaño de Chicago en veinticuatro días, un país del tamaño de los Estados Unidos solo cinco días después, y la población del mundo entero, todas las siete u ocho mil millones de personas, en solamente cinco días más, ¡lo cual es un total de solamente treinta y cuatro días! La matemática verdaderamente funciona. ¡El problema es que este tipo de «plan» falla en motivar a cualquier persona! Es suficientemente difícil *alcanzar a una persona mañana*, y mucho más los requisitos cada vez más irrazonables durante los días sucesivos.

Así que es tentador desechar este tipo de planes fantasiosos y rendirnos y decir: «Ignoremos los números por completo. Sigamos haciendo lo mejor que podamos, y dejemos que los resultados se resuelvan por sí mismos». Pero yo creo que eso sería un error. Estos «números» no son simple estadística; ¡han *cambiado vidas*! Son seres humanos con nombres y rostros, esperanzas y sueños, familias y futuros. Son personas que le importan a Dios. Son tu esposo o esposa, padre o madre, hijo o hija, sobrina o sobrino, vecino o compañero de trabajo, individuos que amas y a quienes ver en el cielo contigo por toda la eternidad. Y si tienes cuatro o cinco de estas personas en tu vida, personas que tu corazón anhela alcanzar, entonces no te importa mantenerte atento de cuantos de ellos se han convertido. Simplemente estamos hablando de hacer esto a nivel de toda la iglesia.

Por cierto, ¿sabes lo que hacían en el Nuevo Testamento? *¡Mantenían un historial!* Mira con atención estos pasajes del libro de Hechos (énfasis personal):

- En aquellos días Pedro se puso de pie en medio de los creyentes, que eran un grupo *como de ciento veinte personas* –Hechos 1:15.
- Los que recibieron su mensaje fueron bautizados, y *aquel día se unieron a la iglesia unas tres mil personas* –Hechos 2:41.
- *Y cada día el Señor añadía* al grupo los que iban siendo salvos – Hechos 2:47.
- Pero muchos de los que oyeron el mensaje creyeron, y *el número de éstos llegaba a unos cinco mil* –Hechos 4:4.
- Y *seguía aumentando el número* de los que creían y aceptaban al Señor –Hechos 5:14.
- En aquellos días, al *aumentar el número de los discípulos* –Hechos 6:1.
- Y la palabra de Dios se difundía: el *número de los discípulos aumentaba considerablemente* en Jerusalén, e incluso *muchos de los sacerdotes obedecían* a la fe –Hechos 6:7.
- Mientras tanto, la iglesia disfrutaba de paz a la vez que se consolidaba en toda Judea, Galilea y Samaria ... E *iba creciendo en número*, fortalecida por el Espíritu Santo –Hechos 9:31.

Esta lista continúa, incluyendo casi una docena de referencias adicionales solo en el libro de Hechos. Los líderes de la iglesia de los primeros tiempos no eran tímidos para observar, hablar y documentar resultados actuales, así que tampoco lo deberíamos de ser nosotros.

Mientras yo oraba por un punto de referencia que les sirviera a las iglesias para cumplir con la misión de Dios, creo que él me guió a uno que será simultáneamente exigente y realista y lo suficientemente simple para ser fácilmente entendido y usado. (Y lo que es interesante es que «desarrollé este modelo» meses antes de descubrir que Dann Spader y los Ministerios *Sonlife* habían estado enseñando y ayudando a iglesias por mucho tiempo mediante este modelo,[1] ¡y que Donald McGavran lo había propuesto años antes!).

Aquí está la medida:

> Cada iglesia, en cooperación con la obra del Espíritu Santo, que alcance y retenga a una persona no creyente por año por cada diez miembros regulares. En otras palabras, una iglesia de 100 que guíen a 10 personas a Cristo este año, los agreguen a su rebaño, y luego el año próximo esa iglesia de 110 alcance y dé la bienvenida a 11 más, luego el año siguiente 121 que enseñen y den la bienvenida a 12, etcétera. O, si tienes un equipo de diez personas que están fundando una iglesia juntos, deben alcanzar por lo menos a una persona este año. Cuando llegues a treinta, trata de alcanzar por lo menos a tres. Y algún día si crecen a 1.500, oren y pídanle a Dios que les ayude a traer a 150 personas no creyentes a Cristo.

Recuerda, si decides adoptar esto, será una *meta* y no un *límite*; Dios puede bendecir tus esfuerzos más allá de esto, por lo menos durante algunos años. También, observa que una iglesia con estos tipos de resultados también atraerá naturalmente cristianos adicionales que quieren estar «donde está la acción» (como se mencionó a finales del capítulo tres). Eso está bien, ¡pero no los cuentes como parte del 10 por ciento!

Lo que me encanta del modelo es que es verdaderamente alcanzable; 100 personas verdaderamente pueden, por la gracia de Dios, alcanzar a 10. (Una manera de lograr esto, teóricamente, sería simplemente que cada miembro de Primera Línea, el 10 por ciento con dones o pasión por el evangelismo, alcance a una persona por año. Pero no le digas eso a la congregación; ¡tú quieres que todos tomen parte de esta aventura!). No obstante, es aún retador, hasta para una mega-iglesia de 10.000, la cual se esforzaría por alcanzar a 1.000 no creyentes en cuestión de un año.

El verdadero reto es retener a la gente que es alcanzada evangelísticamente y luego desarrollar este crecimiento año tras año (o redistribuirlo a congregaciones recién creadas). Pero lo emocionante es que, en igualdad de condiciones, si haces esto consistentemente, *tu iglesia duplicará su tamaño cada siete años*, ¡agregando a tus rangos hombres, mujeres y niños recién redimidos que estarán motivados a ayudarte aun más!

Además, si las iglesias evangélicas en los Estados Unidos logran alcanzar y mantener ese nivel, alcanzaríamos a la nación entera en cerca de treinta años, lo cual está más o menos dentro de la esperanza de vida de la mayoría de aquellos de nosotros que leemos este libro. (Y la situación sería similar en otros países). *¡Sería una epidemia contagiosa!*

Ahora, pongamos de nuevo los pies en la tierra. Considerando una gama amplia de estudios y estadísticas, la tasa de promedio, lo que estadísticos en las iglesias llaman «tasa de crecimiento de conversión», para las iglesias en los Estados Unidos es entre dos y tres por ciento (algunas tienen un nivel mucho más alto; muchas iglesias no muestran ningún aumento; y muchas están en este momento perdiendo terreno). Este promedio es solo como una cuarta parte de lo que estamos tratando de lograr, la tasa de diez por ciento, y obviamente, no alcanza la meta de cumplir con la Gran Comisión, donde Jesús nos dice: «vayan y hagan discípulos de todas las naciones». Así que, ni qué decir, se necesita hacer mucho trabajo.

La importancia y los beneficios de este tipo de punto de referencia fueron reforzados para mí hace ya tiempo cuando pasé un tiempo con un grupo de líderes evangélicos de algunas de las iglesias más orientadas hacia el alcance en todo el país. Di a conocer este modelo de crecimiento evangélico del diez por ciento para obtener la reacción y las ideas de estos compañeros. Aunque tuvimos una discusión alegre, un par de ellos pensaron que la tasa era muy baja; y otros no estaban seguros de que querían contar del todo las conversiones, y un hombre que había estado activo en la mayoría de las discusiones anteriores se quedó atípicamente callado.

Finalmente este comprometido líder de evangelismo habló en tonos graves y vulnerables. Él dijo: «Sábes, nuestra iglesia consiste de 2.500 creyentes y me estás diciendo que deberíamos de alcanzar a 250 no creyentes este año. La verdad es, que solo hemos estado tratando de alcanzar como a 35. Si decidiéramos tratar de alcanzar a 250, *¡tendríamos que cambiar por completo nuestra manera de pensar!*».

¡Él tenía razón! Si de verdad queremos alcanzar el potencial redentor de nuestras iglesias, la mayoría de nosotros, y la mayoría de los líderes y las personas influyentes en nuestras iglesias, tendremos que cambiar nuestra manera de pensar. De hecho, *creo que vamos a tener que revolucionar la opinión que tenemos del evangelismo y la forma como lo llevamos a cabo.* Vamos a tener que declarar la guerra por todos los frentes, alejar la entropía evangelística, y hacer del alcance y la retención de personas perdidas nuestra prioridad principal. Si hacemos esto, creo que podemos seguir adelante, y en muchos casos aún más allá de esta tasa evangelística de crecimiento del diez por ciento.

Mi esperanza es que este modelo por lo menos te motive a ti y a tu equipo para comenzar a registrar, lo mejor que puedan, cuántas personas de verdad están llegando a la fe cada año a través de los esfuerzos colectivos de tu iglesia. Si la cifra es solamente un uno por ciento del tamaño actual de tu congregación, entonces comienza ahí. La pregunta importante para ti sería entonces investigar qué se necesitaría para llegar al dos o tres por ciento, y luego al cinco por ciento, etcétera. Cada aumento gradual vale el esfuerzo y justifica la celebración, ¡a pesar de si alcanzas la meta del diez por ciento o no!

¿UN JUEGO DE CIFRAS?

Le hablé a un grupo de líderes de diferentes lugares durante un taller de todo un día, y terminé el día presentándoles este punto de referencia del diez por ciento, y luego dije: «Ahora, quiero convertir esto en un juego de cifras. Si este modelo te ayuda, perfecto; si no, solo aplica el proceso de 6 Etapas y los otros principios que hemos mencionado hoy, y permítele a Dios ocuparse de los resultados».

Estaba a punto de terminar en oración cuando Jim Ockenfels, un amigo mío que había estado sentado en la parte de atrás de la sala ayudando con los aspectos administrativos del taller, inesperadamente habló. «Mark, antes de que termines, me gustaría decirle algo a todos, si puedo». Jim se había convertido solo hace unos cuantos años a través de los esfuerzos y las invitaciones de un contagioso compañero de trabajo cristiano. Conociendo su sentimientos hacia las personas perdidas, así como su pasión por servirle a los líderes de la iglesia, alegremente lo dejé decir unas cuantas palabras. Aún hablando desde la parte de atrás del cuarto, su voz temblorosa y sus ojos llenos de lágrimas, Jim dijo con convicción obvia:

> *Yo* te lo convertiré en un «juego de cifras» para ti: Yo soy el menor de once niños. Aun están vivos siete de mis hermanos y hermanas. Ninguno de ellos conoce a Cristo. De las familias de estos siete,

tengo veintiún sobrinos y sobrinas, y cincuenta sobrinos nietos y nietas. Pero de las setenta y ocho personas que acabo de enumerar, solo *tres* conocen a Cristo como su Salvador.

Yo he estado orando todo el día por sus iglesias, porque viven dispersos por todo el país. He estado orando porque quiero que exista una iglesia contagiosa para cada uno de mis familiares. De esa manera, si ellos entran por sus puertas algún día, escucharán acerca de Cristo de la misma manera en que lo hice yo cuando vine a esta iglesia…

Así que, ese es mi reto para ustedes: Construyan iglesias contagiosas y ¡dénle a mis seres queridos el mismo tipo de oportunidad que tuve yo aquí!

Las palabras poderosas de Jim nos ayudaron a todos ese día a obtener una conciencia más profunda de la importancia inconmensurable de la tarea que teníamos en nuestras manos. Espero que te sirvan de la misma manera ti también.

ELEMENTOS PARA CONVERTIRSE EN UNA IGLESIA CONTAGIOSA

En esta sección de clausura, quiero reunir los elementos de los que hemos hablado y agregar otros importantes para ayudarnos a entender bien qué es lo que tenemos que hacer para verdaderamente convertirnos en iglesias contagiosas. Estos se colocan junto a los componentes más generales de una iglesia que funciona de una manera bíblica, mencionados al principio de este capítulo.

Compromiso radical a nuestra misión evangelística

Jesús, nuestro Líder máximo, dijo que vino «a buscar y a salvar lo que se había perdido» y «para dar su vida en rescate por muchos». Jesús estaba completamente concentrado en su misión evangelística, y él estaba dispuesto a darlo todo, y de hecho lo *dio* todo, para cumplir esa misión.

El apóstol Pablo dijo: «considero que mi vida carece de valor para mí mismo, con tal de que termine mi carrera y lleve a cabo el servicio que me ha encomendado el Señor Jesús, que es el dar el testimonio del evangelio de la gracia de Dios» (Hechos 20:24). Para Pablo tampoco existía un precio demasiado alto en el esfuerzo por alcanzar a la gente para Cristo.

Hemos visto el sacrificio y la dedicación evangelística de los líderes en la iglesia del Nuevo Testamento, documentado en el libro de Hechos. También está el ejemplo del sacrificio de los padres de la iglesia al igual a que el de innumerables primeros creyentes que sacrificaron todo, incluidas en ocasiones sus propias vidas, para servir y seguir a Cristo y para luchar para cumplir sus propósitos redentores.

Entre ellos, Martín Lutero, que arriesgó su vida para clavar las noventa y cinco tesis en la puerta de la iglesia del Palacio de Wittenberg y para traducir las Escrituras al idioma del pueblo alemán. Y Juan Calvino, que mandó misioneros a Francia y Brasil y fue pionero del entrenamiento evangelístico en su Academia de Ginebra. Y Juan Wesley, que viajó por todas las islas británicas para poder dar a conocer las buenas noticias a la gente de allí, y luego navegó a través del Atlántico para enviar predicadores a través del nuevo mundo. También estuvo William Booth, que peleó contra el status quo para comenzar su misión de alcanzar a la gente no solo con palabras de amor sino también con expresiones tangibles de servicio devoto. Y Dwight L. Moody, que se entregó sin cansancio para predicar el evangelio en ambos lados del océano, para imprimir literatura, para establecer escuelas y para entrenar a ministros jóvenes. Y Hudson Taylor, que arriesgó y entregó todo para alcanzar a los no creyentes en China, la cual era uno de los lugares misioneros más difíciles del mundo.

Yo creo que todos estos héroes de la fe e innumerables hombres y mujeres de gran corazón y visión clara, entendieron lo que era la iglesia y en lo que podía convertirse, no solo una cuadrilla de creyentes comprometidos, sino que una comunidad contagiosa lista para atraer, influenciar y darle la bienvenida a los no creyentes alrededor de ellos. Eran líderes que se entregaron para alcanzar a gente perdida con el mensaje de la cruz y para discipularlos y convertirlos en compañeros que sucesivamente se entregarían a sí mismos para alcanzar a más personas. Y no podría estar más de acuerdo con George Hunter cuando dice en su libro *Church of the Unchurched* [Iglesia de los no creyentes]: «No honramos a nuestros fundadores perpetuando ciegamente en un mundo cambiante lo que hicieron ellos una vez... los honramos haciendo para nuestra época y cultura lo que hicieron ellos para las suyas».[2]

Todo comienza en los corazones y las vidas de nosotros como líderes e influyentes de las iglesias, personas que vivimos los valores evangelísticos (Etapa 1), trabajamos sin cansancio para inculcarle estos valores a las personas a nuestro alrededor (Etapa 2) y con entusiasmo autorizamos a líderes que se unirán a nosotros en la tarea de convertirse cada vez más en iglesias contagiosas (Etapa 3).

Disposición para intentar métodos nuevos

En iglesias existentes

Allá por la época del profeta Jeremías, Dios dijo que él «creará algo nuevo en la tierra» (Jeremías 31:22), ¡y parece ser que el pueblo de Dios se han comprometido a mantener las cosas iguales desde entonces! Nosotros naturalmente nos acercamos a la seguridad de la monotonía. Pero convertirse en una iglesia contagiosa requerirá una manera nueva de pensar, así como la disposición y valentía para poner estas ideas en acción.

El gran evangelista Billy Graham una vez escribió acerca de lo que se requerirá «para que el imperativo evangelístico se viva en el futuro de una manera que convierta al siglo XXI en el mejor siglo de la historia para el evangelismo cristiano». Él dijo que una de las cosas que necesitamos es:

> *Una buena disposición para explorar nuevos métodos y nuevos campos.* Los métodos que han funcionado en el pasado para hacer a la gente conciente de la iglesia y atraerla a sus programas no funcionará necesariamente en una época saturada por los medios de comunicación. No es una coincidencia que esas iglesias que son frecuentemente efectivas en alcanzar a sus vecindarios y ciudades para Cristo son a menudo la más flexibles y adaptables en sus métodos... El punto principal es que necesitamos detenernos un momento y ser creativos.[3]

No significa que nos tenemos que convertir en antitradicionales; solo tenemos que preguntarnos si cada tradición o práctica está óptimamente sirviendo el propósito bíblico para el cual se había originalmente creado. Si lo está haciendo, entonces quédate con ella. Si no lo está haciendo, entonces encuentra dentro de la pauta bíblica una manera mejor.

Lee Strobel cita las palabras punzantes del misionero del la Convención Bautista del Sur, Winston Crawley, que dijo: «Si nuestros esfuerzos por predicar el evangelio en el mundo de hoy se limitan solamente al modelo tradicional, entonces hemos decidido de antemano por un alcance y un crecimiento limitado».

Permite que esas palabras penetren por un minuto. ¿Estás dispuesto a atarte las manos de antemano para que, como máximo, puedas esperar solamente resultados limitados? Yo tampoco. Pero eso significa, según este misionero que se basa en la Biblia, que tenemos que estar listos, hoy mismo, para deshacernos del modelo típico, tradicional, status quo, «pero-siempre-lo-hemos-hecho-de-esta-manera», ¡y comenzar a intentar cosas nuevas y emocionantes! Puede ser un poco peligroso al principio, pero pronto será emocionante cuando aparezca el Espíritu de Dios para bendecir tus esfuerzos y comience a guiar a más y más personas hacia él. Cuando eso ocurra, ¡tú y tu equipo se van a preguntar porqué tardaron tanto en hacer cambios y poner las cosas en movimiento!

En las iglesias nuevas

La necesidad para la flexibilidad y la creatividad no solo aplica para las iglesias que ya existen. Los líderes que fundan nuevas iglesias tienen que considerar de inmediato qué es lo que están tratando de construir y por qué. Cuidado con la tentación de simplemente duplicar modelos viejos y colocar un clon de la iglesia madre en un nuevo vecindario solamente porque aún no existe una franquicia de esta particular «marca» sectaria en esa zona (ya sea que existan o no otras iglesias evangélicas cerca).

¡Esto puede ser un gran gasto de recursos del reino! Ahora, no me malentiendas; estoy a favor de fundar nuevas iglesias. Solo que debemos *fundarlas dónde de verdad se necesitan* y asegurarnos de que las diseñamos para cumplir la necesidad mayor: *alcanzar y abarcar a las personas perdidas*.

Cuando comienzas una iglesia nueva, tienes una tremenda oportunidad para ubicarla, enfocarla y desarrollarla de maneras que tendrán un impacto poderosamente evangelístico. Y aplicar el Proceso de 6 Etapas, especialmente las primeras tres etapas, ayudará a establecer la correcta trayectoria evangelística.

Etapa 1 para las iglesias nuevas: Si los líderes del equipo de fundación *viven vidas evangelísticas* desde el principio, ellos naturalmente inculcarán estos valores dentro del ADN de la nueva iglesia. Esto impactará de manera positiva cada decisión y patrón de esta iglesia, tanto en el presente como en el futuro. Si, por otra parte, estos valores son dejados de lado con la esperanza de agregarlos después, cuando la iglesia esté «un poco más establecida», entonces patrones antiguos se fraguarán en cemento espiritual, y será extremadamente difícil alterar la genética de la iglesia y establecer el evangelismo como un valor central.

Etapa 2 para las iglesias nuevas: Si el liderazgo de fundación de iglesias trabaja fuerte para *inculcar el valor del evangelismo* desde el principio, esto formará una fuerte cultura de alcance y atraerá a las personas correctas que se unirán para profundizarla y extenderla. (También rechazará a las personas incorrectas mientras que sea aún indoloro). Este valor creará urgencia, emoción y un sentido claro de que esta nueva obra es parte de la misión redentora de Dios, ¡y nada más en el mundo podría ser más importante!

Etapa 3 para las iglesias nuevas: El equipo de fundación de iglesias debería de observar y orar desde el principio por *la persona correcta para habilitar como su líder de evangelismo* quien protegerá y promoverá estos valores desde el inicio de la iglesia. Esta persona lo más probable es que será un laico clave, ¡aunque podría llegar a convertirse en la carrera a tiempo completo de esta persona! Me gusta lo que dijo Rick Warren acerca de esto en *Iglesia con propósito*:

Si yo estuviera estableciendo una nueva iglesia hoy, comenzaría reclutando a cinco voluntarios para cinco posiciones de personal sin sueldo… [incluyendo a alguien] que supervise nuestros programas de evangelismo y de misiones en la comunidad. Conforme creciera la iglesia yo mudaría a estas personas a posiciones de medio tiempo pagadas y finalmente a tiempo completo.[4]

Seguir las Etapas 1-3 ayudará a preparar a los líderes y a establecer la cultura, tanto en las iglesias nuevas como en las ya establecidas, para después hacer el resto de lo que necesitan hacer para preparar y enlistar a la congregación para alcanzar a la mayor cantidad posible de personas.

La participación del cuerpo entero

El evangelismo efectivo y continuo es siempre una actividad de equipo. Jesús reclutó a doce discípulos y los mandó en parejas (Marcos 6:7). Luego encargó a «otros setenta y dos delante de él» (Lucas 10:1). Después de su muerte y resurrección, él les dio la ahora famosa directriz a sus seguidores: «Pero cuando venga el Espíritu Santo sobre ustedes, recibirán poder y serán mis testigos tanto en Jerusalén como en toda Judea y Samaria, y hasta los confines de la tierra» (Hechos 1:8). En cuestión de unos cuantos días, Dios milagrosamente usó a su equipo para hablarle a las muchedumbres en sus propios idiomas (ver Hechos 2:6).

Lo que me impresiona del poderoso alcance y el crecimiento exponencial de la iglesia de los primeros tiempos es la amplia participación del grupo entero de seguidores comunes de Cristo: «Después de haber orado, tembló el lugar en que estaban reunidos; *todos fueron llenos* del Espíritu Santo, *y proclamaban* la palabra de Dios sin temor alguno» (Hechos 4:31, énfasis personal). Este era un movimiento contagioso, e involucraba a *todos* los miembros de la iglesia.

Cada cristiano es parte de la iglesia a la cual Jesús le dio la Gran Comisión, y cada uno de nosotros tenemos un papel vital que jugar. La tarea es demasiado enorme para completarse tan solo por unos cuantos pastores, líderes de iglesias o entusiastas del evangelismo. No necesitamos menos que *entrenar a cada creyente, el cien por ciento, para comunicar a Cristo* e involucrarlos en esta aventura evangelística de maneras que sean naturales para ellos (Etapa 4).

¡Y no podemos abandonar a aquellos a quienes el Espíritu Santo ha dado dones especiales y la pasión para alcanzar a los perdidos con el evangelio! Esto es una encomienda divina de Dios para la iglesia, y con cuidado debemos administrarla como tal. Por eso es, como lo hemos discutido, que muchas iglesias están comenzando a captar la visión para establecer *ministerios evangelísticos diversos, con estilos variados y entre departamentos*, como lo que yo he llamado Primera Línea, para cultivar, animar, instruir y autorizar a sus entusiastas de alcance claves dentro de la iglesia (Etapa 5).

Una vez que hayas organizado este equipo diverso de especialistas de evangelismo, *¡ten cuidado!* Tienes los ingredientes de un equipo de evangelistas de alto impacto a través de los ministerios de la iglesia que pueden alcanzar por diferentes frentes, desde el alcance individual, a grupos pequeños y clases, hasta cualquier nivel o forma de un evento o ministerio evangelístico más grande (Etapa 6). Y cuando colocas liderazgo talentoso tras ese tipo de impulso evangelístico, ¡los resultados pueden ser explosivos!

Ahora que hemos minuciosamente explorado el Proceso de 6 Etapas, permíteme indicarte a ti a tu equipo el «Instrumento de Evaluación para el Proceso de 6 Etapas» en el apéndice de este libro (páginas 241). Es un cuestionario que tú y tu equipo puede llenar individualmente, siguiendo las instrucciones escritas ahí, y luego comparar tus evaluaciones los unos con los otros. Asegúrate de usar este instrumento de manera piadosa y constructiva. La meta no es aumentar o persistir en los problemas, sino buscar maneras positivas para ayudarle a tu iglesia a ser más efectiva evangelísticamente. ¡Que Dios guíe y use este proceso!

Maximización de cada elemento del proceso

Una última idea acerca del Proceso de 6 Etapas: Por una parte, la secuencia de las etapas es intencional e importante. No puedes difundir un valor que, hasta cierto grado, tú no posees ni vives. No podrás autorizar a un líder de evangelismo hasta que por lo menos un núcleo de las personas influyentes en la iglesia esté de acuerdo en que la iglesia necesita hacer más en este campo. No podrás involucrar a tu congregación en el entrenamiento de evangelismo si el valor no está primero, hasta cierta medida, inculcado en sus corazones y en la cultura de la iglesia. El concepto Primera Línea de reunir a todos los entusiastas del evangelismo de todos los ministerios depende del liderazgo y de los elementos de entrenamiento. Y la etapa final de desatar una variedad de ministerios y actividades de alcance requiere algún tipo de éxito en todos los aspectos anteriores. Así que, hay una lógica en el orden de estas etapas y favorece desarrollarlas en el orden prescrito.

Por otra parte, hay un peligro en persistir demasiado en una etapa con la esperanza perfeccionista de acelerarlo todo a velocidad máxima antes de seguir a la próxima. Esto podría tardarse años, ¡y puede que nunca ocurra por completo! Por ejemplo, en una escala de 1 a 10, tu pastor puede estar viviendo el valor del evangelismo (Etapa 1) tan solo en un nivel 2. Lo más probable es que nunca lograrás que llegue a 10, ¡y puedes perder un par de décadas intentándolo! En vez de eso, haz lo que puedas para ayudarle a que suba a un nivel 3 o 4 (aplica las ideas relevantes de los capítulos dos y tres; también envíalo a buenas conferencias de evangelismo, anímalo a visitar iglesias evangelísticamente efectivas, dale a él y a los otros líderes copias de este libro, etc.) y anímalo a cooperar contigo y con el resto de los líderes a inculcar este valor a tantas personas como sea posible en la congregación (Etapa 2). Tal vez luego solo puedas llevar la Etapa 2 a un nivel 5 o 6, pero eso es un nivel suficiente con el cual trabajar mientras encuentras y habilitas a un líder de evangelismo (Etapa 3), etcétera. Avanza lo más que puedas en cada campo, pero continúa avanzando a través del proceso lo más rápido que puedas.

Las etapas finales también pueden servir para fortalecer las primeras. Por ejemplo, si organizas una *Campaña Contagiosa* y entrenas a todos en tu iglesia para que testifiquen de su fe (Etapa 4), eso será muy efectivo para ayudar a todos los líderes, junto con el resto de la congregación, a vivir verdaderamente este valor (Etapa 1) y para motivarlos a difundirlo y reforzarlo a través del cuerpo de la iglesia (Etapa 2). De nuevo, el resultado final es este: Ponle atención a la secuencia de estos elementos, pero avanza con cada uno lo más que puedas sin quedarte estancado porque un aspecto no alcanzó el nivel que esperabas que alcanzara.

Además, es importante darse cuenta de que tu iglesia puede ser naturalmente fuerte en uno o más de estos aspectos y de que tú no tienes que retrasar ese aspecto mientras tratas de avanzar otros. Por ejemplo, sé de una iglesia de crecimiento rápido que siempre, desde su principio, ha organizado servicios de fin de semana enérgicos y eficaces (una expresión de la Etapa 6), que guía a muchas personas hacia Cristo. Pero nunca han entrenado a su gente en el evangelismo relacional. Bueno, mi consejo para los líderes de esa iglesia fue seguir haciendo lo que ya hacen tan bien, pero al mismo tiempo volver atrás y reforzar los aspectos débiles, incluido el entrenamiento. Hacer esto fortalecerá su impacto, ampliará su alcance a la gente que no visita la iglesia o para quienes habrán pronto suficientes asientos en ella, y hará a su ya contagiosa iglesia aún más eficaz en su aspecto evangelístico.

Alineamiento de los ministerios y los servicios de la iglesia

Es sumamente posible, hasta probable, que mientras fortaleces el valor evangelístico a través de tu iglesia, varios aspectos del ministerio no se afectarán y hasta se resistirán. Estos silos de actividad independientes querrán funcionar sin restricciones del liderazgo y de la misión de la iglesia en general. No podemos permitir que ocurra esto.

Muchos de estos ministerios y funciones están cumpliendo con otras partes importantes de los propósitos de la iglesia, pero como líderes necesitamos considerar cada aspecto para asegurarnos de que se está maximizando, donde sea apropiado, para la meta de *alcance* de la misión de la iglesia. Tenemos que asegurarnos que en cada ámbito estamos aplicando el principio en Colosenses 4:5: «Compórtense sabiamente con los que no creen en Cristo, aprovechando al máximo cada momento oportuno».

Una manera en que he visto esto cumplido es cuando el pastor y los líderes de la iglesia se reúnen un par de veces al año con los directores de los diferentes ministerios para analizar las metas y los planes de cada ministerio. Se aseguran de que cada ministerio se mantenga enfocado y sincronizado con la dirección general de la iglesia, incluido el evangelismo como un propósito central, o que tenga claro cualquier ajuste que tenga que hacer para lograrlo. Se aprueban los planes y se distribuyen los recursos para los ministerios que van bien encaminados. En algunas situaciones, el liderazgo redirigido se aplica para ayudar a un ministerio a mejor cumplir la misión para la cual se había originalmente establecido o, en ocasiones raras (si ha sobrevivido su utilidad), para comenzar el proceso de traerlo a su fin, lo cual puede ser doloroso pero necesario. No podemos continuar invirtiendo tiempo, recursos y liderazgo en campos que no están cumpliendo algún aspecto de la misión de nuestra iglesia.

Estas reuniones también presentan un foro natural para animar y afirmar a líderes y ministerios, y proveen un excelente lugar para las interacciones sinérgicas, resolución de problemas, intercambio de ideas y oración.

Este proceso necesita aplicarse no solamente a los ministerios individuales sino también a la iglesia completa. A través de este libro he hablado principalmente acerca de las actividades de los líderes individuales y de los ministerios. Pero tarde o temprano, cuando la misión y los valores evangelísticos se arraigan, las estructuras y los servicios generales de la iglesia también tienen que examinarse. Si haces esto antes de lo debido, puede causar estrés y resistencia innecesaria. Pero finalmente, según la guía de Dios, poner en práctica los valores de alcance que son ahora transferidos y comunes se convierte en algo natural.

Si estamos verdaderamente convencidos de que el evangelismo es fundamental para el propósito de la iglesia entera, necesitamos comenzar a ver todo lo que hacemos a través de un lente evangelístico, no para forzar que todo se vuelva evangelístico de manera poco natural, sino para examinar y asegurarnos de que «estamos aprovechando toda oportunidad».

¿Qué te parecen los servicios públicos principales? ¿Están ellos sirviendo no solo a las necesidades de los creyentes, sino también siendo conducidos «sabiamente con los que no creen en Cristo» en mente? Si no es el caso, ¿qué se podría cambiar (sin perder el enfoque principal de alabar a Dios y desarrollar a los creyentes)? ¿Necesitamos establecer un servicio de alabanza orientado hacia los buscadores a una hora diferente o de noche? ¿Es suficiente afinar nuestro servicio actual de alabanza, haciéndolo más accesible a aquellos fuera de la congregación? Piensa cuidadosamente acerca de la respuesta; esta opción puede al final ser la correcta para ti, pero demasiadas iglesias se esconden tras la idea de «afinarse un poco más a los buscadores espirituales» y luego cambiar un poco o nada. Muchas veces terminan con el mismo resultado de siempre, con arreglos superficiales y renovaciones que fracasan al momento de relacionarse con un visitante verdaderamente no creyente.

¿Y qué de la música? ¿Qué de los mensajes? ¿Qué del sonido y las luces? ¿Qué de la apariencia del edificio, la accesibilidad al auditorio y las horas de los servicios? ¿Qué de la actitud y la apariencia de la gente encargada de dirigir el servicio? ¿Qué de la señal a la par de la carretera y los refranes y los lemas escritos? ¿Le abre las puertas el nombre de la iglesia a la gente que esperamos alcanzar o se las cierra? ¿Cuáles barreras innecesarias podrían ser removidas para facilitarle a la gente de la comunidad acceso a nuestros servicios, ministerios y finalmente para entender y adoptar nuestras buenas noticias acerca de Cristo?

¡Estoy conciente de que piso territorio sensible! Pero convertirse en una iglesia contagiosa requerirá que hagas lo mismo. La misión redentora de la iglesia es demasiado importante para permitir que el miedo y los baluartes tradicionales nos impidan examinar todo a la luz de nuestra visión bíblica y dirigida por Dios. *Tenemos* que alinear a la iglesia entera para lograr su misión, incluyendo la de guiar a las personas perdidas hacia Cristo. Necesitamos ser sabios acerca de qué encargarnos y cuándo, pero tenemos que ser valientes para continuar adelante bajo la guía del Espíritu.

Coordinación estratégica de los esfuerzos de alcance

A través de estas páginas hemos hablado acerca de un número de actividades y eventos evangelísticos estratégicos, pero existe el peligro de que pensemos acerca de cada uno de manera aislada. Cuando hacemos esto, fracasamos en ver las ganancias exponenciales que hubieran sido posibles con un enfoque más integrado, tanto con respecto a la planificación como a la promoción.

Por ejemplo, ¿por qué no organizar reuniones Primera Línea una o dos semanas después de la finalización de una *Campaña Contagiosa* o una presentación del seminario *Conviértase en un cristiano contagioso*? Hacerlo te permitirá promover y explicar acerca de Primera Línea a nuevos grupos de personas hasta el punto donde se sentirán muy motivados a asistir.

¿Por qué no organizar las reuniones evangelísticas, tales como entrenamientos en grupos pequeños o reuniones apologéticas, así como actividades de alcance, inmediatamente después de las reuniones Primera Línea? Esto te permitirá proyectar visión y desarrollar emoción para estos ministerios de Primera Línea. Esto también proveerá la oportunidad de orar juntos por estas iniciativas con la gente que naturalmente se sentirá más motivada para hacerlo.

Durante los servicios de Navidad y de la Pascua, ¿qué tipo de invitaciones bien ubicadas y bien escritas podrían ser presentadas a los visitantes nuevos que apunten hacia ministerios adicionales y servicios de la iglesia? ¿Qué serie de sermones podría ser anunciada? ¿Cuál actividad especial para niños o estudiantes podría promoverse?

Si el otoño es una estación en la que cierta cantidad de personas regresan a la iglesia, o si enero es una época cuando buscadores bienintencionados hacen resoluciones de año nuevo para ayudar a sus familias a «obtener un poco de instrucción religiosa», ¿entonces que puedes hacer para aprovechar estas oportunidades y fortalecer el momento? Si estás enseñando una serie acerca de las preguntas que los escépticos hacen, ¿qué podrías hacer para animar a los visitantes a unirse a un grupo de discusión de preguntas y respuestas inmediatamente después del servicio?

Yo no puedo contestar estas preguntas por ti, pero sí te puedo retar a ti y a tu equipo a comenzar a pensar de esta manera y a darse cuenta de que *cada* servicio, clase y actividad es una oportunidad para dirigir a la gente a dar pasos adicionales. Hacerlo les ayudará a moverse hacia adelante en sus viajes espirituales y a profundizar el impacto evangelístico de tu iglesia.

Perseverar en los esfuerzos a pesar de la resistencia

Convertirse en una iglesia contagiosa no es algo natural ni fácil, ni siquiera para los líderes más evangelísticamente comprometidos. Habrán luchas internas y resistencia externa. El compromiso será costoso en términos de tiempo, de finanzas y a veces de cambio que induce dolor. Sin duda, la intención noble de dar prioridad a las personas perdidas será desafiada y a veces hasta tus motivos serán cuestionados.

Jesús constantemente enfrentó este tipo de problemas, como lo hizo Pablo y Pedro. Mientras leo la Biblia, me da la impresión de que después de que Pedro obedeció la visión del cielo y valientemente entró a la casa de Cornelio y guió a todos los que se reunían allí a la fe en Cristo, ¡él fue casi inmediatamente reprendido por sus compañeros creyentes! Hechos 11:1-2 dice: «Los apóstoles y los hermanos de toda Judea se enteraron de que también los gentiles habían recibido la palabra de Dios. Así que cuando Pedro subió a Jerusalén, los defensores de la circuncisión lo criticaron». ¡Esto sería completamente sorprendente si no fuera un patrón tan similar tanto en las páginas de la Escritura como en las experiencias de arriesgados líderes evangelísticos a través de la historia!

Pocos días después de notar por primera vez la manera en que los miembros de la iglesia criticaron a Pedro en este pasaje, recibí un mensaje electrónico de un amigo pastor en Australia que guiaba a su iglesia hacia una vida más fructífera. Escribió:

> ¿Por qué no me dijiste que una iglesia comprometida a alcanzar a los perdidos era tan difícil de establecer? La única crítica hasta el momento a provenido de cristianos. Qué tristeza.
>
> Sin embargo, estoy muy entusiasmado; es tan bonito ver a gente traer a sus amigos y luego escucharlos contar lo mucho que sus amigos lo disfrutaron. Nada puede ser mejor que esto.
>
> Tu amigo, (su nombre)

Le contesté y cité el folleto de Luis Palau, *Heart for the World* [Un corazón para el mundo]:

> Desde el más pequeño hasta el más reconocido, todos los verdaderos evangelistas han sido criticados, atacados y hasta perseguidos. Eso no nos debería de sorprender, porque «así mismo serán perseguidos todos los que quieran llevar una vida piadosa en Cristo Jesús» (2 Timoteo 3:12)… La mayoría de las personas que evangelizan crean ondas. Y cuando uno crea ondas, muchas personas se molestan… De todos modos, es una señal de que estás haciendo algo correcto cuando ciertas personas comienzan a molestarse debido a lo que tú representas y predicas.[5]

Se dice a menudo que los pioneros son a los que se les dispara más. Esto nunca es divertido, y la mayoría de nosotros nunca nos acostumbramos a ello. Pero tenemos que mantenernos fieles a la misión a la que nos ha llamado Dios. Recuerda que nuestras órdenes vienen de Jesús, y él es más que capaz para sostenernos.

Así que mantente firme. Supera los retrasos y reconoce las equivocaciones que inevitablemente harás en el camino. Repasa tu misión bíblica. Reagrupa tus recursos. Recarga tus esfuerzos. En el transcurso, cuenta muchas historias de las maneras en que Dios está usando estos esfuerzos. Anima a los miembros a expresar nuevos testimonios. Celebra hasta los pequeños éxitos. Permite que la congregación obtenga una prueba de los resultados que sus oraciones, valentía y trabajo duro están produciendo.

Devoción inquebrantable al evangelio

Debajo de cada esfuerzo evangelístico tiene que existir amor puro por Cristo y una devoción incondicional a su evangelio, el cual es «poder de Dios para la salvación de todos los que creen» (Romanos 1:16). A propósito, es interesante observar que, como regla general, las iglesias que de verdad crecen alrededor del mundo son aquellas que tiene una opinión alta de la Biblia y colocan un énfasis fuerte en la necesidad de cada persona para confiar en Cristo, demostrando que Dios usa a aquellos que trabajan con él, a su manera, para sus propósitos.

Compromiso a la oración y el papel del Espíritu Santo

Hemos hablado mucho acerca de la misión evangelística, los valores y el Proceso de 6 Etapas. Pero permíteme recordarnos una vez más acerca del verdadero Poder detrás del proceso:

- Nadie busca a Dios a menos que él los busque a ellos primero (Romanos 3:11).
- Nadie ama a Dios a menos que él los ame primero (1 Juan 4:19).
- Nadie viene al Padre a menos que él los atraiga (Juan 6:44).
- No existiría ninguna salvación sino fuera por la cruz de Jesucristo (Hebreos 9:22; 1 Pedro 3:18) y por el poder del mensaje del evangelio (Romanos 1:16).
- Dios es el evangelista máximo, y nosotros somos simplemente siervos en su empresa redentora (Juan 16:8-11).

Billy Graham lo describe de la siguiente manera en el artículo que cité antes:

Cada éxito, cada avance, por más leve que sea, es posible solamente porque Dios ha estado trabajando a través del Espíritu Santo. El Espíritu nos da el mensaje, nos guía hacia aquellos que ha preparado, y trae convicción de pecado y vida nueva... Cuando entendamos esa verdad, también nos daremos cuenta de la urgencia de la oración en el evangelismo. Mi propio ministerio, estoy convencido, solo ha sido posible debido a los innumerables hombres y mujeres que han orado.[6]

A medida que he formado los pensamientos y las ideas que se encuentran en este libro, he luchado para determinar dónde encaja mejor la oración en este proceso. ¿Debería de listarse bajo la primera Etapa? La oración parece siempre preceder al evangelismo efectivo. Rápidamente me di cuenta, sin embargo, de que la oración no se puede relegar a solamente un paso del proceso; ¡tiene que impregnar cada parte del él! Así que he tratado de entretejerla *en cada etapa*. Se cruz en cada etapa y le da vida. ¡Es esencial para toda la iniciativa!

El líder coreano Billy Kim dijo: «La oración es mi primer consejo. La oración es mi segunda sugerencia. Y la oración es mi tercera sugerencia… Si lo tuviera que hacer todo de nuevo, haría más oración y menos predicación». Jim Cymbala, pastor de *The Brooklyn Tabernacle*, dijo en *Fuego vivo, viento fresco*: «Si somos lo suficientemente valientes para ponernos al ataque espiritual, para ser poderosos hombres y mujeres de oración y fe, no hay límite para lo que Dios puede lograr a través de nosotros… Lo que cuenta es traer el poder y la luz de Dios al mundo oscuro, ver comunidades locales tocadas por Dios mientras las iglesias rechazan la apatía peligrosa para convertirse en centros espirituales de actividad divina».[7]

DIOS AÚN ESTÁ CONSTRUYENDO SU IGLESIA

En el primer capítulo conté la historia de «la pequeña iglesia que pudo», *Mount Carmel Community Church*, ¡la congregación que comenzó con quince personas en un pueblo con una población total de 130! Dios ha hecho cosas increíbles a través de esa ya no minúscula congregación.

Se podrían contar muchas historias de iglesias de diferentes tamaños, estilos y entornos que se han enfocado en su misión evangelística y que han experimentado, a través del poder de Dios, resultados dramáticos. Permíteme presentar solamente un emocionante mensaje electrónico:

¡El bautismo fue increíble! 158 participantes y servicios repletos. La mamá de uno de nuestros líderes vino a ver bautizar a su sobrina y luego aceptó a Cristo ella misma durante el primer servicio. Ella después se reconcilió con sus dos hijas, ¡y pidió ser bautizada durante el próximo servicio por su hija con quien se acababa de reconciliar! Existen muchas historias como esta. ¡Todos estábamos *impresionados*! ¡Alabado sea Dios!

Espero que tu corazón se regocije como lo hace el mío cuando escucho informes como este de otros iglesias. Pero al final, este libro no se trata de otras iglesias; se trata de *tu* iglesia y de lo que tú y tu equipo harán en cooperación con el Espíritu de Dios para convertirla en un lugar más contagioso. Jesús declaró: «Edificaré mi iglesia» (Mateo 16:18), y explicó que, «mi Padre es glorificado cuando ustedes dan mucho fruto» (Juan 15:8).

Así que, a la luz de lo que *Dios quiere hacer*, te puedo decir, con seguridad, ¡que *él está dispuesto a guiar, a bendecir, y a usarte para alcanzar a otros!* Toma acción ahora; comienza con el corazón, da los pasos necesarios, apóyate en Dios siempre, ¡y obsérvalo trabajar a través de ti y de tu iglesia!

¿Una tarea de enormes proporciones? Sí, en algunas aspectos, pero déjame recordarte algunos de los recursos que te respaldan. Tienes:

- ■ *El Padre*, que «tanto amó al mundo, que dio a su Hijo unigénito».
- ■ *Jesucristo*, que «vino a buscar y a salvar lo que se había perdido» y a «dar su vida en rescate por muchos».
- ■ *El Espíritu Santo*, que está en este momento condenando al mundo por el pecado, atrayendo a personas a Cristo y autorizando tus esfuerzos.
- ■ *El evangelio*, el cual es «el poder de Dios para la salvación de todos los que creen».
- ■ *La oración*, junto con la seguridad de que Dios «puede hacer muchísimo más que todo lo que podamos imaginarnos o pedir».
- ■ *Dones espirituales*, con los cuales Dios equipa cada miembro de su iglesia para un papel estratégico es este gran drama redentor.

■ *La Palabra de Dios*, la cual es «más cortante que cualquier espada de dos filos» y la cual no regresará a él vacía.

■ *Las promesas de Dios*, las cuales nos aseguran su protección, poder y provisión.

■ *La Gran Comisión*, la cual nos recuerda que el evangelismo es la idea de Dios, y promete la presencia de Cristo entre nosotros hasta el fin del mundo.

El poder divino de Dios verdaderamente nos ha dado «todas las cosas que necesitamos para vivir como Dios manda» (2 Pedro 1:3), y, creo que puedo agregar, ¡para el *ministerio* también! Así que te pregunto, en las inspiradas palabras del apóstol Pablo: «Si Dios está de nuestra parte, ¿quién puede estar en contra nuestra?» (Romanos 8:31).

Dios *está* de nuestra parte. Y mientras buscamos como convertirnos en iglesias contagiosas que amplíen las fronteras de su reino, él estará *con* nosotros también, ayudándonos a completar la obra y a producir buen fruto a manera de innumerables vidas impactadas por toda la eternidad.

PARA REFLEXIONAR Y DISCUTIR

1. Considerando el concepto general de una iglesia contagiosa, ¿hay otras esferas, *aparte del evangelismo*, que crees que tu iglesia podría mejorar para atraer y retener visitantes de manera exitosa?
2. ¿Qué podrías hacer tú personalmente para llevar a cabo las cosas que enumeraste?
3. Medita acerca del índice de crecimiento evangelístico para tu iglesia. Calcula cuántas personas confiaron en Cristo a través del ministerio de tu iglesia durante el último año y quiénes asisten ahora, y divide esa cifra por el número de personas que asisten semanalmente (por ejemplo, nueve creyentes nuevos, dividido por 150 miembros regulares, resultaría en ,06, o un índice de seis por ciento).

_____ (se convirtieron y asisten a la iglesia), dividido por

_____ (asistencia promedio) = _____ por ciento

Si quieres ver esa cifra aumentar, ¿para cuál incremento orarás y trabajarás, y para cuál fecha te gustaría alcanzarlo?

Índice deseado: _____ por ciento   para la fecha: _____

4. Dale un vistazo los encabezados de este capítulo bajo la sección titulada «Elementos para convertirse en una iglesia contagiosa». Identifica las aspectos donde piensas que se necesita un esfuerzo concentrado en tu iglesia. Enuméralos en orden de prioridad.

#1 _____

_____

#2 _____

_____

#3 _____

_____

5. ¿Cuál es la mejor manera en que puedes ayudar a tu iglesia a progresar en estos campos?
6. Toma tiempo para orar en este momento, solo o en grupo, por los esfuerzos de tu iglesia para alcanzar a más personas para Cristo.

RECONOCIMIENTOS

DEL LIBRO ORIGINAL, EDIFIQUE UNA IGLESIA CONTAGIOSA, 2000

Este libro nunca se hubiera escrito sin la fortaleza y la gracia de Dios, así como el amor, apoyo, ánimo, y oraciones de muchos amigos y familiares fieles. Le debo a varias personas, incluidos:

Mi esposa, Heidi, por tu apoyo inquebrantable desde el día que desarrollamos el esquema inicial hasta esta mañana cuando me ayudaste a organizar las últimas ediciones; me has animado a través del camino de la manera en que ninguna otra persona lo puede hacer. Matthew, por tus oraciones diarias llenas de fe, y Emma Jean, por tus diarias palabras dulces de aliento. Además, les agradezco a los tres por su paciencia duradera y por los inspiradores carteles y notas para animarme a través del camino.

A Lee Strobel, por tus ideas, consejos y aporte, y fiel amistad que nunca cambia, ¡sea que vivamos cerca o lejos! A Bill Hybels, por tu apoyo, las oportunidades para ministrar que me has dado, tu ejemplo de una vida cristiana contagiosa, así como los muchos mensajes usados en este libro. A Don Cousins, por la fuerte influencia al comienzo de mi ministerio que ha formado mi pensamiento y métodos de muchas maneras importantes.

A Karl y Barbara Singer, por la extraordinaria ayuda y por proveerme un hogar fuera de mi hogar donde pudiera llevar a cabo tanta redacción. A Kevin y Sherry Harney, por investigar y acumular historias de iglesias contagiosas por todo el país, por sus oraciones fervientes, y los inspiradores correos electrónicos y mensajes. A Rickey Bolden, por animarme a dar los primeros pasos y por estimularme a través del proceso. A Brad Mitchell, por poner en práctica constantemente tu don de ánimo sobre mí.

A Jack Kuhatschek en Zondervan, por preocuparse, entender y ayudar genuinamente a formar este libro, así como a Dirk Buursma, por su compromiso apasionado para hacer cada palabra y detalle correcto, y a Stan Gundry, por creer en este proyecto desde el principio y apoyarlo.

A Jim Mellado y el equipo de liderazgo de la *Willow Creek Association*, por su entusiasmo por este recurso de ministerio y por su apoyo durante los variados pasos de su desarrollo. El equipo también incluye a Gary Schwammlein, Sharon Swing, Steve Bell, Tripp Stegall, y Joe Sherman (que inicialmente ayudó a inspirarme a desarrollar esta herramienta), así como a los ex-miembros del grupo de liderazgo, John Williams y Wende Lindsey-Kotouc. Todos ustedes han sido un gran estímulo.

Los amigos y colegas del ministerio que oraron y quienes me dieron muchísimo apoyo de diferentes maneras y en diferentes etapas, incluidos Garry Poole, Russ y Lynn Robinson, Paul Braoudakis, Bob Gordon, Judson Poling, Wendy Seidman, Cathy Burnett, Christine Anderson, Doug Yonamine, Tammy Burke, David Hanna, Tom y Robin Smith, Mindy Thompson, Lynn Norum, Larry y Rosemary Estry (¡especialmente las oraciones a distancia a media noche!), Marie Little, Renee McMurry, Kari Lesser, Ashley Podgorski, Jeff Johnson, Rob y Tone Gorman, Mark Edwards, Bill Conard, Mark Miller, Steve Pate, Gary y Sheri Kingsbury, Jen Barr, Kimberly Knoll, Larry O'Reilly, Bob y Julie Harney, Tom y Nancy Vitacco, Chad Meister, Tom Youngblood, Stan Kellner, Bryan Hochhalter, Wanda Fogarty, Nancy Grisham, Lon Allison, Rick Richardson, Brad Smith, Dann Spader, Marc Harrienger, Dave y Sandy Gelwicks, Ron Seyk, Lance Murdock, y Rich y Mary Verlare.

Final y especialmente, gracias a mi maravillosa familia que oró por este proyecto y me animó a través del proceso, incluidos mis padres, Orland y Ginny Mittelberg; mi abuela, Effa Mittelberg; mis hermanas, Kathy y Lisa; mi hermano, Gary; y mi suegro y suegra, Hillis y Jean Hugelen.

PARA EL ACTUALIZADO LIBRO CONVIÉRTASE EN UNA IGLESIA CONTAGIOSA, 2007

Además de los reconocimientos anteriores, quiero agradecerle a John Raymond y a Mike Cook ambos de Zondervan por su visión y apoyo de esta nueva y actualizada edición (con el título algo modificado), *Conviértase en una iglesia contagiosa.* También quiero agradecerle, como siempre, a mi socio de ministerio, Lee Strobel, por todas tus ideas, ánimo y ayuda a lo largo del proceso, así como a mis buenos amigos Nancy Grisham y Brad Mitchell por su ayuda en leer y proveer observaciones del manuscrito actualizado. Que Dios sea honrado por todos nuestros esfuerzos y use este libro para animar e inspirar a iglesias por todo el mundo a alcanzar a muchos más para Cristo.

INSTRUMENTO DE EVALUACIÓN PARA EL PROCESO DE 6 ETAPAS

Instrucciones: Aunque estés discutiendo esto en grupo, *individualmente* clasifica cada declaración en las páginas **241** – 247 usando la siguiente escala:

> 5 = Completamente de acuerdo
> 4 = De acuerdo
> 3 = Parcialmente de acuerdo
> 2 = En desacuerdo
> 1 = Completamente en desacuerdo

Suma los números para cada etapa conforme vas completando la evaluación. Las instrucciones para calcular el puntaje se encuentran en la página **247**.

ETAPA 1: VIVE UNA VIDA EVANGELÍSTICA

Personal   *Clasificación*

Me siento apasionado de guiar a otros a Cristo.   _____

La gente podría catalogarme con precisión como un
«amigo de pecadores».   _____

Estoy listo para predicar el evangelio donde sea que
aparezca una oportunidad.   _____

Frecuentemente oro por personas perdidas mencionándolas por su nombre. _____

Tengo contacto frecuente con no cristianos que estoy tratando de ganar para Cristo. _____

Intencionalmente tomo riesgos para iniciar conversaciones espirituales con amigos no creyentes. _____

Liderazgo en la iglesia
La mayoría de los líderes de nuestra iglesia (pastor(es), líderes clave, diáconos, ancianos, etc.):

—tienen pasión por alcanzar a gente perdida y guiarla a Cristo. _____

—podrían ser individualmente catalogados como «amigos de pecadores». _____

—están listos para compartir el evangelio donde sea que haya una oportunidad. _____

—oran por personas perdidas llamándolas por su nombre. _____

—hacen una prioridad importante el pasar tiempo con no cristianos a quienes están tratando de guiar hacia Cristo. _____

—regularmente toman riesgos para comenzar conversaciones espirituales con sus amigos perdidos. _____

Total para la etapa 1 _____

ETAPA 2: INCULCA VALORES EVANGELÍSTICOS EN LAS PERSONAS A TU ALREDEDOR

Clasificación

Oro regularmente para que otros en mi iglesia se sientan apasionados acerca de alcanzar a sus amigos y familiares perdidos para Cristo. _____

Alcanzar a la gente perdida es una prioridad no negociable con la que nuestra iglesia cumple habitualmente. _____

Con frecuencia animo y motivo a otros con mis historias de evangelismo. _____

En nuestra iglesia, es normal que nosotros oremos por la eficacia evangelística. _____

En nuestra congregación regularmente se nos enseña (desde el púlpito, en grupos pequeños, en la Escuela Dominical, etc.) cómo establecer y profundizar las relaciones con los no creyentes.   _____

Es claro para nuestra gente que el evangelismo es fundamental para la misión de nuestra iglesia.   _____

Desde el púlpito, nuestra iglesia ha «declarado la guerra» en nuestros esfuerzos para elevar el valor del evangelismo.   _____

Usando historias personales, pasajes claves de la Escritura o testimonios, nuestro pastor regularmente predica mensajes que elevan el valor de que la gente perdida le importa a Dios y nos debería de importar a nosotros.   _____

La gente en nuestra iglesia entiende que Dios ha equipado a los creyentes de forma diferente con respecto a su método de evangelismo.   _____

Nuestro presupuesto en la iglesia refleja la prioridad del evangelismo en nuestra iglesia.   _____

Nuestra iglesia celebra a cristianos normales que participan en el alcance.   _____

Nuestra iglesia es conocida en la comunidad por priorizar y por alcanzar a gente que se encuentra lejos de Dios.   _____

Total para la Etapa 2   _____

ETAPA 3: CAPACITA UN LÍDER DE EVANGELISMO

Clasificación

Nuestro pastor principal reconoce que él/ella no puede personalmente guiar el ministerio de evangelismo y también supervisar la dirección general del ministerio de la iglesia.   _____

En nuestra iglesia, otra persona aparte del pastor principal ha sido oficialmente habilitado para ser el líder de evangelismo.   _____

Nuestros líderes en la iglesia hacen responsable al líder de evangelismo por los resultados en el ámbito del evangelismo y lo/la animan y oran por él/ella.   _____

Nuestro líder de evangelismo:
—se siente apasionado acerca de unirse a otros para alcanzar a sus amigos para Cristo.   _____

—influye y guía eficazmente a otros ministerios en nuestra iglesia a mantener el valor del evangelismo en un nivel alto.

_____

—tiene habilidades de liderazgo comprobadas, y se relaciona bien con una gran variedad de personas.

_____

—tiene un gran deseo de entrenar y preparar a otros para dar a conocer su fe.

_____

—no tiene otras responsabilidades importantes dentro del ministerio aparte del evangelismo.

_____

—es capaz de articular y defender la doctrina cristiana eficazmente .

_____

—anima y prepara a nuestra congregación para usar sus propios estilos de evangelismo cuando tratan de alcanzar a sus amigos.

_____

—está autorizado por el liderazgo de nuestra iglesia para hacer lo que se necesita hacer en el ámbito evangelístico.

_____

—ha sido provisto con recursos adecuados para financiar los esfuerzos de evangelismo de nuestra iglesia.

_____

Total para la Etapa 3   _____

ETAPA 4: ENTRENA A LA IGLESIA EN APTITUDES DE EVANGELISMO – EL CIEN POR CIENTO

Clasificación

En nuestra iglesia, cada creyente entiende que él o ella tiene un papel y una responsabilidad significativa en el evangelismo.

_____

Nuestra iglesia ha comenzado a ejecutar un plan para equipar a cada creyente para que dé a conocer su fe de forma eficaz.

_____

Todo nuestro personal pagado ha pasado por entrenamiento de evangelismo durante los últimos dos o tres años.

Todos nuestros líderes laicos han pasado por entrenamiento de evangelismo durante los últimos dos o tres años.

_____

Ofrecemos entrenamiento de evangelismo varias veces y en entornos diferentes cada año.

_____

Cada creyente es desafiado a descubrir y a usar su propio estilo de evangelismo. _____

Nuestra gente es capaz de plantear temas espirituales de una manera natural durante conversaciones ordinarias. _____

Nuestra gente está preparada para contar su historia personal/testimonio con aquellos fuera de la fe. _____

Todos los creyentes en nuestra familia espiritual pueden comunicar el mensaje del evangelio eficazmente. _____

Nuestros miembros son capaces de orar con alguien y guiarlos a cruzar hacia la fe. _____

Una mayoría de nuestra familia espiritual está en el proceso de desarrollar relaciones con gente perdida con la intención de testificarles de Cristo. _____

En general, los creyentes en nuestra iglesia se sienten bastante cómodos contestando preguntas espirituales hechas por sus amigos buscadores. _____

Total para la Etapa 4 _____

ETAPA 5: MOVILIZA A LOS ESPECIALISTAS DE EVANGELISMO DE LA IGLESIA —EL DIEZ POR CIENTO

Clasificación

Nuestra iglesia ha establecido un ministerio de evangelismo para inspirar e informar a aquellos que tienen pasión y/o dones evangelísticos. _____

La mayoría de los individuos que participan en nuestras reuniones de evangelismo son alentados a permanecer en su ministerio actual para elevar y reforzar el valor del evangelismo allí. _____

Nuestro ministerio de evangelismo se reúne entre tres y seis veces por año. _____

Historias nuevas de evangelismo son narradas como parte de cada reunión de evangelismo. _____

La enseñanza y el afianzamiento de técnicas son una parte consistente de las reuniones del ministerio de evangelismo. _____

Durante nuestras reuniones, destacamos y explicamos las próximas oportunidades para el entrenamiento evangelístico y las actividades de alcance. _____

Se ha invertido un esfuerzo significativo para identificar la esencia evangelística de nuestra iglesia. _____

Las reuniones del ministerio de evangelismo son usadas como un foro para introducir instrumentos y recursos de alcance comprobados. _____

Las reuniones del ministerio de evangelismo son usadas como una oportunidad para agradecer y celebrar a las personas por su papel en el evangelismo. _____

La oración siempre es un componente de las reuniones del ministerio de evangelismo. _____

Nuestro ministerio de evangelismo incluye, apoya y celebra a creyentes con una gran variedad de estilos evangelísticos. _____

Nuestro ministerio de evangelismo es visto como un socio, no como un rival, de los otros ministerios en nuestra iglesia. _____

Total para la Etapa 5 _____

ETAPA 6: DESATA UNA SELECCIÓN DE MINISTERIOS Y ACTIVIDADES DE ALCANCE

Clasificación

Nuestra iglesia está emocionada acerca de la sinergia de utilizar tanto los esfuerzos individuales evangelísticos como las actividades de alcance patrocinadas por la iglesia. _____

Nuestra iglesia es sede de varias actividades de alcance cada año designadas específicamente para que los creyentes traigan a sus amigos perdidos. _____

La mayor parte de nuestra congregación trae a personas no creyentes a nuestros ministerios y actividades de alcance. _____

Nuestros creyentes ven nuestras actividades de alcance como un catalizador para iniciar conversaciones espirituales y las usan de esa manera. _____

Todos nuestros ministerios y actividades de alcance tiene objetivos claros. _____

Por lo general, está claro para cuál grupo o grupos de personas está diseñado cada ministerio de alcance. _____

Antes de las actividades especiales de alcance, la enseñanza desde el púlpito desafía y prepara a nuestra gente para que inviten a sus amigos no creyentes. _____

Nuestros invitados a estas actividades a menudo comentan sobre la importancia del tema o presentación para sus vidas. _____

Consistentemente recibimos reacciones positivas de los miembros con respecto al nivel de excelencia que mostramos en los diferentes ministerios y actividades de alcance. _____

Cada actividad de alcance ofrece a los visitantes pasos que pueden dar para crecimiento y participación adicional en la iglesia. _____

La oración impregna el proceso entero de crear y ejecutar nuestras actividades de alcance. _____

Cada ministerio y actividad de alcance se evalúa para determinar su efectividad y para mejorarlo la próxima vez. _____

Total para la Etapa 6 _____

EVALÚA TUS RESULTADOS Y PASOS A SEGUIR

1. Después de que completes la evaluación individual,, suma los números en cada sección. Anota los seis totales en la siguiente lista de resumen, bajo «Mi Total».

   Por favor observa que cada etapa tiene una escala de 12 – 60 puntos, la cual se puede interpretar de la siguiente manera:

Una clasificación de 12 – 28	significa que estás a nivel principiante con esa etapa.
Una clasificación de 29 – 44	significa que tienes algún nivel de actividad en esa etapa, pero aún necesitas hacer más.
Una clasificación de 45 – 60	significa ¡que vas en buen camino!

2. Trabaja junto a tu equipo de ministerio para calcular el promedio entre todos, pídele a cada individuo que diga su total para cada etapa. Suma las cifras y divide el total de cada etapa por el número de personas en tu grupo. Anota los resultados bajo «Promedio de equipo». Esto te dará un vistazo preliminar,, a través de la evaluación de tu equipo,, de dónde se encuentra tu iglesia en este momento en cada etapa del Proceso de 6 Etapas.

Resumen del Puntaje:

	Mi total	Promedio de Equipo

Etapa 1: VIVE una vida evangelística

Etapa 2: INCULCA valores evangelísticos en las personas a tu alrededor

Etapa 3: AUTORIZA un líder de evangelismo

Etapa 4: ENTRENA la iglesia en aptitudes de evangelismo – el cien por ciento

Etapa 5: MOVILIZA a los especialistas de evangelismo de la iglesia – el diez por ciento

Etapa 6: DESATA una selección de ministerios y actividades de alcance

3. Ahora discute con tu grupo las características específicas de cada etapa,, enfocando tu tiempo principalmente en las Etapas 1 y 2. Tu objetivo es entender el punto de vista de todos y aprender todo lo que puedas de los miembros del grupo. Se presentarán diferencias de opinión. Resiste la tentación de encontrar la respuesta «correcta» o de poner a alguien en la encrucijada. Escucha cuidadosamente para tratar de entender porqué alguien clasificó una de las declaraciones de la manera en que lo hizo. El valor principal de esta evaluación es comenzar un diálogo constructivo y proveer pistas para los potenciales siguientes pasos.

4. Después de que todo el mundo ha compartido sus respuestas individuales y tienes una idea de cómo se encuentra tu iglesia en general,, inicia una discusión de prioridades. ¿Cuáles pasos positivos y prácticos pueden dar tú y tu grupo (o animar a otros en tu iglesia a dar) para reforzar cualquier aspecto débil, especialmente en las Etapas 1 y 2, que son tan fundamentales?

5. Al tratar de establecer prioridades, hablen como grupo acerca de las siguientes preguntas:

■ ¿Qué nos ha dicho esta *discusión* acerca de dónde necesitamos enfocar nuestros esfuerzos para mejorar y crecer?

- ¿De qué forma estos *números* nos dan mayor información? ¿Qué nos dicen acerca de cada etapa? En particular, ¿qué nos dicen acerca de las Etapas 1 y 2?
- ¿Qué le ha estado diciendo el *Espíritu Santo* a nuestro grupo, o a cualquier persona en nuestro grupo, acerca de cuáles necesitan ser los próximos pasos?

NOTA: Por favor recuerda que este libro, *Conviértase en una iglesia contagiosa*, está diseñado para ser un recurso para tu equipo y para la iglesia entera, dándote muchas ideas para próximos pasos dentro de cada una de las seis etapas. Específicamente, los capítulos dos al siete abarcan cada una de las etapas, una por capítulo. Tal vez quieras que los miembros del grupo lean un capítulo por semana y luego reunirse para discutir cada capítulo juntos.

6. Cuando consideres ideas específicas acerca de qué hacer ahora, contesta las siguientes preguntas: *¿Quién va a hacer qué y cuándo?* Anota estos planes hoy, aunque sean preliminares, y discútelos la próxima vez que tu grupo se reúna.

¿Qué haremos?	¿De quién es la responsabilidad principal?	¿Para cuándo?
_____	_____	_____
_____	_____	_____
_____	_____	_____
_____	_____	_____
_____	_____	_____

7. Antes de terminar tu discusión, te animamos a que ores por tí mismo, los unos por los otros, por tu iglesia y por los próximos pasos que has escrito, sabiendo que Dios quiere usarte y bendecirte en tus esfuerzos para desarrollar su reino.

NOTAS

CAPÍTULO UNO: TU IGLESIA ALCANZA A LOS PERDIDOS

1. Citado por George Barna en su seminario y manual «*What Effective Churches Have Discovered*» [Lo que han descubierto las iglesias eficientes], 1996. Algunos estudios recientes, sin embargo, indican una alentadora tendencia ascendente en las iglesias a proveer entrenamiento en evangelismo.
2. Bill Hybels y Mark Mittelberg, *Conviértase en una iglesia contagiosa*, Zondervan, Grand Rapids, 1994; Mark Mittelberg, Lee Strobel y Bill Hybels, el curso y campaña de evangelismo revisado y actualizado *Conviértase en un cristiano contagioso*, Zondervan, Grand Rapids, MI, 2007.
3. Henry Blackaby y Claude King, *Mi experiencia con Dios: Libro de lectura*, Lifeway Christian Resources, Nashville, 1990.

CAPÍTULO DOS: ETAPA 1: VIVE UNA VIDA EVANGELÍSTICA

1. Sam Walton, *Sam Walton, Made in America: My story* [Sam Walton, Hecho en USA: mi historia], Doubleday, New York, 1992, p. 188.
2. Robert Coleman, *El plan supremo de evangelización*, segunda edición, Revell, Grand Rapids, MI, 1993.
3. Rebecca Manley Pippert, *Out of the Salt shaker and Into the World* [Fuera del salero y dentro del mundo], InterVarsity Press, Downers Grove, IL, 1979, actualizado en 1999.
4. Joe Aldrich, *Lifestyle Evangelism*, [Estilo de vida evangelizador], Multnomah, Portland, OR, 1999.
5. Lyle Dorsett, *A Passion for Souls* [Pasión por las almas], Moody Press, Chicago, 1997.
6. Billy Graham, *Tal como soy: una autobiografía de Billy Graham*, HarperSanFrancisco, San Francisco, 1997.
7. Rick Warren, *Una iglesia con propósito*, Zondervan, Grand Rapids, MI, 1995.

8. Michael Richardson, *Amazing Faith: The authorized Biography of Bill Bright* [Fe asombrosa: La biografía autorizada de Bill Bright], WaterBrook, Colorado Springs, 2001.

CAPÍTULO TRES: ETAPA 2: INCULCA VALORES EVANGELÍSTICOS EN LAS PERSONAS A TU ALREDEDOR

1. Rick Warren, *Una iglesia con propósito*, Zondervan, Grand Rapids, MI, 1995, (p. 82 del original en inglés).
2. Sam Walton, *Sam Walton, Made in America: My story* [Sam Walton, Hecho en USA: mi historia], Doubleday, New York, 1992, p. 173.
3. Walton, *Sam Walton, Made in America* [Sam Walton, Hecho en USA], p. 221.
4. Walton, *Sam Walton, Made in America* [Sam Walton, Hecho en USA], p. 223.
5. Wayne Cordeiro, *La iglesia como un equipo*, New Hope Christian Fellowship O'ahu, Honolulu, 1998, (pp. 163-164 del original en inglés).
6. John Kotter, *Al frente del cambio*, Harvard Business School Press, Boston, 1996, (p. 36 del original en inglés).
7. Las transcripciones de seis sermones de la *Contagious Campaign* [Campaña contagiosa] están incluidos en el CD-ROM en el plan de estudio del curso de entrenamiento revisado y actualizado *Conviértase en un cristiano contagioso*, Zondervan, Grand Rapids, MI, 2007.
8. Bill Hybels, *Just Walk Across the Room* [Tan solo atraviesa el cuarto], Zondervan, Grand Rapids, MI, 2006.
9. Mark Mittelberg, Lee Strobel y Bill Hybels, *Becoming a Contagious Christian Leader's Guide* [Guía para convertirse en un líder cristiano contagioso], edición revisada y actualizada, Zondervan, Grand Rapids, MI, 2007, pp. 116-118.
10. Everett Rogers, *La difusión de la innovación*, cuarta edición, Free Press, New York, 1995.
11. *The National Outreach Convention* es patrocinada anualmente por Outreach, Inc., www.outreach.com, tel. 800-991-6011.
12. George Barna, *Evangelism That Works* [Evangelismo que funciona], Gospel Light, Ventura, CA, 1995, p. 84.
13. Para mayor información sobre este proceso, recomiendo el libro *How to Change Your Church (Without Killing It)* [Cómo cambiar tu iglesia (sin matarla)] por Alan Nelson y Gene Appel, Word, Nashville, 2000.
14. Barna, *Evangelism That Works* [Evangelismo que funciona], p. 100.

CAPÍTULO CUATRO: ETAPA 3: CAPACITA UN LÍDER DE EVANGELISMO

1. Bruce Bugbee, *Cuál es tu lugar en el Cuerpo de Cristo*, edición revisada, Zondervan, Grand Rapids, MI, 2005.

2. Greg Ogden, *Unfinished Business: Returning the Ministry to the People of God* [Asunto pendiente: Devolviendo el ministerio al pueblo de Dios], Zondervan, Grand Rapids, MI, 1990.

3. Bruce Bugbee y Don Cousins, *Network: The Right People, in the Right Places, for the Right Reasons, at the Right Time* [Sistema en red: La persona correcta, en el lugar correcto, por la razón correcta, en el momento correcto], edición revisada, Zondervan, Grand Rapids, MI, 2005.

4. Robert S. McNamara, *In Retrospect: The Tragedy and Lessons of Vietnam* [En retrospectiva: La tragedia y lecciones de Vietnan], Time Books, New York, 1995, p. 332.

5. George Barna, *Evangelism That Works* [Evangelismo que funciona], Gospel Light, Ventura, CA, 1995, p. 97. Énfasis añadido.

6. Barna, *Evangelism That Works* [Evangelismo que funciona], p. 97.

7. Barna, *Evangelism That Works* [Evangelismo que funciona], pp. 136-137.

CAPÍTULO CINCO: ETAPA 4: ENTRENA A LA IGLESIA EN APTITUDES DE EVANGELISMO: EL CIEN POR CIENTO

1. Para más información acerca de los estilos de evangelismo, vea la sesión dos del curso de entrenamiento *Conviértase en un cristiano contagioso* y el capítulo nueve del libro con el mismo nombre.

2. Mark Mittelberg, Lee Strobel y Bill Hybels, *Conviértase en un cristiano contagioso*, edición juvenil, revisada y ampliada para estudiantes por Bo Boshers, Zondervan, Grand Rapids, MI, 2000.

CAPÍTULO SEIS: ETAPA 5: MOVILIZA A LOS ESPECIALISTAS DE EVANGELISMO DE LA IGLESIA: EL DIEZ POR CIENTO

1. George Barna, *Evangelism That Works* [Evangelismo que funciona], Gospel Light, Ventura, CA, 1995, p. 100, énfasis añadido.

2. La revista *Outreach* [Alcance] es publicada por Outreach, Inc., www.outreachmagazine.com, tel. 800-991-6011 ó 760-940-0600.

3. *El camino: Una Biblia para los curiosos espirituales*, Zondervan. Grand Rapids, MI; Willow Creek Association, South Barrington, IL, 1996.

4. Lee Strobel, *El caso de Cristo*, Zondervan, Grand Rapids, MI, 1998; *El caso de la fe*, Zondervan, Grand Rapids, MI, 2000; *El caso del Creador*, Zondervan, Grand Rapids, MI, 2004; *The Case for the Real Jesus* [El caso del verdadero Jesús], Zondervan, Grand Rapids, MI, 2007.

5. Josh McDowell, *Más que un carpintero*, Tyndale, Wheaton, IL, 1977.

6. Robert Laidlaw, *The Reason Why* [La razón porqué], Zondervan, Grand Rapids, MI, 1977.

7. Garry Poole y Judson Poling, *Tough Questions* [Preguntas difíciles], edición revisada, serie de siete guías de estudio para grupos pequeños de buscadores, Zondervan, Grand Rapids, MI, 2003.

CAPÍTULO SIETE: ETAPA 6: DESATA UNA SELECCIÓN DE MINISTERIOS Y ACTIVIDADES DE ALCANCE

1. George Barna, *Marketing the Church* [Mercadeo en la iglesia], NavPress, Colorado Springs, 1988, p. 111.
2. Garry Poole, *Seeker Small Groups* [Pequeños grupos de buscadores], Zondervan, Grand Rapids, MI, 2003.
3. Garry Poole y Judson Poling, *Tough Questions* [Preguntas difíciles], edición revisada, serie de siete guías de estudio para grupos pequeños de buscadores, Zondervan, Grand Rapids, MI, 2003.
4. Rick Warren, *Una iglesia con propósito*, Zondervan, Grand Rapids, MI, 1995, (pp. 157-158 del original en inglés).
5. Sam Telchin, *¡Betrayed!* [Traicionado], Chosen Books, Grand Rapids, MI, 1982.
6. Phillip E. Johnson, *Juicio a Darwin*, InterVarsity Press, Downers Grove, IL, 1993.
7. Phillip Doddridge, *«¡O Happy Day!» ¡Praise! Our Songs and Hymns*, Singspiration Music, Grand Rapids, MI, 1979, p. 275.
8. Lee Strobel, *Inside the Mind of Unchurched Harry and Mary* [Dentro de la mente no creyente de Harry y Mary], Zondervan, Grand Rapids, MI, 1993, p. 159.
9. Videocinta VHS *Atheism Versus Christianity* [Ateísmo frente al cristianismo], Zondervan, Grand Rapids, MI, 1994.
10. Para información sobre los estilos de evangelismo, lee el capítulo cinco de este libro, la sesión dos del curso de entrenamieno *Conviértase en un cristiano contagioso* y el capítulo nueve del libro *Conviértase en un cristiano contagioso*.
11. Kevin Harney es el autor de Seismic Shifts [Cambios sísmicos], Zondervan, 2005, un libro que en parte habla sobre algunas de estas ideas evangelísticas.

CAPÍTULO OCHO: COMUNICAR EL EVANGELIO SIN COMPROMISO

1. Bill Hybels y Mark Mittelberg, *Conviértase en un cristiano contagioso*, Zondervan, Grand Rapids, MI, 1994, (p. 209 del original en inglés).
2. Lee Strobel, *El caso de Cristo*, Zondervan, Grand Rapids, MI, 1998; Lee Strobel, *El caso de la fe*, Zondervan, Grand Rapids, MI, 2000; Lee Strobel, *The Case for the Real Jesus* [El caso del verdadero Jesús], Zondervan, Grand Rapids, MI, 2007.
3. Josh McDowell, *Más que un carpintero*, Tyndale, Wheaton, IL, 1977.
4. Paul Little, *Know Why You Believe* [Ten claro porqué crees], InterVarsity Press, Downers Grove, IL, 2000.
5. Norman L. Geisler y William E. Nix, *Una introducción general a la Biblia*, edición revisada, Moody Press, Chicago, 1986.
6. Bill Hybels, «La idea central», una grabación de la serie *Semillas* (disponible a través de la *Willow Creek Association* en el tel. 800-570-9812).

7. George Barna, *The Barna Report* [El reporte Barna], boletín bimensual, octubre 1999, p. 4.

8. *El camino: Una Biblia para los curiosos espirituales*, Zondervan, Grand Rapids, MI; Willow Creek Association, South Barrington, IL, 1996.

CAPÍTULO NUEVE: IGLESIAS CONTAGIOSAS Y LA IMPARABLE DISEMINACIÓN DE LA FE CRISTIANA

1. Para información acerca de Sonlife, llama al 800-770-4769 ó 630-762-9900, o visita www.sonlife.com

2. George Hunter, *Church of the Unchurched* [Iglesia de los no creyentes], Abingdon, Nashville, 1996, p. 67.

3. Billy Graham, «*Recovering the Primacy of Evangelism*» [Recuperación de la primacía del evangelismo], Christianity Today, 8 de diciembre de 1977, pp. 29-30.

4. Rick Warren, *Iglesia con propósito*, Zondervan, Grand Rapids, MI, 1995, (p. 147 del original en inglés).

5. Luis Palau, *Heart for the World* [Un corazón para el mundo], Luis Palau Evangelistic Association, Portland, OR, 1989, pp. 9-10.

6. Graham, «*Recovering the Primacy of Evangelism*» [Recuperación de la primacía del evangelismo], p. 30.

7. Jim Cymbala, *Fuego vivo, viento fresco*, Zondervan, Grand Rapids, MI, 1997, (pp. 181-182 del original en inglés).